高职高专“十三五”规划教材
辽宁省职业教育改革发展示范校建设成果

企业财务管理

王 丹 主编

化学工业出版社
·北京·

《企业财务管理》教材以企业财务管理工作流程为主线，以财务管理工作典型任务分析为基础，针对工作岗位对财务管理人员知识与能力的要求，结合国家会计师职业资格考试标准，遵循高职学生的认知规律，以能力培养为核心，重构教学内容。全书以财务管理知识为起点，以企业实际财务管理开展的时间顺序为依据，依次设置了财务管理认知、企业价值管理、筹资管理、项目投资管理、证券投资管理、营运资金管理、利润分配管理、财务预算、财务控制、财务分析与评价十个项目。

《企业财务管理》适合高职高专学校的会计专业师生使用，还可供其他对财务管理感兴趣的社会读者阅读。

图书在版编目（CIP）数据

企业财务管理/王丹主编. —北京：化学工业出版社，2018.9（2025.1重印）
高职高专“十三五”规划教材
ISBN 978-7-122-32809-0

Ⅰ.①企… Ⅱ.①王… Ⅲ.①企业管理-财务管理-高等职业教育-教材 Ⅳ.①F275

中国版本图书馆 CIP 数据核字（2018）第 180733 号

责任编辑：满悦芝　王淑燕　　　文字编辑：李　曦
责任校对：王　静　　　装帧设计：张　辉

出版发行：化学工业出版社（北京市东城区青年湖南街 13 号　邮政编码 100011）
印　　装：北京七彩京通数码快印有限公司
787mm×1092mm　1/16　印张 16¼　字数 395 千字　2025年 1月北京第 1 版第 6 次印刷

购书咨询：010-64518888　　　售后服务：010-64518899
网　　址：http://www.cip.com.cn
凡购买本书，如有缺损质量问题，本社销售中心负责调换。

定　　价：49.00 元

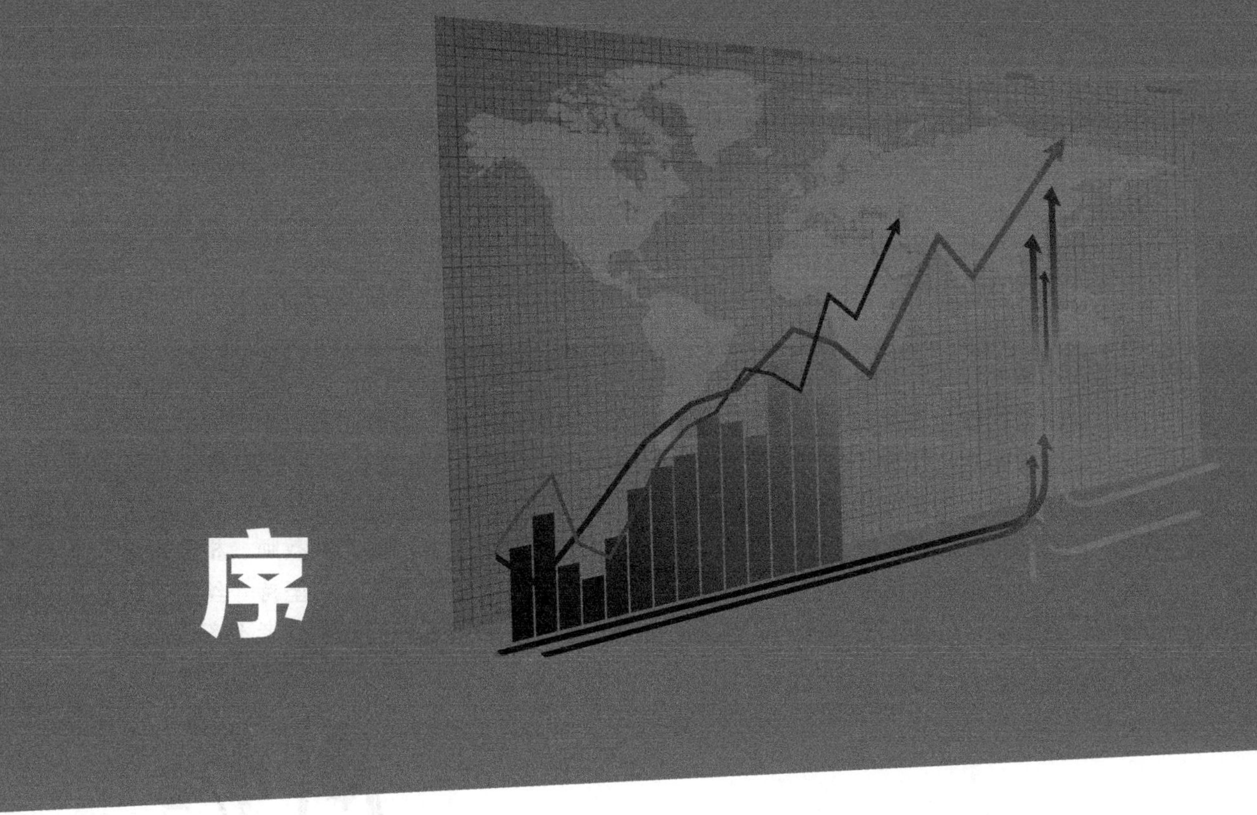

序

世界职业教育发展的经验和我国职业教育的历程都表明，职业教育是提高国家核心竞争力的要素之一。近年来，我国高等职业教育发展迅猛，成为我国高等教育的重要组成部分。《国务院关于加快发展现代职业教育的决定》、教育部《关于全面提高高等职业教育教学质量的若干意见》中都明确要大力发展职业教育，并指出职业教育要以服务发展为宗旨，以促进就业为导向，积极推进教育教学改革，通过课程、教材、教学模式和评价方式的创新，促进人才培养质量的提高。

盘锦职业技术学院依托于省示范校建设，近几年大力推进以能力为本位的项目化课程改革，教学中以学生为主体，以教师为主导，以典型工作任务为载体，对接德国双元制职业教育培训的国际轨道，教学内容和教学方法以及课程建设的思路都发生了很大的变化。因此开发一套满足现代职业教育教学改革需要、适应现代高职院校学生特点的项目化课程教材迫在眉睫。

为此学院成立专门机构，组成课程教材开发小组。教材开发小组实行项目管理，经过企业走访与市场调研、校企合作制定人才培养方案及课程计划、校企合作制定课程标准、自编讲义、试运行、后期修改完善等一系列环节，通过两年多的努力，顺利完成了四个专业类别20本教材的编写工作。其中，职业文化与创新类教材4本，化工类教材5本，石油类教材6本，财经类教材5本。本套教材内容涵盖较广，充分体现了现代高职院校的教学改革思路，充分考虑了高职院校现有教学资源、企业需求和学生的实际情况。

职业文化类教材突出职业文化实践育人建设项目成果；旨在推动校园文化与企业文化的有机结合，实现产教深度融合、校企紧密合作。教师在深入企业调研的基础上，与合作企业专家共同围绕工作过程系统化的理论原则，按照项目化课程设计教材内容，力图满足学生职业核心能力和职业迁移能力提升的需要。

化工类教材在项目化教学改革背景下，采用德国双元培育的教学理念，通过对化工企业的工作岗位及典型工作任务的调研、分析，将真实的工作任务转化为学习任务，建立基于工作过程系统化的项目化课程内容，以“工学结合”为出发点，根据实训环境模拟工作情境，尽量采用图表、图片等形式展示，对技能和技术理论做全面分析，力图体现实用性、综合性、典型性和先进性的特色。

石油类教材涵盖了石油钻探、油气层评价、油气井生产、维修和石油设备操作使用等领域，拓展发展项目化教学与情境教学，以利于提高学生学习的积极性、改善课堂教学效果，对高职石油类特色教材的建设做出积极探索。

财经类教材采用理实一体的教学设计模式，具有实战性；融合了国家全新的财经法律法规，具有前瞻性；注重了与其他课程之间的联系与区别，具有逻辑性；内容精准、图文并茂、通俗易懂，具有可读性。

在此，衷心感谢为本套教材策划、编写、出版付出辛勤劳动的广大教师、相关企业人员以及化学工业出版社的编辑们。尽管我们对教材的编写怀抱敬畏之心，坚持一丝不苟的专业态度，但囿于自己的水平和能力，疏漏之处在所难免。敬请学界同仁和读者不吝指正。

盘锦职业技术学院　院长

2018 年 9 月

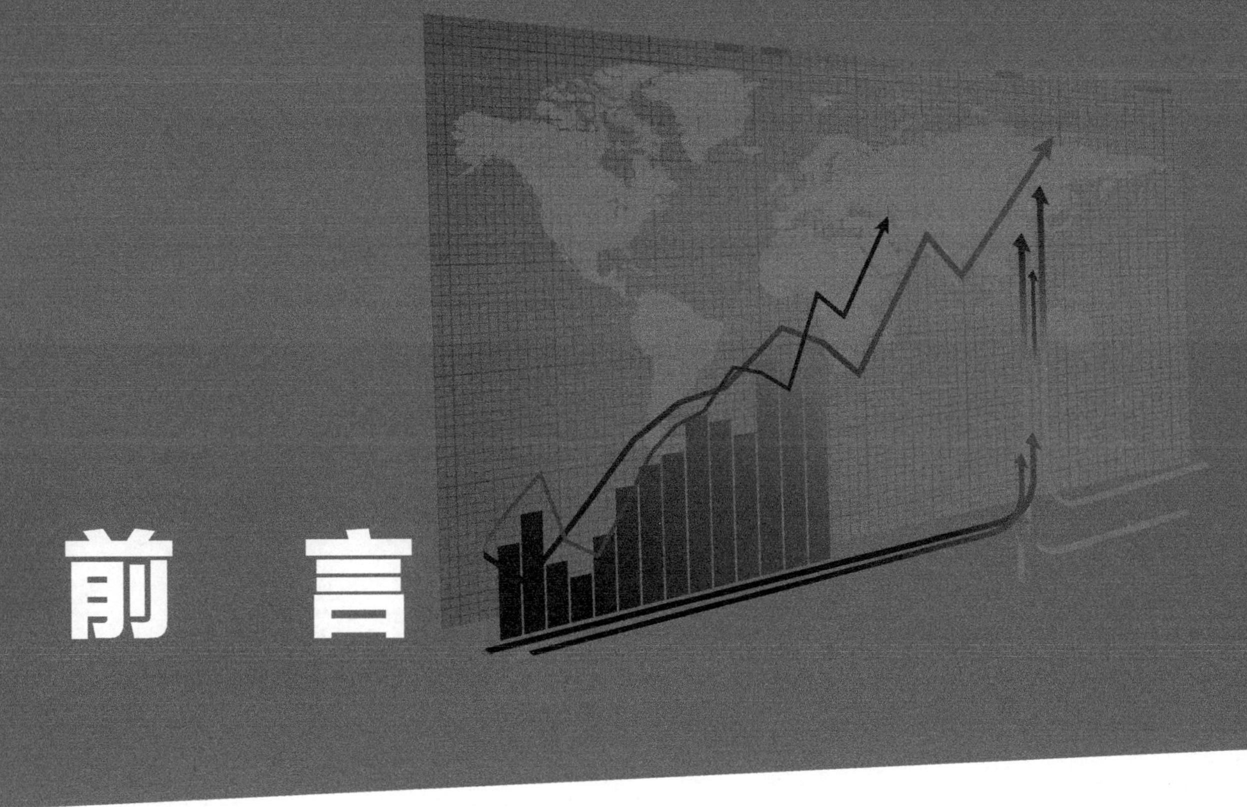

前　言

随着我国社会主义市场经济的发展、大数据时代的来临、会计人员职能的转变，企业财务活动不断丰富，对财务人员的素质提出了更高的要求。近年来，我国资本市场和企业财务管理取得飞速发展，各种管理体制和制度都发生了较大变化，为了体现发展的新动向，适应经济形势对企业财务管理的新要求，我们编写了《企业财务管理》一书。全书内容从新经济形势与实务需求出发，以企业财务管理活动为主线，以财务管理相关业务操作为主体，突出财务管理岗位职业能力与职业素质培养。

本书是在参阅了中西方近年出版的财务管理教材及相关文献的基础上，结合多年教学、实践经验编写而成的，真正体现了高职教育职业性、实践性、开放性的特点。全书设计新颖，内容简明，案例丰富，考核全面，融通俗性、可读性、应用性于一体，主要特色如下。

(1) 项目化教学为主导。围绕财务管理的工作环节“财务预测—财务决策—财务预算—财务控制—财务分析”展开，设置教材主要内容，包括：财务管理认知，企业价值管理，筹资管理，项目投资管理，证券投资管理，营运资金管理，利润分配管理，财务预算，财务控制和财务分析与评价等。

(2) 提升学生岗位能力。本书紧扣高职高专人才培养的目标和模式，注重实用性和针对性，内容包括简洁明了、通俗易懂的财务管理基础知识，以及培养和提高学生操作能力的实训教程。为调动学生学习的积极性，提高学习效果，教材中穿插了多个栏目，如经典案例、企业情境、项目引言、相关链接、小贴士、微型案例、企业典型任务、职业能力同步测试等，内容丰富，生动有趣。

(3) 教学资源优质。在教材编写过程中，编写人员邀请行业专家及时提出意见反馈，将岗位实际需要与教学内容相结合，案例生动、形象、易懂，有助于提高学习兴趣、开拓学生视野、增强学习效果。

本书由盘锦职业技术学院王丹老师担任主编，盘锦职业技术学院张殿国、刘佳担任副主编，刘银玲参编，共十个项目。全书由王丹拟定大纲及编排目录章节，并撰写项目一～项目四以及项目八；张殿国撰写项目五、项目六；刘银玲撰写项目七；刘佳撰写项目九、项目十。全书由王丹进行修改并总纂。

本书在编写过程中参阅了国内外财务管理相关教材及文献，在此特向这些作品的作者们表示感谢。由于编者水平有限，书中难免存在疏漏、不妥之处，恳请读者批评指正，以便我们进一步修改和完善。

编者

2018 年 9 月

目　录

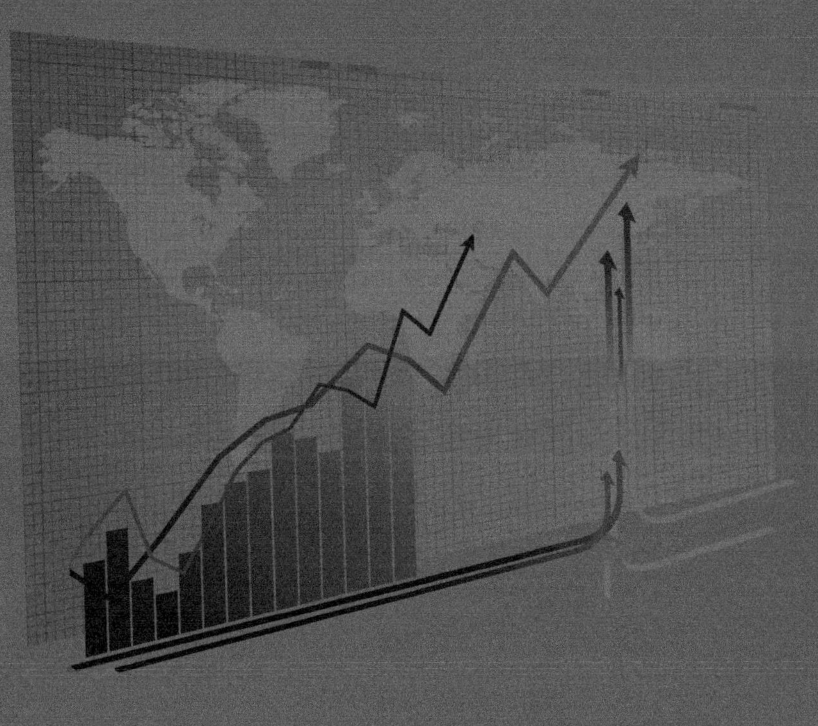

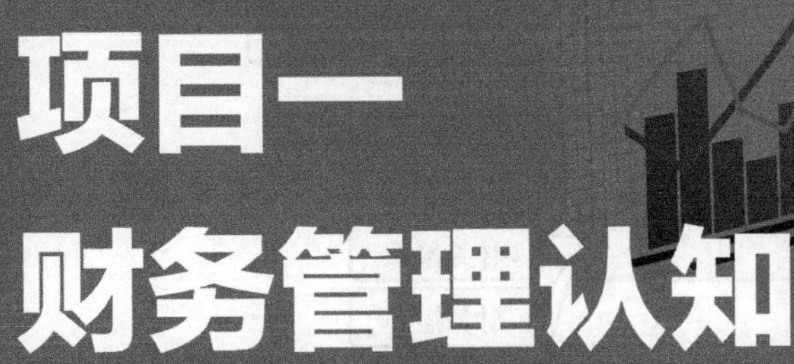

项目一 财务管理认知

【职业学习目标】

知识目标

1. 了解财务管理的概念；
2. 掌握财务管理的内容及财务关系；
3. 掌握财务管理的目标；
4. 了解企业财务管理的环境。

能力目标

1. 能够掌握企业财务管理的工作；
2. 能够恰当处理企业财务关系；
3. 能够掌握企业财务管理的目标；
4. 能够进行企业财务管理环境分析。

素质目标

1. 提高财务资料、信息收集与处理能力；
2. 培养学生的社会责任意识；
3. 提高业务往来的沟通能力。

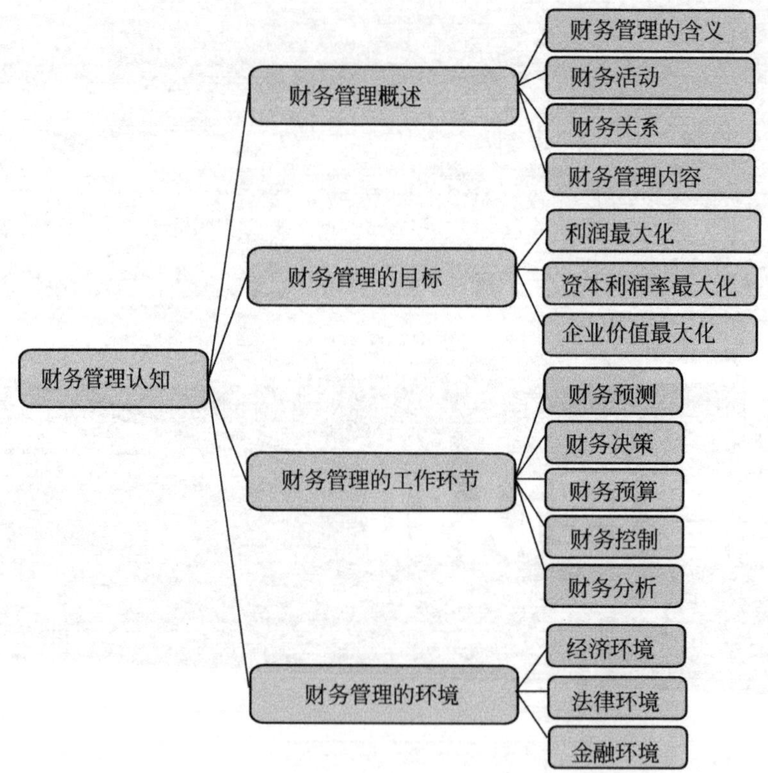

经典案例

稻盛和夫是日本经营四圣之一。他在日本泡沫经济全盛时期坚守实业，泡沫破灭后带领员工在不景气岁月里打造出两家世界 500 强企业。2010 年 2 月 1 日，他零工资出任破产重建的日航董事长，到 2011 年 3 月底共 424 天，用一年左右的时间创造了日航历史上空前的 1 884 亿日元的利润，是“全日空”（全日本空输株式会社）利润的 3 倍，前一年同期日航的亏损额也有约 1 800 亿日元，这一来一去将近 3 600 亿日元，超过了为拯救日航日本政府 3 000 亿日元的注资。

稻盛和夫的经营管理理念如下。

1．光明正大地追求利润

企业如果没有利润就无法生存。追求利润既不是可耻的事，也不违背做人的原则。在自由经济的市场环境中，由竞争结果决定的价格就是合理的价格，以这个价格堂堂正正地做生意所赚得的利润就是正当的利润。在激烈的价格竞争中，努力推进合理化，提高附加价值，才能增加利润。

为了满足顾客的要求，脚踏实地、努力工作，合法地开展事业，追求正当的利润，为社会多做贡献，这就是他的经营之道。

2．“重视伙伴关系”“以心为本地经营”和“以大家族主义开展经营”

公司同事间的关系不是经营者与员工之间的纵向从属关系，基本上是横向的伙伴关系。大家朝着一个目标一起行动，为实现共同的理想团结奋斗。公司的目标必须符合“大义名分”，必须引起员工、顾客以及所有利益相关方的共鸣。

3．“强化财务体系必不可少”

基于“售价－成本＝利润”的思路，在经营中彻底贯彻销售额最大化、经费最小化的原则。制造部门和销售部门之间的定价需要符合整体事业的利益；制造部门也需要对市场变化做出迅速的反应；销售部门与制造部门根据市场价格商定公司的内部购销价格，作为制造部门的报价。

4. 阿米巴经营

所有人都清楚地了解目标，人人参与企业经营管理，掌握订单、产量、销售额等数据。定价时，必须同时考虑降低成本。

【情境引例】

张丽是一名学习会计专业的应届毕业生，专业理论成绩优异，在应聘求职过程中，她接到了中信股份有限公司的面试通知。面试过程中，专业理论基础很好的她非常自信地进行了自我介绍。但在提问环节，企业的财务负责人提出如下问题：如果作为企业财务管理人员，负责公司的财务管理工作，你将开展哪些工作？企业的财务管理应该选择什么样的目标？熟悉企业的财务管理工作流程么？对于财务工作，你未来的职业生涯规划是什么？

张丽只停留在会计的理论学习层面，从未对财务工作进行全面、系统的思考，因此她陷入了迷茫。

即将从事财务工作的你，是否做好了全部准备？

通过本章的学习，你将掌握企业财务管理的基本知识，对于企业财务管理工作有初步的感性认识。

【项目引言】

企业作为经济组织，在市场经济条件下，为了实现经济利益的提高，必须合理运用资金。在采购过程中，企业需要筹集资金，以货币资金购买生产所需的各种材料；在生产过程中，资金即由原来的储备资金转化成为生产资金；在销售过程中，企业将产品销售出去，获得货币资金，进行债务偿还、纳税、利润分配、留存收益等活动。资金的合理运用是企业生产经营的关键环节。

任务一　财务管理概述

一、财务管理的概念

财务管理，简言之，就是对企业财务的管理。财务一般是指与钱物有关的事务，即理财的事务，是财务活动和财务关系的统一。企业财务是指企业在生产经营过程中的财务活动及其与有关各方发生的财务关系。

企业财务管理（financial management）是组织企业财务活动、处理企业财务关系的经济管理工作，是关于资金的筹集、运用和分配的管理工作。具体来说，财务管理是以价值形式对企业的生产经营活动进行综合管理，它利用资金、成本费用、收入利润等价值形式来反映企业经济活动中的劳动占用量、劳动消耗量和劳动成果，进而反映出企业经济效益的好坏。财务管理的内容就是财务管理对象的具体化，财务管理的对象是企业再生产过程中的资金活动。要想理解企业财务管理的基本概念，必须了解财务活动及财务关系等相关概念。

二、财务活动

所谓财务活动（financial activity）是指资金的筹集、运用、耗资、收回及分配等一系列行为。其中，筹资活动是资金运动的前提；资金的运用、耗资、收回又称为投资，投资活动是资金运动的关键；分配活动是作为投资成果进行的，体现了企业投资与筹资的目标要求。财务活动具体由筹资活动、投资活动、资金营运活动和利润分配活动组成。

1. 筹资活动

筹资是指企业为了满足投资和资金营运的需要，筹集所需资金的行为。

企业作为从事生产经营的经济组织，必须拥有一定数量的资金。这些资金的来源主要包括两部分：一是投资者投入的资本金、资本公积金和留存收益；二是企业的负债，包括流动负债和非流动负债。企业从投资者和债权人那里筹集来的资金，有货币资金、实物、无形资产等形态。

筹资活动是企业进行生产经营活动的前提，也是资金运动的起点。

2. 投资活动

投资是企业根据项目资金需要投出资金的行为。企业投资可分为广义的投资和狭义的投资两种。广义的投资包括对外投资（如投资购买其他公司的股票、债券）和内部使用资金(如购置固定资产、无形资产、流动资产等)。狭义的投资仅指对外投资。投资活动是财务活动的中心环节，它不仅对资金筹集提出要求，而且直接影响到财务工作的成败。投资活动不但要考虑投资规模，还要通过投资方向和投资方式的选择确定合理的投资结构，以提高投资效益并降低投资风险。

投资活动是企业财务活动的核心环节，关系到企业的兴衰成败。

3. 资金营运活动

企业在日常生产经营活动中，会发生一系列的资金收付行为。首先，企业需要采购材料或商品，从事生产和销售活动，同时还要支付工资和其他营业费用；其次，当企业把商品或产品售出后，便可取得收入、收回资金；最后，如果资金不能满足企业经营的需要，还要采取短期借款方式来筹集所需资金。为满足企业日常营业活动的需要而垫支的资金，称为营运资金。因企业日常经营而引起的财务活动，也称为资金营运活动。

在一定时期内，营运资金周转速度越快，资金的利用效率就越高，企业就可能生产出更多的产品，取得更多的收入，获得更多的利润。

4. 利润分配活动

企业通过投资和资金的营运活动可以取得相应的收入，并实现资金的增值。企业取得的各种收入在补偿成本、缴纳税金后，还应依据有关法律对剩余收益进行分配。狭义的分配是指对企业净利润的分配，广义的分配包括支付给职工的薪酬、支付给债权人的利息、缴纳给政府的各种税金、弥补企业以前年度亏损、提取的公积金和向投资者分配利润等。企业应依据一定的分配原则，充分考虑各相关利益主体的要求，合理确定分配规模和分配方式，力争使企业取得最大的长期利益。企业因为分配而产生的资金收支便是由企业分配而引起的财务活动。利润分配活动是一次财务活动的终点，同时，分配剩余的资金可以供下一次筹资活动使用，因此也是下一次财务活动的起点。

上述财务活动的四个方面是相互联系、相互依存、不可分割的，共同组成了企业完整的财务活动，也是企业财务管理的内容。

三、财务管理的内容

根据以上分析，财务管理是基于企业再生产过程中客观存在的财务活动和财务关系而产生的，是企业组织财务活动、处理与各方面财务关系的一项经济管理工作。企业筹资、投资、资金营运和利润分配构成了完整的企业财务活动，与此对应的，企业筹资管理、投资管理、营运资金管理和利润分配管理便成为企业财务管理的基本内容。

1. 筹资管理

筹资管理是企业财务管理的首要环节，是企业投资活动的基础。事实上，在企业发展过程中，筹资及筹资管理是贯穿始终的。无论是在企业创立之时，还是在企业成长过程中追求规模扩张，甚至是在日常经营周转过程中，都可能需要筹措资金，由此可见，筹资是指企业为了满足投资和用资的需要，筹措和集中所需资金的过程。在筹资过程中，企业一方面要确定筹资的总规模，以保证投资所需要的资金；另一方面要选择筹资方式，降低筹资的代价和筹资风险。

企业的资金来源按产权关系可以分为权益资金和负债资金。一般来说，企业完全通过权益资金筹资是不明智的，不能得到负债经营的好处。但负债的比例大则风险也大，企业随时可能陷入财务危机。因此，筹资决策的一个重要内容是确定最佳的资本结构。

企业资金来源按使用的期限可分为长期资金和短期资金。长期资金和短期资金的筹资速度、筹资成本、筹资风险以及借款时企业所受到的限制不同。因此，筹资决策要解决的另一个重要内容是合理确定长期资金与短期资金的比例关系。

2. 投资管理

投资是指企业资金的运用，是为了获得收益或避免风险而进行的资金投放活动。在投资过程中，企业必须考虑投资规模；同时，企业还必须通过投资方向和投资方式的选择确定合理的投资结构，以提高投资效益、降低投资风险。投资是企业财务管理的重要环节。投资决策的失败对企业未来的经营成败具有根本性影响。

投资按其方式可分为直接投资和间接投资。直接投资是指将资金投放在生产经营性资产上以便获得利润的投资，如购买设备、兴建厂房、开办商店等。间接投资又称证券投资，是指将资金投放在金融商品上以便获得利息或股利收入的投资，如购买政府债券、购买企业债券和企业股票等。

投资按投资影响的期限长短分为长期投资和短期投资。长期投资是指影响超过一年以上的投资，如固定资产投资和长期证券投资，前者又称资本性投资。短期投资是指其影响和回收期限在一年以内的投资，如应收账款、存货和短期证券投资。短期投资又称流动资产投资或营运资金投资。由于长期投资涉及的时间长、风险大，直接决定着企业的生存和发展，因此，在决策分析时更重视资金时间价值和投资风险价值。

投资按其范围分为对内投资和对外投资。对内投资是对企业自身生产经营活动的投资，如购置流动资产、固定资产、无形资产等。对外投资是以企业合法资产对其他单位或对金融资产进行投资，如企业与其他企业联营、购买其他企业的股票或债券等。

3. 营运资金管理

营运资金管理主要是对企业流动资产的管理，包括企业生产经营中占用在现金、短期投资、应收及预付款项和存货等流动资产上的资金管理。因为流动资产在企业经营中随着经营过程的进行不断变换其形态，在一定时期内资金周转越快，利用相同数量的资金获得的报酬就越多。流动资产的周转速度和使用效率直接影响企业的经营收益。因此，营运资金管理要加速资金周转，提高资金利用效果，合理配置资金，妥善安排流动资产与流动负债的比例关系，使企业有足够的偿债能力，防止营运资金的闲置。

4. 利润分配管理

企业通过投资必然会取得收入，获得资金的增值。分配总是作为投资的结果而出现的，它是对投资成果的分配。投资成果表现为取得各种收入，并在扣除各种成本费用后获得利润，所以，广义地说，分配是指对投资收入（如销售收入）和利润进行分割和分派的过程，而狭义的分配仅指对利润的分配。利润（股利）分配管理就是要解决，在所得税交纳后的企业获得的税后利润中，有多少分配给投资者，有多少留在企业作为再投资之用。如果利润发放过多，会影响企业再投资能力，使未来收益减少，不利于企业长期发展；如果利润分配过少，可能引起投资者不满。因此，利润（股利）决策的关键是确定利润（股利）的支付率。影响企业股利决策的因素很多，企业必须根据情况制订出企业最佳的利润（股利）政策。

四、财务关系

企业的财务活动是以企业为主体来进行的。企业作为法人，在组织财务活动过程中，必然与企业内外部有关各方发生广泛的经济利益关系，这就是企业的财务关系。

企业的财务关系主要表现为以下几种。

1. 企业与国家行政管理者之间的财务关系

国家作为行政管理者——政府，担负着维护社会正常的秩序、保卫国家安全、组织和管理社会活动等任务。政府为完成这一任务，必然无偿参与企业利润的分配。企业则必然按照国家税法规定缴纳各种税款，包括所得税、流转税和计入成本的税金。这种关系体现为一种强制和无偿的分配关系。

2. 企业与投资者之间的财务关系

企业与投资者之间的财务关系主要表现为投资者（国家、其他单位、个人、外商）按约定向企业投入资金，企业向投资者支付投资报酬所形成的经济利益关系。投资者因向企业投入资金而成为企业的所有者，拥有对企业的最终所有权，享受企业收益的分配权和剩余财产的支配权；企业从投资者那里吸收资金形成企业的自有资金，拥有法人财产权，企业以其全部法人财产权，依法自主经营、自负盈亏、照章纳税，对投资者承担资产保值增值责任，向投资者支付投资报酬。所以，这实质上是所有权性质的投资与受资的关系。

3. 企业与债权人之间的财务关系

企业与债权人之间的财务关系主要表现为债权人（银行、非银行金融机构、其他单位、个人、外商）按合约向企业投入资金，企业按合约向债权人支付利息、归还本金所形成的经济利益关系。债权人向企业投入资金的目的除了安全收回本金外，更重要的是为了获取固定的利息收入。企业吸收债权人的资金形成借入资金，对此企业必须按期归还本金，并按照合约的约定支付利息。所以，这实质上是一种债权债务关系。

4. 企业与受资者之间的财务关系

企业与受资者之间的财务关系主要是指企业以购买股票或直接投资的形式向其他企业投资所形成的经济关系。随着市场经济的不断深入发展、企业经营规模和经营范围的不断扩大，这种关系将会越来越广泛。企业向其他单位投资，按其出资额，可形成独资、控股和参股情况，并根据其出资份额参与受资方的重大决策和利润分配。但预期收益能否实现也存在一定的投资风险。企业投资的最终目的是取得收益。投资风险大，要求的收益高。所以，这实质上是所有权性质的投资与受资的关系。

5. 企业与债务人之间的财务关系

企业与债务人之间的财务关系主要是指企业将资金以购买债券、提供借款或商业信用等形式出借给其他单位所形成的经济关系。企业将资金借出后，有权要求其债务人按约定的条件支付利息和归还本金。企业同其他债务人的关系体现为债权与债务关系。企业在提供信用的过程中，一方面会产生直接的信用收入，另一方面也会发生相应的机会成本和坏账损失的风险，企业必须考虑风险与收益问题。所以，这实质上是所有权性质的债权与债务的关系。

6. 企业内部各单位之间的财务关系

企业内部各单位之间的财务关系主要表现为内部各单位之间因相互提供产品、劳务而形成的经济利益关系。在实行内部经济核算制和经营责任制的条件下，企业内部的各单位之间相互提供产品、劳务，必须进行合理的计价结算，严格分清各单位的经济利益与经济责任，充分发挥激励机制和约束机制的作用。所以，这实质上是企业内部各单位之间的利益均衡关系。

7. 企业与其职工之间的财务关系

企业与其职工之间的财务关系表现为职工向企业提供劳动、企业向职工支付劳动报酬而形成的经济利益关系。企业按照按劳分配的原则，以职工提供劳动的数量和质量为依据，向职工支付工资、奖金、津贴等劳动报酬，所以，这实质上是在劳动成果上的分配关系。

任务二　企业财务管理的目标

一、财务管理的目标及其冲突协调

（一）财务管理的目标

财务管理目标是企业进行财务活动所要达到的根本目的，是企业财务活动的出发点和归宿，决定着整个企业财务管理过程的发展方向。财务管理目标也贯穿于整个企业的财务管理过程中。正确的财务管理目标是企业财务管理系统良性循环的前提条件，财务管理目标是财务管理研究的起点。关于企业财务管理目标的观点有许多，最具代表性的主要有以下几种观点。

1. 利润最大化

利润最大化（profit maximization）的观点认为，利润代表了企业新创造的财富，利润越大则说明企业的财富增加得越多，越接近企业的目标。以利润最大化作为财务管理目标，其主要原因有三：一是人类从事生产经营活动的目的是为了创造更多的剩余产品，在市场经济条件下，剩余产品的多少可以用利润这个指标来衡量；二是在自由竞争的资本市场中，资本的使用权最终属于获利最多的企业；三是只有每个企业都最大限度地创造利润，整个社会的财富才可能实现最大化，从而带来社会的进步和发展。

以利润最大化为目标的主要优点是，企业追求利润最大化，就必须重视经济核算，加强管理，改进技术，提高劳动生产率，降低产品成本。这些措施都有利于企业资源的合理配置，有利于企业整体经济效益的提高。同时，企业利润提高后，企业增加利润，国家增加税收，职工增加工资收入，因此对国家、企业、个人均有利。

但是，以利润最大化作为财务管理目标存在以下缺陷。

① 没有考虑利润实现时间和资金时间价值。比如，今年 1 000 万元的利润和 10 年以后同等数量的利润其实际价值是不一样的，10 年间还会有资金时间价值的增加，而且这一数值会随着贴现率的不同而有所不同。

② 没有考虑风险问题。不同行业具有不同的风险，同等利润值在不同行业中的意义也不相同，比如，风险比较高的高科技企业和风险相对较小的制造业企业无法简单比较。

③ 没有反映创造的利润与投入资本之间的关系。不利于不同资本规模的企业或者同一企业的不同期间的比较。

④ 可能导致企业短期财务决策倾向，影响企业长远发展。由于利润指标通常按年计算，因此，企业决策也往往会服务于年度指标的完成或实现，具有片面性。

2. 资本利润率（每股利润）最大化

资本利润率最大化（profit ratio of capital maximization）观点认为：将企业实现的利润与投入的资本进行对比，用每股利润这个指标来反映，说明了投资者每股股本的盈利能力。每股利润是指普通股的净利润与发行在外的普通股股数的比值，该指标主要适用于上市公司。

资本利润率最大化将企业实现的利润同投入的资本或股本数进行对比，能够说明企业盈利水平，可以在不同资本规模的企业或者同一企业的不同期间进行比较。

但是这种观点仍然存在以下几个问题。

① 没有考虑资金的时间价值，即没有考虑股本获取利润的时间性差异和持续性特征。

② 没有考虑风险问题。

③ 财务决策带有短期行为，没有考虑现金流量因素，并且会由于经营者追求最大收益而造成短期行为，具有片面性。

3. 企业价值最大化

企业价值最大化（enterprise value maximization）是指企业通过采用最优的财务政策，充分考虑资金的时间价值和风险与报酬的关系，在保证企业长期稳定发展的基础上使企业总价值达到最大。

企业价值最大化是西方财务管理理论公认的财务目标，是衡量企业财务行为和财务决策的合理标准。

企业价值不同于利润，不仅包括企业新创造的价值，还包括企业预期的获利能力、成长能力，可以理解为企业所有者权益的市场价值，或者是企业所能创造的预计未来现金流量的现值。未来现金流量这一概念包含了资金的时间价值和风险价值两个方面的因素。因为未来现金流量的预测包含了不确定性和风险因素，而现金流量的现值是以资金的时间价值为基础对现金流量进行折现计算得出的。

企业以企业价值最大化作为财务管理目标，其优点主要表现在以下几个方面。

① 考虑了资金的时间价值和风险价值，有利于统筹安排长短期规划、合理选择投资方案、有效筹措资金、合理制订股利政策等。

② 考虑了企业投资收益中的风险因素。

③ 将企业长期、稳定的发展和持续的获利能力放在首位，能克服企业在追求利润上的短期行为，因为不仅目前利润会影响企业的价值，预期未来的利润对企业价值增加也会产生重大影响。

④ 有利于促进企业资源的合理配置，社会资源一般都向企业价值最大化的企业流动，从而有利于实现社会效益的最大化。

但是，以企业价值最大化作为财务管理目标也存在以下一些问题。

① 企业的价值过于理论化，不易操作。尽管对于上市公司，股票价格的变动在一定程度上揭示了企业价值的变化，但是，股价是多种因素共同作用的结果，特别是在资本市场效率低下的情况下，股票价格很难真实反映企业的价值。

② 对于非上市公司，价值难以确定。只有对企业进行专门的评估才能确定其价值，而在评估企业的资产时，由于受评估标准和评估方式的影响，很难做到客观和准确。

近年来，随着上市公司数量的增加以及上市公司在国民经济中地位、作用的增强，企业价值最大化目标逐渐得到了广泛认可。

(二) 财务管理目标的冲突与协调

将企业价值最大化作为财务管理目标，其首要任务就是要协调相关者的利益关系，化解他们之间的利益冲突。在企业财务关系中最为重要的关系是所有者、经营者与债权人之间的关系。企业必须处理、协调好这三者之间的矛盾与利益关系。协调相关者的利益冲突，要把握的原则是：尽可能使企业相关者的利益分配在数量上和时间上达到动态协调平衡。而在所有的利益冲突协调中，所有者与经营者、所有者与债权人之间的利益冲突协调又至关重要。

1. 所有者与经营者的矛盾与协调

企业是所有者的企业，企业价值最大化代表了所有者的利益。现代公司制企业所有权与经营权完全分离，经营者不持有公司股票或持部分股票，其经营的积极性就会降低，因为经营者拼命工作的所得不能全部归自己所有。此时他会干得轻松点，不愿意为提高股价而冒险，并想办法用企业的钱为自己谋福利，因为这些开支可计入企业成本从而由全体股东分担，甚至蓄意压低股票价格，以自己的名义借款买回，导致股东财富受损，自己从中渔利。由于两者行为目标不同，必然导致经营者利益和股东财富最大化的冲突，即经理个人利益最大化和股东财富最大化的矛盾。

为了协调所有者与经营者的矛盾，防止经理背离股东目标，一般有以下两种方法。

(1) 监督　经理背离股东目标的条件是，双方的信息不一致。经理掌握企业实际的经营控制权，对企业财务信息的掌握远远多于股东。为了协调这种矛盾，股东除要求经营者定期公布财务报表外，还应尽量获取更多信息，对经理进行必要的监督。但监督只能减少经理违背股东意愿的行为，因为股东是分散的，得不到充分的信息，全面监督实际上做不到，也会受到合理成本的制约。

(2) 激励　就是将经理的管理绩效与经理所得的报酬联系起来，使经理分享企业增加的财富，鼓励他们自觉采取符合股东目标的行为。如允许经理在未来某个时期以约定的固定价格购买一定数量的公司股票。股票价格提高后，经理自然获取股票涨价收益；或以每股收益、资产报酬率、净资产收益率以及资产流动性指标等对经理的绩效进行考核，以其增长率为标准，给经理以现金、股票奖励。但激励作用与激励成本相关，报酬太低，不起激励作用；报酬太高，又会加大股东的激励成本，减少股东自身利益。可见，激励也只能减少经理违背股东意愿的行为，不能解决全部问题。

通常情况下，企业采用监督和激励相结合的办法使经理的目标与企业目标协调起来，力求使监督成本、激励成本和经理背离股东目标的损失之和最小。除了企业自身的努力之外，由于外部市场竞争的作用，也促使经理把公司股票价格最高化作为他经营的首要目标。其主要表现在以下几个方面。

(1) 经理人才市场评价　经理人才作为一种人力资源，其价值是由市场决定的。来自资本市场的信息反映了经理的经营绩效，公司股价高说明经理经营有方，股东财富增加，同时经理在人才市场上的价值也高，聘用他的公司会向他付出高报酬。此时，经理追求利益最大的愿望便与股东财富最大化的目标一致。

(2) 解聘的威胁　现代公司股权的分散使个别股东很难通过投票表决来撤换不称职的总经理。同时，由于经理被授予了很大的权力，他们实际上控制了公司，股东看到他们经营企业不力、业绩欠佳却无能为力。进入20世纪80年代以来，许多大公司为机构投资者控股，养老基金、共同基金和保险公司在大企业中占的股份足以使他们有能力解聘总经理。由于高级经理被解聘的威胁会动摇他们稳固的地位，因此促使他们不断创新、努力经营，为股东的最大利益服务。

(3) 公司被兼并的威胁　当公司经理经营不力或决策错误导致股票价格下降到应有的水平时，就会有被其他公司兼并的危险。被兼并公司的经理在合并公司的地位一般都会下降或被解雇，这对经理利益的损害是很大的。因此，经理人员为保住自己的地位和已有的权力，会竭尽全力使公司的股价最高化，这是和股东利益一致的。

2. 所有者与债权人的利益冲突协调

所有者的目标可能与债权人期望实现的目标发生矛盾。首先，所有者可能要经营者改变举债资金的原定用途，将其用于风险更高的项目，这会增大偿债风险，债权人的负债价值也必然会降低，造成债权人风险与收益的不对称。因为高风险的项目一旦成功，额外的利润就会被所有者独享；但若失败，债权人却要与所有者共同负担由此而造成的损失。其次，所有者可能在未征得现有债权人同意的情况下，要求经营者举借新债，因为偿债风险相应增大，从而致使原有债权的价值降低。

所有者与债权人的上述利益冲突，可以通过以下方式解决。

(1) 限制性借债　债权人在借款合同中加入限制性条款，规定借债用途限制、借债担保条款和借债信用条件，使所有者不能通过以上两种方式削弱债权人的债权价值。

(2) 收回借款或停止借款　当债权人发现企业有侵蚀其债权价值的意图时，采取收回债权或不再给予新的借款的措施，从而保护自身权益。

除债权人外，与企业经营者有关的各方都与企业有合同关系，都存在着利益冲突和限制条款。企业经营者若侵犯职工雇员、客户、供应商和所在社区的利益，都将影响企业目标的实现。所以说企业是在一系列限制条件下实现企业价值最大化的。

二、财务管理的原则

(一) 财务管理的总体原则

在市场经济条件下，工商企业面临着日益广泛的资金运动和复杂的财务关系，这就需要企业财务管理人员正确地、科学地加以组织和处理。财务管理原则就是组织调节资金运动和协调处理财务关系的基本准则。在企业财务管理工作中应遵循以下原则。

1. 资本金保全原则

资本金保全原则是指企业要确保投资者投入企业资本金的完整，确保所有者的权益。从国际惯例来看，各国在企业财务管理中，一般都实行资本保全原则。其原因在于，企业资本金是企业进行生产经营活动的本钱，是所有者权益的基本部分，也是企业向投资者分配利润的依据。企业的经营者可以自主使用投资者依法投资的任何财产，有责任使这些财产在生产经营中充分得到利用，实现其保值和增值。投资者在生产经营期间，除在相应条件和程序下依法转让资本金外，一般不得抽回投资。

2. 价值最大化原则

企业财务管理的目标是使企业价值财富最大化。价值最大化原则应贯彻到财务管理工作的各个环节中。在筹资决策阶段，要根据这一原则，对各种筹资渠道进行分析、比较，选择资金成本最低、风险最小的筹资方案。在进行投资决策时，也要贯彻这一原则，在长期投资和短期投资之间进行合理选择。短期投资有利于提高企业的变现能力和偿债能力，能减少风险；长期投资会给企业带来高于短期投资的回报，但风险较大。通过对不同投资项目进行可行性研究，选择一个收益最大的方案。

3. 风险收益均衡原则

在市场经济条件下，企业的生产经营活动具有不确定性，企业的生产量、销售量都将随着市场需求的变化而变化。因此，企业生产经营的风险是不可避免的，其资金的筹措、运用和分配的风险也是客观存在的，所以财务管理人员应意识到风险，并通过科学的方法预测各种生产经营活动及资金筹集运用和分配方案风险的大小。风险越大，其预期收益越高；风险越小，其预期收益越低，做到风险与收益的平衡。

4. 资金合理配置原则

资金的合理配置是由资源的有限性和企业追求价值最大化所决定的。在企业财务管理中通过合理配置资金体现这一原则，即在筹集资金时，要考虑负债总额与全部资产总额之比，做到既能举债经营，提高资金利润率，又能防止举债过多，加大企业财务风险；在运用资金时，要考虑资产结构，即各类资产在全部资产总额中所占比重，防止出现某类资产占用过多，而另一类资产却占用不足的情况。企业要把有限的资金用在刀刃上，并经常考核其资金配置结构的合理性和有效性。

5. 成本效益原则

企业在生产经营过程中，为了取得收入，必然会发生相应的成本费用。如筹资会发生资金成本；生产产品会有直接材料、直接人工、制造费用的支出；销售商品会有商品购进成本和经营费用支出；从事生产经营管理工作，会发生管理费用，等等。在收入一定的情况下，成本费用越高，企业利润越少。因此，降低成本费用是企业提高经济效益、增加利润的有效途径。但是，企业的收入随着成本的增多而增多，随着成本的减少而减少，此时按成本效益原则，在充分考核成本的基础上，如收入的增量大于成本的增量，则提高企业的效益；反之则使企业的效益下降。

（二）财务管理的具体原则

1. 成本效益原则

(1) 认识其重要性　成本效益原则是市场经济条件下通行于世界各国企业管理和财务管理的一项基本原则，因此也是我国市场经济条件下企业财务管理所要遵循的首要原则。

(2) 成本、效益的含义　成本效益原则中的“成本”泛指与效益相关的各种耗费和价值牺牲，而成本效益原则中的“效益”则是一个包含收入、收益、所得甚至有用性在内的多方位、多层次概念。

(3) 成本与效益的关系　总的来说，成本与效益是一对既对立又统一的矛盾。统一性主要表现在其质的方面，即成本的耗费是效益取得的前提条件，而取得一定的效益则是成本耗费的直接目的。对立性主要表现在其量的方面，即成本高，则效益差；成本低，则效益好。

（4）成本效益原则的内容　成本效益原则的核心是要求企业耗用一定的成本应取得尽可能大的效益或在效益一定的条件下应最大限度地降低成本。

2. 风险与收益均衡原则

（1）认识风险的客观性　获取收益是市场经济条件下企业经营的基本出发点，而风险则是由企业未来情况的不确定性和不可预测性所引起的、与收益的获取相伴随的一种客观经济现象。而且，随着市场经济的发展和竞争的日趋加剧，会使企业在收益获取方面伴随着更大的风险。

（2）风险与收益的关系　风险与收益是完全统一的关系。其质的统一性表现为：企业欲获得收益，必然要承担风险，承担风险的目的在于获取收益。其量的统一性表现为：风险越大，则收益也越大；收益越小，则风险亦越小。

（3）风险与收益均衡原则的内容　风险与收益均衡原则的核心是要求企业不能承担超过收益限度的风险，在收益既定的条件下，应最大限度地降低风险。

3. 资源合理配置原则

（1）一个基本的经济学原理　资源通常是指经济资源，即企业所拥有的各项资产。资产的主要功能是带来收益，但并不意味着拥有资产就一定会取得收益，更不意味着取得最佳收益。资产所带来的收益的大小，在很大程度上取决于资源配置的合理与否。

（2）资源合理配置的含义及资源配置情况的表现　资源的合理配置不是仅指资产的合理配置，而是泛指企业的人、财、物等经营要素的有效搭配与协调。

由于财务管理具有价值管理和综合性的特点，使得各项经营要素的搭配情况直接体现在相关财务项目和有关财务指标上。

（3）资源合理配置原则的内容　资源合理配置原则的核心是要求企业的相关财务项目必须在结构上和数量上相互配套与协调，以保证人尽其才、财尽其能、物尽其用，从而获得较为满意的收益。

4. 利益关系协调原则

（1）利益关系的复杂性　企业与有关当事人之间的关系说到底都是一种利益关系。这种利益关系既包括企业与外部当事人之间的利益关系，也包括企业与内部当事人之间的利益关系；既包括企业与政府之间的利益关系，也包括与法人单位之间的利益关系，还包括企业与自然人之间的利益关系。有些关系是很难协调的，甚至是矛盾的。

（2）利益关系不协调的后果　利益关系不协调，轻则影响各方的积极性，导致企业财务状况的恶化和财务能力的弱化；重则对企业目标的实现产生不利影响，甚至引发社会问题。

（3）利益关系协调原则的内容　利益关系协调原则的核心是要求企业在收益分配中，既要保证国家的利益，也要保证自身和员工的利益；既要保证投资人的利益，也要保证债权人的利益；既要保证所有者的利益，也要保证经营者的利益。同时，还要使企业的财务状况得以改善，财务能力得以增强，以便为实现企业目标创造条件。

任务三　财务管理的工作环节

财务管理工作是指财务管理工作的工作过程与一般流程。企业财务管理的工作环节总体上可划分为五个基本环节，即财务预测、财务决策、财务预算、财务控制和财务分析。对于持续经营的企业，财务决策在这些环节中处于关键地位。五个环节相互联系，周而复始，形成财务管理的循环系统。

一、财务预测

财务预测（financial forecasting）是指利用企业过去的财务活动资料，结合市场变动情况，为把握未来和明确前进方向而对企业财务活动的发展趋势做出科学的预计和测量，是财务决策的必要前提。其主要任务是：通过测算企业财务活动的数据指标，为企业决策提供科学依据；通过测算企业财务收支变动情况，确定企业未来的经营目标；通过测算各项定额和标准，为编制计划、分解计划指标提供依据。财务预测的内容一般包括资金需要量的预测、成本费用预测、销售收入预测、利润总额与分配预测以及有关长短期投资额预测等。

财务预测的一般程序如下。

（1）明确预测目标　财务预测的目标亦即财务预测的对象和目的。预测目标不同，则预测资料的搜集、预测模型的建立、预测方法的选择以及预测结果的表现方式等也有不同的要求。为了达到预期的效果，必须根据管理决策的需要，明确预测的具体对象和目的，如目标利润、资金需要量、现金流量等，从而规定预测的范围。

（2）搜集整理资料　根据预测对象的目的，要广泛搜集与预测目标相关的各种资料信息，包括内部和外部资料、财务和生产技术资料、计划和统计资料等。对所搜集的资料除进行可靠性、完整性和典型性的检查外，还必须进行归类、汇总、调整等加工处理，使资料符合预测的需要。

（3）建立预测模型　按照预测的对象，找出影响预测对象的一般因素及其相互关系，建立相应的预测模型，对预测对象的发展趋势和水平进行定量描述，以此获得预测结果。常见的财务预测模型有因果关系预测模型、时间序列预测模型以及回归分析预测模型等。

（4）实施财务预测　将经过加工整理的资料利用财务预测模型，选取适当的预测方法，进行定性、定量分析，确定预测结果。

近年来，由于预测越来越受到重视，预测方法的发展也很快，据国外统计，已达130多种。企业财务管理中常用的预测方法包括定性预测方法和定量预测方法两大类。定性预测方法是由熟悉情况和业务的专职人员，根据过去的经验和专业知识，各自进行分析、判断，提出初步预测意见，然后通过一定的形式（如座谈会、讨论会、咨询调查、征求意见等）进行综合，作为预测未来的依据。定量预测方法主要依据历史和现实的资料，建立数学模型，进行定量预测。以上两类预测方法并不是相互排斥的，在进行预测时，应当将它们结合起来，相互补充，以便提高预测的质量。

二、财务决策

财务决策（financial decision）是指财务人员在财务预测的基础上，根据财务目标的总要求，运用专门的方法从各种备选方案中选择最佳方案的过程。在市场经济条件下，财务管理的核心是财务决策，财务预测是为财务决策服务的，决策关系到企业的兴衰成败，同时，财务决策又是财务预算的前提，是编制财务计划、进行财务控制的基础。

财务决策的内容非常广泛，一般包括筹资决策、投资决策、利润分配决策和其他决策。筹资决策主要解决如何以最小的资本成本取得企业所需要的资本，并保持合理的资本结构，包括确定筹资渠道和方式、筹资数量与时间、筹资结构比例关系等；投资决策主要解决投资对象、投资数量、投资时间、投资方式和投资结构的优化选择问题；利润分配决策在股份公司也称为股利决策，主要解决股利的合理分配问题，包括确定股利支付比率、支付时间、支付数额等；其他决策包括企业兼并与收购决策、企业破产与重整决策等等。

财务决策的主要程序如下。

(1) 确定决策目标　由于各种不同的决策目标所需的决策分析资料不同，所采取的决策依据也不同，因此，只有明确决策目标，才能有针对性地做好各个阶段的决策分析工作。

(2) 提出备选方案　以确定的财务目标为主，考虑市场可能出现的变化，结合企业内外有关财务和业务活动资料以及调查研究材料，提出实现目标的各种可供选择的方案。

(3) 选择最优方案　备选方案提出后，根据决策目标，采用一定的方法分析、评价各种方案的经济效益，综合权衡后从中选择最优方案。

三、财务预算

财务预算（financial budget）是用货币计量的方式将财务决策目标所涉及的经济资源进行配置，以计划的形式具体地、系统地反映出来。财务预算位居财务管理过程的中间环节，贯穿于企业财务管理的全过程，是以财务决策确立的方案和财务预测提供的信息为基础来编制的，是财务预测和财务决策的具体化和系统化，是控制和分析财务活动的依据。企业编制的财务预算主要包括现金预算、预计资产负债表、预计利润表等。

财务预算的一般程序如下。

(1) 分析财务环境，确定预算指标　根据企业的外部宏观环境和内部微观状况，运用科学的方法，分析与所确定经营目标有关的各种因素，按照总体经济效益的原则，确定主要的预算指标。

(2) 协调财务能力，组织综合平衡　合理安排企业的人力、物力和财力，使之与企业经营目标要求相适应，使资金运用同资金来源平衡、财务收入与财务支出平衡。

(3) 选择预算方法，编制财务预算　以经营目标为中心，编制企业的财务预算，并检查各项有关的预算指标是否密切衔接、协调平衡。

财务预算是企业全面预算体系的重要组成部分。企业全面预算体系包括特种决策预算、日常业务预算和财务预算三大类。特种决策预算是不经常发生的一次性业务的预算，又称为资本支出预算，主要是针对企业长期投资决策编制的预算，如厂房扩建预算、购建固定资产预算等；日常业务预算是与企业日常经营业务直接相关的预算，如销售预算、生产预算、直接材料预算、直接人工预算、制造费用预算、产品生产成本预算、销售及管理费用预算等；财务预算是企业在计划期内预计现金收支、经营成果和财务状况的预算，也称为总预算，主要包括现金预算、预计利润表、预计资产负债表等。

四、财务控制

财务预算的执行要依靠财务控制。财务控制（financial control）就是在财务管理的过程中，利用有关信息和特定手段，对企业财务活动施加影响或调节，以便实现预算指标、提高经济效益。它是财务管理人员为保证财务管理工作顺利进行、完成财务预算目标而采取的一系列行动，是落实计划、保证计划实现的有效措施。在企业经济控制系统中，财务控制是一种连续性、系统性和综合性最强的控制，也是财务管理经常进行的工作。

财务控制从不同的角度有不同的分类，从而形成了不同的控制内容、控制方式和控制方法：第一，按控制的时间分为事前控制、事中控制和事后控制；第二，按控制的依据分为预算控制和制度控制；第三，按控制的手段分为绝对数控制和相对数控制。

实行财务控制是落实预算任务、保证预算实现的有效措施。一般而言，财务控制需实施如下步骤。

(1) 确定控制目标 财务控制目标一般可以按财务预算指标确定，对于一些综合性的财务控制目标应当按照责任单位或个人进行分解，使之能够成为可以具体掌握的可控目标。

(2) 建立控制系统 即按照责任制度的要求，落实财务控制目标的责任单位和个人，形成从上到下、从左到右的纵横交错的控制组织。

(3) 信息传递与反馈 这是一个双向流动的信息系统，它不仅能够自下而上反馈财务预算的执行情况，也能够自上而下地传递调整财务预算偏差的要求。

(4) 纠正实际偏差 根据信息反馈，及时发现实际脱离计划的情况，分析原因，采取措施加以纠正，以保证财务计划的完成。

五、财务分析

财务分析（financial analysis）是以企业财务报告反映的财务指标为主要依据，采用适当的方法对企业的财务状况、经营成果和未来前景进行评价和剖析的一项业务手段。通过财务分析，可以分析计划期内财务预算完成情况以及财务指标的发展变化情况，并且查明原因，提出改进措施，为以后进行财务预测、决策和编制预算提供依据。

财务分析从不同的角度有不同的分类，根据分析的内容可分为偿债能力分析、营运能力分析、盈利能力分析、发展能力分析和综合分析；根据分析的方法可分为纵向分析和横向分析等。企业可根据需要选择适合自身需要的分析方法，组成财务分析方法体系。

财务分析的一般步骤如下。

(1) 占有资料，掌握信息 开展财务分析首先应充分占有有关资料和信息。财务分析所用的资料通常包括财务预算等计划资料、本期财务报表等实际资料、财务历史资料以及市场调查资料。

(2) 指标对比，揭露矛盾 对比分析是揭露矛盾、发现问题的基本方法。财务分析要在充分占有资料的基础上，通过数量指标的对比来评价企业业绩，发现问题，找出差异。

(3) 分析原因，明确责任 影响企业财务活动的因素，有生产技术方面的，也有生产组织方面的；有经济管理方面的，也有思想政治方面的；有企业内部的，也有企业外部的。这就要求财务人员运用一定的方法从各种因素的相互作用中找出影响财务指标的主要因素，以便分清责任，抓住关键。

(4) 提出措施，改进工作 要在掌握大量资料的基础上，去伪存真，去粗取精，由此及彼，由表及里，找出各种财务活动之间以及财务活动同其他经济活动之间的本质联系，然后提出改进措施。提出的措施应当明确具体、切实可行，并通过改进措施的落实推动企业财务管理的发展。

任务四 财务管理的环境

财务管理的环境是指对企业财务活动和财务管理产生影响作用的企业内外部的各种条

件。通过环境分析，提高企业财务行为对环境的适应能力、应变能力和利用能力，以便更好地实现企业财务管理目标。

企业财务管理的环境按其存在的空间，可分为内部财务环境和外部财务环境。内部财务环境的主要内容包括企业资本实力、生产技术条件、经营管理水平和决策者的素质等四个方面。由于内部财务环境存在于企业内部，是企业可以从总体上采取一定的措施施加控制和改变的因素。而外部财务环境由于存在于企业外部，它们对企业财务行为的影响无论是有形的硬环境还是无形的软环境，企业都难以控制和改变，更多的是适应和因势利导。因此，本任务主要介绍外部财务环境。影响企业外部财务环境的有各种因素，其中最主要的有法律环境、经济环境和金融环境等因素。

一、法律环境

财务管理的法律环境是指企业和外部发生经济关系时所应遵守的各种法律、法规和规章。市场经济是一种法治经济，企业的一切经济活动总是在一定法律规范范围内进行的。一方面，法律提出了企业从事一切经济业务所必须遵守的规范，从而对企业的经济行为进行约束；另一方面，法律也为企业合法从事各项经济活动提供了保护。企业财务管理中应遵循的法律法规主要包括以下几种。

1. 企业组织法

企业是市场经济的主体，不同组织形式的企业所适用的法律不同。按照国际惯例，企业划分为独资企业、合伙企业和公司制企业，各国均有相应的法律来规范这三类企业的行为。在我国，包括《中华人民共和国公司法》《中华人民共和国合同法》《中华人民共和国外资企业法》《中华人民共和国中外合资经营企业法》《中华人民共和国中外合作经营企业法》《中华人民共和国个人独资企业法》《中华人民共和国合伙企业法》。因此，不同组织形式的企业在进行财务管理时，必须熟悉其企业组织形式对财务管理的影响，从而做出相应的财务决策。

2. 税收法规

税法是税收法律制度的总称，是调整税收征纳关系的法规规范。支付税金会增加企业的现金流出，对企业有重要影响。企业都希望在不违反税法的前提下，减少税收负担。税负的减少，只能靠精心安排和筹划投资、筹资和利润分配等财务决策，而不允许在纳税行为中发生偷税漏税。精通税收法律关系对企业财务管理有重要意义。与企业相关的税种主要有以下5种。

（1）所得税类　包括企业所得税、外商投资企业和外国企业所得税、个人所得税。

（2）流转税类　包括增值税、消费税、城市维护建设税。

（3）资源税类　包括资源税、土地使用税、土地增值税。

（4）财产税类　包括财产税。

（5）行为税类　包括印花税、车船使用税、屠宰税。

3. 财务法规

企业财务法规制度是规范企业财务活动、协调企业财务关系的法令文件。我国目前的财务管理法规制度有《中华人民共和国会计法》《企业财务通则》《企业内部控制基本规范》等。《企业财务通则》是各类企业进行财务活动、实施财务管理的基本规范。2006 年年底，我国财政部对《企业财务通则》进行修订，自 2007 年 1 月 1 日起实施新的《企业财务通则》。2008 年 5 月 22 日，财政部颁发了《企业内部控制基本规范》，自 2009 年 7 月 1 日起在上市公司范围内实行，鼓励非上市的大中型企业执行。

4. 其他法规

从整体上来说，法律环境对企业财务管理的影响和制约主要表现在以下方面：在筹资活动中，国家通过法律规定了筹资的最低规模和结构，如《公司法》(即《中华人民共和国公司法》) 规定股份有限公司的注册资本的最低限额为人民币 1 000 万元；规定了筹资的前提条件和基本程序，如《公司法》就对公司发行债券和股票的条件做出了严格的规定。

在投资活动中，国家通过法律规定了投资的方式和条件，如《公司法》规定股份公司的发起人可以用货币资金出资，也可以用实物、工业产权、非专利技术、土地使用权作价出资；规定了投资的基本程序、投资方向和投资者的出资期限及违约责任，如企业进行证券投资必须按照《证券法》(即《中华人民共和国证券法》) 所规定的程序来进行，企业投资必须符合国家的产业政策，符合公平竞争的原则。

在分配活动中，国家通过法律如《税法》(即《中华人民共和国税法》)《公司法》《企业财务通则》及《企业财务制度》规定了企业成本开支的范围和标准，企业应缴纳的税种及计算方法，利润分配的前提条件和利润分配的去向、一般程序及重大比例。在生产经营活动中，国家规定的各项法律也会引起财务安排的变动或者说在财务活动中必须予以考虑。

企业财务人员要熟悉以上法律规范，在遵纪守法的前提下，完成企业财务管理工作，履行企业财务管理职能，实现企业财务管理目标。

二、经济环境

财务管理作为一种微观管理活动，与其所处的经济管理体制、经济结构、经济发展状况、宏观经济调控政策等经济环境密切相关。

1. 经济管理体制

经济管理体制是在一定的社会制度下，生产关系的具体形式和组织、管理、调节国民经济的体系、制度、方式和方法的总称，分为宏观经济管理体制和微观经济管理体制两类。宏观经济管理体制是指整个国家宏观经济的基本经济制度，而微观经济管理体制是指国家的企业体制及企业与政府、企业与所有者的关系。宏观经济体制对企业财务行为的影响主要体现在企业必须服从和服务于宏观经济管理体制，在财务管理的目标、财务主体、财务管理的手段与方法等方面与宏观经济管理体制的要求相一致。微观经济管理体制对企业财务行为的影响与宏观经济体制相联系，主要体现在如何处理企业与政府、企业与所有者之间的财务关系。

2. 经济结构

经济结构一般指从各个角度考察社会生产和再生产的构成，包括产业结构、地区结构、分配结构和技术结构等。经济结构对企业财务行为的影响主要体现在产业结构上。一方面，产业结构会在一定程度上影响甚至决定财务管理的性质，不同产业所要求的资金规模或投资规模不同，不同产业所要求的资本结构也不一样。另一方面，产业结构的调整和变动要求财务管理做出相应的调整和变动，否则企业日常财务运作艰难，财务目标难以实现。

3. 经济周期

任何国家的经济发展都不可能呈长期的快速增长之势，而是表现为“波浪式前进，螺旋式上升”的状态。当经济发展处于繁荣时期时，经济发展速度较快，市场需求旺盛，销售额大幅度上升。企业为扩大生产，需要增加投资，与此相适应，则需筹集大量的资金以满足投资扩张的需要。当经济发展处于衰退时期时，经济发展速度缓慢，甚至出现负增长，企业的产量和销售量下降，投资锐减，资金时而紧缺、时而闲置，财务运作出现较大困难。

4. 宏观经济政策

我国经济体制改革的目标是建立社会主义市场经济体制，以进一步解放和发展生产力。在这个目标的指导下，我国已经并正在进行财税体制、金融体制、外汇体制、外贸体制、计划体制、价格体制、投资体制、社会保障制度等各项改革。所有这些改革措施深刻地影响着我国的经济生活，也深刻地影响着我国企业的发展和财务活动的运行。如金融政策中的货币发行量、信贷规模会影响企业投资的资金来源和投资的预期收益；财税政策会影响企业的资金结构和投资项目的选择等；价格政策会影响资金的投向和投资的回收期及预期收益；会计制度的改革会影响会计要素的确认和计量，进而对企业财务活动的事前预测、决策及事后评价产生影响等。

5. 通货膨胀

通货膨胀是指投入流通中的货币过多，大大超过流通的实际需要量，因此引起物价上涨、货币贬值的现象。通货膨胀会给企业财务管理带来较大的不利影响，主要表现在：资金占用额迅速增加；利率上升，企业筹资成本加大；证券价格下跌，筹资难度增加；利润虚增，资金流失等。为避免通货膨胀给企业造成极大损失，实现期望的报酬率，财务人员必须对通货膨胀有所预测，采取加强收入和成本的管理，并通过套期保值等手段减少损失，如提前购买设备和存货、买进现货而卖出期货等。

三、金融环境

金融环境主要是指金融市场对企业财务管理的影响。金融市场是资金供应者和资金需求者双方通过金融工具进行交易的场所。企业总是需要资金以从事投资和经营活动。而资金的取得除了自有资金外，主要从金融市场取得。金融市场的发育程度、利率高低等都会影响企业资金的筹集和投放。因此，金融市场环境是企业最为重要的环境因素，熟悉和利用金融市场环境是搞好财务管理工作的重要条件。

（一）金融环境的作用

具体地说，金融市场环境对企业财务管理活动的影响和决定性作用主要表现在以下几个方面。

1. 对企业筹资决策的影响

金融市场是企业筹资的场所，企业可以根据自己的需要，按规定在金融市场提供的多种筹资渠道中选择恰当的筹资方式和筹资途径。另外，在筹资活动中，利率、证券价格和证券指数等金融市场参数变动会影响企业的筹资成本和风险，因此，企业财务部门应做好分析预测，采取措施规避成本上升和风险增长的可能。

2. 对企业投资决策的影响

金融市场是企业投资的场所，它提供了多种投资工具和方式，使企业有可能通过不同的投资组合达到承担风险适中和获利高的目的。另外，在企业投资活动中，利率、证券价格和证券指数等金融市场参数的变动会对企业的投资方向有一定的导向作用。

3. 对企业分配决策的影响

金融市场筹资的难易程度和金融市场投资的机会多少将会影响企业的分配政策。当市场利率上升、证券市场价格和证券指数低迷时，会使得企业筹资困难，如果在未来又有良好的投资计划，就要采取较低的股利支付比率，保留大量的留存收益以满足资金的需要；反之亦然。

（二）金融市场及其构成要素

金融市场就是资金融通的场所，是经营货币资金借贷、有价证券交易和买卖黄金、外汇等金融商品的场所，是与商品市场并列的一种市场。在金融市场上，资金是被作为一种“特殊商品”来交易的。金融市场可以是有形市场，如银行、证券交易所等；也可以是无形市场，即通过现代通信网络进行交易。金融市场由交易主体、交易对象、交易工具等基本要素构成。

1. 金融市场的交易主体

金融市场的交易主体是指在金融市场上进行金融交易的市场参与者，包括个人、企业、金融机构、政府等。金融市场主体可以分为筹资者、投资者、金融机构和监管机构。筹资者一般是企业，其主要目的是通过金融市场筹集生产经营所需资金，如通过向银行借款、发行公司债券、发行股票等方式筹集资金。投资者可以是企业及其他单位，也可以是个人，其主要目的是将闲置的资金使用权转让给资金需求者，以获得一定利息或红利收益。金融机构既是金融市场的筹资者、投资者，又是中介机构和监管机构，可见金融机构是金融市场的重要参与者，在金融市场上发挥着重要的作用。金融机构分为银行金融机构和非银行金融机构两大类。金融市场的监管机构通常是政府机构，如银监会、证监会等，它保证金融市场正常运行，依法对金融市场的其他参与者进行监督，并通过有关法律手段、经济手段或者行政手段对金融市场进行宏观调节，稳定金融市场。

银行是指经营存款、放款、汇兑和储蓄等金融业务及承担信用中介的金融机构。银行的主要功能是充当信用中介、充当企业之间的支付中介、提供信用工具和充当国民经济的调控手段。我国的银行金融机构主要有以下 3 种。

（1）中央银行　我国的中央银行是中国人民银行，它代表政府管理全国的金融机构和金融活动，管理国库。其主要职责是制定和实施货币政策，保持货币币值稳定；维护支付和清算系统的正常运行；持有、管理、经营国家外汇储备和黄金储备；代理国库和其他与政府有关的金融业务；代表政府从事有关的国际金融活动。

（2）政策性银行　是由政府设立，以贯彻国家产业政策、区域发展政策为目的，不以营利为目的的金融机构。不面向公众吸收存款，以政府财政拨款和发行政策性金融债券为主要资金来源。目前，我国的政策性银行有国家开发银行、中国进出口银行和中国农业发展银行三家银行。

（3）商业银行　是以经营存款、贷款和办理转账结算为主要业务，以营利为主要经营目标的金融企业，包括中国工商银行、中国银行、中国建设银行、中国农业银行四大国有股份制商业银行和其他股份制商业银行（如交通银行、深圳发展银行、中信实业银行、光大银行、华夏银行、招商银行、兴业银行、浦东发展银行、民生银行等）。

我国的非银行金融机构主要有以下 5 种。

（1）保险公司　是将投保者的资金集中起来，当被保险者发生保险条款所列事项时进行赔偿的金融机构，主要经营保险业务，包括财产保险、责任保险、保证保险和人身保险等。保险公司从投保者那里集中了大量的资金，可以用于各种投资活动，目前我国保险公司的资金运用被严格限制在银行存款、政府债券、金融债券和投资基金范围内。

(2) 证券机构　是指从事证券业务的机构，包括证券公司、证券交易所和登记结算公司。

(3) 信托投资公司　是以受托人的身份代人理财，其主要业务有经营资金和财产委托、代理资产保管、金融租赁、经济咨询以及投资等。

(4) 财务公司　是由企业集团内部各成员单位入股，向社会募集中长期资金的金融机构。

(5) 金融租赁公司　是办理融资租赁业务的公司组织，其主要业务有动产和不动产的租赁、转租赁和回租租赁等。

2. 金融市场的交易对象

金融市场的交易对象是指金融市场参与者进行交易的标的物，是市场的客体。在金融市场上作为交易对象的就是货币资金。无论是银行的存贷款，还是证券市场上的证券交易，实际上都是货币资金的转移。资金需求者希望通过金融市场筹集资金，而资金供给者则希望通过金融市场投资来获得投资收益。但是，与商品市场上交易商品不同的是，金融市场上交易的只是货币资金的使用权，而不是所有权。

3. 金融市场的交易工具

金融市场的交易工具，或称金融工具，是指在金融市场上资金供需双方进行交易时所使用的信用工具，是交易对象的载体。有了金融工具，资金交易双方的融通资金活动就更加方便和快捷，同时，金融工具作为合法的信用凭证，使交易双方的债权债务关系或者产权关系更加清晰，并能得到法律的保护。金融市场上的金融工具多种多样，主要包括各种商业票据、可转让定期存单、股票、债券、期货合约、期权合约等。在金融市场上，资金供需双方就是通过各种金融工具来实现资金融通的。筹资者可以利用金融工具筹集到所需资金，投资者也可以通过购买这些金融工具进行投资活动。

金融工具具有以下特征。

(1) 流动性　流动性是指金融工具能够在短期内迅速地、不受损失地转变为现金的能力。金融工具的流动性对于资金供需双方都是非常重要的，对于金融工具的持有人来说，流动性强的金融工具相当于现金，当持有者需要现金时，能够很容易地将其转变为现金。通常，流动性强的金融工具应具备变现迅速、易被投资者接受、交易费用低和市场价值较稳定等特点。

(2) 风险性　风险性是指购买金融工具的本金遭受损失的可能性。金融工具的风险主要有违约风险和市场风险两种，前者是指证券的发行人由于经营状况恶化、破产等原因而导致购买金融工具的本金不能得到偿还的风险，后者是指由于金融工具的市场价格波动可能给投资者造成经济损失的风险。

(3) 收益性　收益性是指投资者购买金融工具获得收益的大小。

金融工具的上述三个特性之间存在着这样的关系：流动性与风险性和收益性成反比关系，风险性与收益性成正比关系。即金融工具的流动性越强，其风险越小，收益也越低，而收益越高的金融工具，其风险也越大。

(三) 金融市场的分类

1. 按融资期限分为货币市场和资本市场

货币市场是指交易期限在1年以内的短期金融市场。货币市场主要包括短期存贷款市场、银行同业拆借市场、商业票据市场、可转让定期存单市场、贴现市场、短期债券市场等。在货币市场上进行交易的主要是短期金融工具，最短的可能只有1天，长的可能是几个月，但最长不超过1年。在我国货币市场中最活跃的是同业拆借市场。

资本市场是指交易期限在1年以上的长期金融市场。资本市场主要包括长期存贷款市场、长期债券市场、股票市场等。在资本市场上进行交易的主要是长期金融工具，其期限都在1年以上。在我国，长期存贷款市场的发展基本上起始于20世纪80年代初期，而证券市场起始于20世纪80年代中后期。

2. 按交割的时间分为现货市场和期货市场

现货市场是指金融工具买卖成交后，当场或几天内买方付款、卖方交出证券的交易市场。期货市场是指按一定价格订约成交，交易双方在某一约定时间以后进行清算和交割的交易市场。

3. 按证券发行或交易的程序分为一级市场和二级市场

一级市场也称初级市场或发行市场，是指新发行证券的市场；二级市场也称次级市场或交易市场，是指进行证券买卖和转让的交易市场。我国证券的发行市场和交易市场分别起始于20世纪80年代中后期和90年代初期。初级市场我们可以理解为“新货市场”，而次级市场我们可以理解为“旧货市场”。

4. 按交易对象分为资金市场、外汇市场和黄金市场

资金市场是指进行资金借贷的市场，包括交易期限在1年以内的货币市场和交易期限在1年以上的资本市场。外汇市场是金融市场中交易量最大的市场，它是设置在各国主要金融中心，由外汇供需双方及外汇交易的中介机构组成的进行外汇买卖的交易场所。目前，世界上主要的外汇市场有伦敦、纽约、东京、苏黎世、新加坡、法兰克福和中国香港等著名的国际金融中心。黄金市场是专门经营黄金买卖的金融市场。黄金作为世界货币，成为人们投资和资金融通的重要媒介之一，也是各国国际储备的一个重要组成部分。黄金市场交易有现货交易和期货交易两种，其市场参与者主要有各国的官方机构、金融机构、经纪商、企业和私人等。目前，世界上著名的黄金市场有伦敦、苏黎世、纽约、芝加哥和香港。

5. 按地理区域分为国内金融市场和国际金融市场

国内金融市场是指金融交易活动的范围以一国为限，不涉及其他国家，只限于本国居民或企业参与的金融市场，如我国的上海、深圳等。国际金融市场是指金融交易活动范围超越国界的金融市场，其范围可以是整个世界，也可以是某一个地区。国际金融市场可分为传统的国际金融市场和离岸国际金融市场。传统的国际金融市场是国内金融市场的延伸，即从纯粹本国居民之间的金融业务发展到也能经营居民与非居民之间国际金融业务而又接受当地政府法令管辖的金融市场。离岸国际金融市场是一种新型的国际金融市场，它有两个基本特征：一是以非居民交易为业务主体，故亦称境外市场；二是基本不受市场所在国金融法规和税制的限制。欧洲货币市场就是离岸国际金融市场的典型代表。

（四）利息率

利息率简称利率，是利息占本金的百分比指标。从资金的借贷关系看，利率是一定时期运用资金资源的交易价格。在金融市场上，资金可以看作是一种特殊的商品，以利率为价格标准的融资实际上是资源通过利率实行再分配。因此，利率在资金分配及企业财务决策中起着重要作用。

1. 利率的类型

利率有多种表现形式，如银行储蓄存款利息率、银行贷款利率、市场利率、法定利率等等。通常利率可以按照以下标准进行分类。

① 按照利率之间的变动关系，利率可分为基准利率和套算利率。

基准利率又称基本利率，是指在多种利率并存的条件下起决定作用的利率。如西方国家的中央银行再贴现率、我国中国人民银行对商业银行贷款的利率都属于基准利率。基准利率在利率变动中起决定作用，其他利率要随基准利率的变动而变动。所以，了解利率的变动趋势应当主要了解基准利率的变动情况。

套算利率是指在基准利率确定之后，各金融机构根据基准利率和借贷款项的特点而换算出的利率。一般来说，风险较大的贷款项目套算利率确定得要高一些；反之，风险较小的贷款项目，套算利率确定得低一些。例如，某金融机构规定，贷款AAA级、AA级、A经企业的利率，应分别在基准利率基础上加0.5%、1%、1.5%，加总计算所得的利率就是套算利率。

② 按照利率与市场资金供求情况的关系，利率可分为固定利率和浮动利率。

固定利率是指在借贷期内固定不变的利率。这种利率在整个借贷期内都是不需要调整的。所以，对借贷双方准确地计算成本与收益都十分方便。但是，在通货膨胀比较严重的情况下，实行固定利率对债权人，尤其是对于贷放长期款项的债权人，会带来较大的损失。因此，目前越来越多的借贷都开始采用浮动利率。

浮动利率是指在借贷期限内可以调整的利率。根据借贷双方的协定，通常由一方在规定的时间依据某种市场利率进行调整。浮动利率可以为债权人减少通货膨胀所带来的损失，但是手续比较繁杂，工作量较大。因此，多用于3年以上的借贷及国际金融市场。如美国的房地产贷款期限多为3年以上，长者可几十年，为了减少通货膨胀带来的损失，一般都采用浮动利率。我国的房地产信贷期限一般都较长，最长可以达30年，这种贷款一般都采用浮动利率。

③ 按利率形成机制不同，分为市场利率和法定利率。

市场利率是指根据资金市场上的供求关系，随市场而自由变动的利率。在市场经济发达的西方国家，利率一般以市场利率为主，根据金融市场上资金的供需变化，利率随之变动。

法定利率又称官方利率，是指由政府金融管理部门或者中央银行确定的利率。官方利率是国家进行宏观调控的一种手段。我国的利率属于官方利率，利率由国务院统一制定，由中国人民银行统一管理。

④ 按照债权人取得的报酬情况，利率可分为实际利率和名义利率。

实际利率是指物价不变从而货币购买力不变条件下的利息率，或者是在物价变化时，扣除通货膨胀补偿后的利息率。例如，假定某年物价没有变化，企业从某金融机构借款100万元，年利息额为5万元，则实际利率就是年利率5%，而如果当年通货膨胀率为2%，则实际利率就是3%。

名义利率是指包括对通货膨胀风险补偿后的利息率。市场上所见到的利率几乎全是名义利率。名义利率与实际利率之间的关系是：名义利率＝实际利率＋通货膨胀补偿率。根据这两者之间的关系，如果物价上涨，则名义利率必然大于实际利率；反之，如果物价下跌，则名义利率必然小于实际利率。由于现实经济生活中物价不断上涨似乎是一种普遍的趋势，所以，通常情况下的名义利率要高于实际利率。

2. 金融市场上利率的决定因素

在金融市场上，利率是资金这种特殊商品的交易价格，利率是不断变动的。影响利率变动的因素很多，归纳起来大致有平均资金利润率、借贷市场资金供求状况、经济周期和国家经济政策等。

(1) 平均资金利润率　利息来自利润的一部分，一般情况下，利率要随平均利润率的提高而提高，随平均利润率的降低而降低。当工商企业从金融机构借入资金从事生产经营活动后，所得利润一部分以利息形式支付给银行或其他金融机构，作为使用借贷资金的代价；另一部分作为企业的利润。显然，利率不能高于利润率，否则，企业就会因运用借入资金所生产的利润等于零或小于零而不再从金融机构借入资金。此外，利息是提供贷款的债权人的收益，所以利率的最低界限是大于零，不能等于零或小于零，否则债权人不会拿出资金。至于利率究竟占利润率的多大比重，则取决于金融机构与工商企业之间的竞争结果。

(2) 借贷市场资金供求状况　借贷资金作为一种特殊商品出现，在市场经济条件下，同样要受到市场供求法则的制约，即作为借贷资金价格的利率要由资金的市场供求状况来决定。通常情况下，借贷资金供过于求时，利率要下降；反之，利率则会上升。

(3) 经济周期　社会经济形势的变化也会对金融市场的利率水平产生影响。在经济过热时，尤其是出现通货膨胀时，资金需求增加，会使利率水平上升；反之，在经济衰退时，尤其是出现通货紧缩时，利率水平会随之下降。

(4) 国家经济政策　国家的经济政策尤其是货币政策和财政政策对金融市场上的利率有较大的影响。政府为防止经济过热，通过中央银行减少货币供应量，则资金供应减少，利率上升；政府为刺激经济发展，增加货币发行，则情况相反。

3. 利率的组成

在金融市场上，利率是资金使用权的价格。一般说来，资金的利率由纯利率、通货膨胀补偿率和风险附加率组成，其计算公式如下：

利率＝纯利率＋通货膨胀补偿率＋风险附加率

(1) 纯利率　纯利率是指无风险和无通货膨胀情况下的社会平均资金利润率。例如，在没有通货膨胀时，国库券利率可以视为纯粹利率。纯利率的高低受平均利润率、资金供求关系和国家调节的影响。

(2) 通货膨胀补偿率　通货膨胀补偿率是指由于持续的通货膨胀会不断降低货币实际购买力，为补偿其购买力损失而要求提高的利率。由于通货膨胀使货币贬值，投资者的实际报酬下降，他们在把资金交给借款人时，会在纯粹利息率的水平上再加上通货膨胀补偿率，以弥补通货膨胀造成的购买力损失。因此，每次发行国库券的利息率随预期的通货膨胀率变化而变化，它等于纯粹利息率加预期通货膨胀率。

(3) 风险附加率　投资者的实际报酬除了受通货膨胀影响以外，还受投资风险的影响。投资风险越大，所要求的收益率也越高。一般而言，投资风险包括违约风险、流动性风险和期限风险，所以风险附加率也就等于违约风险附加率、流动性风险附加率与期限风险附加率之和。

违约风险附加率是指为了弥补因债务人无法按时还本付息而带来的风险，由投资者因承担这种风险而要求提高的利率。违约风险越大，投资者要求的利率报酬越高。债券评级实际上就是评定违约风险的大小。信用等级越低，违约风险越大，要求的利率越高。国库券因几乎不存在违约风险，所以国库券利率要远远低于其他债券的利率。

流动性风险附加率是指为了弥补因债务人资产流动性不好而带来的风险，由投资者要求提高的利率。资产的流动性是指该资产的变现能力。各种有价证券的变现能力是不同的。政府债券和大公司的股票容易被人接受，投资者可以随时出售以收回投资，变现能力很强，流动性好，因此这些有价证券的流动性风险小，其流动性风险附加率也低。与此相反，一些小公司的债券鲜为人知，不易变现，流动性差，投资者要求较高的流动性风险附加率作为补偿。

期限风险附加率是指为了弥补因偿债期长而带来的风险，由债权人要求提高的利率。例如，五年期国库券利率比三年期国库券高，两者的流动性风险和违约风险相同，差别在于到期时间不同。到期时间越长，在此期间由于市场利率上升，而长期债券按固定利率计息，使投资者遭受损失的风险越大。期限风险附加率是对投资者承担利率变动风险的一种补偿。

本章小结

企业财务管理是组织企业财务活动、处理财务关系的一项经济管理工作，是具有协调性、综合性的价值管理活动。财务活动包括资金筹集、资金投放、资金耗费、资金收回和资金分配。财务关系主要包括企业与投资者、债权人、政府、其他企业、内部各单位和职工之间的经济关系。财务管理主要包括筹资管理、投资管理和利润分配管理。财务管理与会计学有着密切联系，但又有着明显的区别。

财务管理目标是企业进行财务活动所要达到的根本目的，可分为财务管理总体目标和具体目标。财务管理的总体目标主要有利润最大化、资本利润率最大化和企业价值最大化等代表性观点。由于目标不同，所有者与经营者之间、所有者与债权人之间存在代理冲突，如何有效解决委托人与代理人之间的冲突是财务理论与实务界需要长期研究的问题。在财务管理过程中应遵循资本金保全、价值最大化、风险收益均衡、资金合理配置、成本效益等原则。财务管理过程一般要经历财务预测、财务决策、财务预算、财务控制和财务分析五个基本环节。财务管理环境构成企业财务活动的客观条件，包括内部环境和外部环境两个方面。对企业财务管理影响比较大的外部环境主要有经济环境、法律环境和金融环境。

【职业能力训练】

一、判断题

1. 企业与政府之间的财务关系体现为投资与受资的关系。(　　)

2. 财务活动的内容也是企业财务管理的内容。(　　)

3. 企业组织财务活动中与有关各方所发生的经济利益关系称为财务关系，但不包括企业与职工之间的关系。(　　)

4. 经济衰退初期，公司一般应当出售多余设备，停止长期采购。(　　)

5. 金融市场的纯利率是指没有风险和通货膨胀情况下的平均利率。(　　)

6. 政策性银行是以营利为目的的金融机构。(　　)

7. 企业财务管理是基于企业再生产过程中客观存在的资金运动而产生的，是企业组织资金运动的一项经济管理工作。(　　)

8. 企业与投资者之间的财务关系是债权与债务关系。(　　)

9. 经济环境是企业最为主要的环境因素。(　　)

二、单项选择题

1. 企业筹措和集中资金的财务活动是指（　　）。

A. 分配活动　　B. 投资活动　　C. 决策活动　　D. 筹资活动

2. 企业财务管理的核心工作环节为（　　）。

A. 财务预测　　B. 财务决策　　C. 财务预算　　D. 财务控制

3. 以企业价值最大化作为财务管理目标存在的问题有（　　）。

A. 没有考虑资金的时间价值　　B. 没有考虑投资的风险价值

C. 企业的价值难以评定　　D. 容易引起企业的短期行为

4. 下列各项中，能够用于协调企业所有者与企业债权人矛盾的方法是（　　）。

A. 解聘　　B. 监督　　C. 激励　　D. 停止借款

5. 企业在资金运动中与各有关方面发生的经济关系是（　　）。

A. 企业财务　　B. 财务管理　　C. 财务活动　　D. 财务关系

6. 企业最关键的财务活动是指（　　）。

A. 分配活动　　B. 投资活动　　C. 决策活动　　D. 筹资活动

7. 政策性银行不包括以下哪个银行（　　）。

A. 国家开发银行　　B. 中国进出口银行

C. 中国银行　　D. 中国农业发展银行

8. 以下哪个银行（　　）是商业银行。

A. 中国农业银行　　B. 国家开发银行

C. 中国农业发展银行　　D. 中国人民银行

9. 没有风险、没有通货膨胀下的利率是（　　）。

A. 企业债券利率　　B. 市场利率　　C. 无风险报酬率　　D. 纯利率

10. 短期金融市场也称为（　　）。

A. 资本市场　　B. 一级市场　　C. 二级市场　　D. 流通市场

三、多项选择题

1. 企业财务活动主要包括（　　）。

A. 筹资活动　　B. 投资活动　　C. 人事管理活动　　D. 分配活动

2. 下列各财务管理目标中，能够克服短期行为的有（　　）。

A. 利润最大化　　B. 股东财富最大化

C. 企业价值最大化　　D. 相关者利益最大化

3. 在下列各项中，属于财务管理经济环境构成要素的有（　　）。

A. 经济周期　　B. 经济发展水平　　C. 宏观经济政策　　D. 公司治理结构

4. 企业财务管理包括（　　）几个环节。

A. 财务决策　　B. 财务预算　　C. 财务控制　　D. 财务分析

5. 下列各项中，属于企业资金营运活动的有（　　）。

A. 采购原材料　　B. 销售商品　　C. 购买国库券　　D. 支付利息

6. 政策性银行包括（　　）。

A. 国家开发银行　　B. 中国进出口银行

C. 中国银行　　D. 中国农业发展银行

7. 商业银行不包括以下哪个银行（　　）。

A. 中国农业银行　　B. 国家开发银行　　C. 中国银行　　D. 中国人民银行

8. 企业外部的财务管理环境包括（　　）。

A. 经济环境　　B. 法律环境　　C. 金融环境　　D. 生产技术水平

9. 金融市场按照交易期限分为（　　）。

A. 一级市场　　B. 二级市场　　C. 长期市场　　D. 短期市场

10. 不是西方财务管理界公认的理财目标是（　　）。

A. 企业价值最大化　　B. 利润最大化

C. 每股利润最大化　　D. 资本利润率最大化

四、思考题

1. 什么是财务管理？其主要特点是什么？
2. 什么是财务活动？企业财务活动的主要内容有哪些？
3. 什么是财务关系？企业的财务关系主要包括哪些方面？
4. 什么是财务目标？企业财务的总体目标和具体目标是什么？
5. 企业的有关利益主体在财务目标上的冲突主要表现在哪些方面？如何加以协调？
6. 财务管理的原则有哪些？
7. 如何组织企业的财务管理工作？

项目二 企业价值管理

【职业学习目标】

知识目标

1. 理解资金时间价值的含义；
2. 掌握风险衡量的方法；
3. 掌握资金时间价值的运用；
4. 了解投资风险与报酬的关系。

能力目标

1. 能够准确计量企业筹资、投资中资金的时间价值；
2. 能够合理利用企业的短期资金创造收益；
3. 能够进行企业风险价值分析；
4. 为企业合理规避风险，减少资金浪费。

素质目标

1. 资金业务处理中，为企业节约资金避免闲置浪费；
2. 培养学生的大局意识、社会责任意识；
3. 树立诚实守信的职业道德。

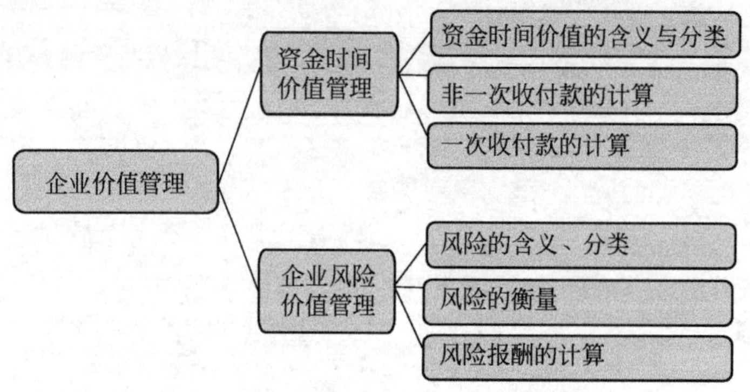

经典案例

拿破仑的玫瑰花誓言

1797年3月，拿破仑在卢森堡第一国立小学演讲时，潇洒地把一束价值3路易的玫瑰花送给该校的校长，并且说了这样一番话："为了答谢贵校对我，尤其是对我夫人的盛情款待，我不仅今天呈献上一束玫瑰花，并且在未来的日子里，只要我们法兰西存在一天，每年的今天我都将派人送给贵校一束价值相等的玫瑰花，作为法兰西与卢森堡友谊的象征。"

后来，拿破仑穷于应付连绵的战争和此起彼伏的政治事件，并最终因失败而被流放到圣赫勒那岛，自然也把对卢森堡的承诺忘得一干二净。

谁都不曾料到，1984年年底，卢森堡人竟旧事重提，向法国政府提出这"赠送玫瑰花"的诺言，并且要求索赔。他们要求法国政府：①要么从1798年起，用3路易作为一束玫瑰花的本金，以5厘复利计息全部清偿；②要么在法国各大报刊上公开承认拿破仑是个言而无信的小人。

法国政府当然不想有损拿破仑的声誉，但算出来的数字让他们惊呆了：原本3路易的许诺，至1984年本息已高达1 375 596法郎。

最后，法国政府通过冥思苦想，才找到一个使卢森堡比较满意的答复，即"以后无论在精神上还是在物质上，法国始终不渝地对卢森堡大公国的中小学教育事业予以支持与赞助，来兑现我们的拿破仑将军那一诺千金的玫瑰花誓言。"也许拿破仑至死也没想到，自己一时的"即兴"言辞会给法兰西带来这样的尴尬。但是，这也正说明了复利在财富增值中的巨大作用。

【情境引例】

公司职员小张正考虑购买一辆二手车，提供的卖价为68 000元。银行贷款金额为57 000元，名义利率为5%，每月复利计息一次，一共36个月。银行经理初步估算，小张每月应还款金额为2 760.3元，以每个月5 000元的工资收入，这样的借款时间和还款金额是否合理？

银行经理对小张每月付款的估计正确吗？如果不正确，那么正确的数字是多少？

通过本章学习，你将掌握企业价值管理的基本知识，正确进行个人理财、家庭理财、企业价值管理。

任务一　资金时间价值管理

一、资金时间价值的含义

1. 资金时间价值的概念

资金的时间价值是指一定量资金在不同时点上价值量的差额，也称为货币的时间价值。资金在周转过程中会随着时间的推移而发生增值，使资金在投入、收回的不同时点上价值不同，形成价值差额。

日常生活中，经常会遇到这样一种现象，一定量的资金在不同时点上具有不同价值，现在的一元钱比将来的一元钱更值钱。

例如，我们现在有 1 000 元，存入银行，银行的年利率为 5%，1 年后可得到 1 050 元，于是现在 1 000 元与 1 年后的 1 050 元相等。因为这 1 000 元经过 1 年的时间增值了 50 元，这增值的 50 元就是资金经过 1 年时间的价值。同样，企业的资金投到生产经营中，经过生产过程的不断运行、资金的不断运动，随着时间的推移，会创造新的价值，使资金得以增值。因此，一定量的资金投入生产经营或存入银行，会取得一定的利润和利息，从而产生资金的时间价值。

2. 资金时间价值产生的条件

资金时间价值产生的前提条件是由于商品经济的高度发展和借贷关系的普遍存在，出现了资金使用权与所有权的分离，资金的所有者把资金使用权转让给使用者，使用者必须把资金增值的一部分支付给资金的所有者作为报酬，资金占用的金额越大、使用的时间越长，所有者所要求的报酬就越高。

而资金在周转过程中的价值增值是资金时间价值产生的根本源泉。

3. 资金时间价值的表现形式

资金的时间价值可以有两种表现形式：一是相对数，即时间价值率，简称利率，是指不考虑风险和通货膨胀时的社会平均资金利润率；二是绝对数，即时间价值额，简称利息额，是资金在再生产过程中带来的真实增值额，也就是一定金额的资金与利率的乘积。例如，购入 20 000 元国库券，在不存在风险和通货膨胀的条件下，一年后获得本利和 21 000 元，其中差额 1 000 元就是货币的时间价值，1 000 元的利息和 5%的利率都是资金时间价值的表现形式。

在财务管理实务中，更多地采用相对数来表示货币的时间价值，经济生活中经常提到的银行存款利率、贷款利率、国库券利率一般包括资金时间价值率、风险报酬率、通货膨胀率，当没有风险和通货膨胀时，银行存款利率、贷款利率、国库券利率等于资金时间价值率。

4. 资金时间价值的计算对象

从长期来看，人们衡量现金流量时，并不是不同时点现金流量的累加，而是考虑到资金时间价值的作用，要么对其计算终值，要么对其计算现值。所谓终值是指资金投入一定时期后，投入时的资金与资金增值的合计值，即俗称的本利和，是一个未来值。所谓现值是指投入时的资金，即俗称的本金。实际工作中，终值与现值的形式很多，既可以计算单利的终值与现值，也可以计算复利的终值与现值，还可以计算年金的终值与现值。

5. 资金时间价值的计算制度

资金时间价值的计算有两种制度，一种是单利制，是指只就本金计算利息，当期利息不计入下期本金，从而不改变计息基础，各期利息额不变的计算制度；另一种是复利制，是指不仅本金要计算利息，利息也要计算利息，当期未被支取的利息计入了下期本金，改变了计息基础，使每期利息递增，利上生利的计息制度，俗称“利滚利”。在扩大再生产条件下，企业运用资金所取得的收益往往要再投入经营周转中去（至少要存入银行，参加社会资金周转）不使之闲置。这一过程与按复利制的原理一致，因此，按复利计算和评价企业资金时间价值比使用单利制更合理。在西方国家及国际贸易惯例中，也按复利制计算资金时间价值，以反映货币不断运动、不断增值的规律。因此，在财务管理决策中考虑资金时间价值因素时，通常是按复利制计算的。

由于资金在不同时点上具有不同的价值，不同时点上的资金就不能直接比较，必须换算到相同的时点上才能比较。因此，掌握资金时间价值的计算就很重要。资金时间价值的计算包括一次性收付款项和非一次性收付款项（年金）的终值、现值。

二、一次性收付款项的终值和现值

一次性收付款项是指在某一特定时点上一次性支出或收入，经过一段时间后再一次性收回或支出的款项。例如，现在将一笔 10 000 元的现金存入银行，5 年后一次性取出本利和。资金时间价值的计算涉及两个重要的概念：现值和终值。现值又称本金，是指未来某一时点上的一定量现金折算到现在的价值，用字母 P 表示。终值又称将来值或本利和，是指现在一定量的现金在将来某一时点上的价值，用字母 F 表示。由于终值和现值的计算与利息的计算方法有关，而利息的计算有复利和单利两种，因此，终值与现值的计算也有复利和单利之分。在财务管理中，一般按复利来计算。

✧ 小贴士

爱因斯坦曾经说过：“宇宙间最大的能量是复利，世界的第八大奇迹是复利。”

“滴水成河，聚沙成塔”就是这个道理。只要懂得运用复利，小钱袋照样能变成大金库。

为方便计算，符号设定如下。

① P 表示现值（也称本金或期初金额）。

② F 表示终值（也称本利和）。

③ i 表示利率（没有特别说明时，一般是年利率。对于天利率可以按一年 360 天来换算，月利率、季利率或半年利率可以依此换算。在本节所有涉及资金时间价值的举例中，均假定是不考虑风险和通货膨胀的利率）。

④ I 表示利息；n 表示计息期数（除非特别指明，一般一年按 360 天计算，一个季度按 90 天计算，一个月按 30 天计算，期数与利率要匹配）。

（一）单利的现值和终值

1. 单利终值的计算

单利终值的计算公式如下：

$$F=P+Pin=P(1+in)$$

【典型工作任务1】 某人将10 000元存入银行，假定银行的年利率为4%，1年后某人可得到的终值，即本利和为：

$$F=10\,000+10\,000\times4\%\times1=10\,000\times(1+4\%\times1)=10\,400\text{（元）}$$

2. 单利现值的计算

单利现值的计算公式是单利终值的逆运算：

$$P=F/(1+in)$$

【典型工作任务2】 假定某人想在4年后从银行取款11 600元，用来归还欠款。那么，在利率为4%的单利计算方式下，某人需要现在向银行存入多少现金？

$$P=11\,600/(1+4\%\times4)=10\,000\text{（元）}$$

3. 单利利息的计算

单利利息的计算公式如下：

$$I=Pin$$

【典型工作任务3】 某人将10 000元存入银行，假定银行的年利率为4%，1年后某人可得到的利息（不考虑利息税）为：

$$I=10\,000\times4\%\times1=400\text{（元）}$$

（二）复利的终值和现值

1. 复利终值的计算

复利终值是指按复利计算方法，计算一定量的本金在若干期限以后的本利和。计算公式如下：

$$F=P(1+i)^n$$

式中，$(1+i)^n$ 称为复利终值系数，也称1元的复利终值，记为（F/P，i，n）。其实质是不包含时间因素的1元货币 n 年后的价值。通过复利终值系数表，利用已知期数和利率可以查到复利终值系数。

【典型工作任务4】 某人现在将5 000元存入银行，银行利率为5%。

要求：计算第一年和第二年的本利和。

【职业能力操作】 第一年的本利和为：$F=P(1+i)^1$

$$=5\,000\times(F/P,\ 5\%,\ 1)$$
$$=5\,000\times1.05$$
$$=5\,250\text{（元）}$$

第二年的本利和为：$F=P(1+i)^2$

$$=5\,000\times(F/P,\ 5\%,\ 2)$$
$$=5\,000\times1.102\,5$$
$$=5\,512.5\text{（元）}$$

2. 复利现值的计算

复利现值是指按复利计算方法计算未来一定量的货币的现时总价值，是复利终值的逆运算。计算公式如下：

$$P=F(1+i)^{-n}$$

式中，$(1+i)^{-n}$ 称为复利现值系数，记为（P/F，i，n），称为复利现值系数或1元复利现值系数，用符号（P/F，i，n）表示，其数值可查阅复利现值系数表，利用已知期数和利率可以查到复利终值系数。

【典型工作任务5】 某人希望5年后获得10 000元本利，银行利率为5%。

要求：计算某人现在应存入银行多少资金？

【职业能力操作】 $P=F(1+i)^{-n}$

$=10\,000\times(P/F，5\%，5)$

$=10\,000\times0.783\,5$

$=7\,835$（元）

$(P/F，5\%，5)$表示利率为5%、期限为5年的复利现值系数。同样，我们在复利现值表上，从横行中找到利率5%，纵列中找到期限5年，两者相交处，可查到$(P/F，5\%，5)=0.783\,5$。该系数表明，在年利率为5%的条件下，5年后的1元与现在的0.783 5元相等。

三、年金的终值和现值（非一次性收付款项的终值和现值）

年金（annuity）是指一定时期内，每隔相同的时间，收入或支出相同金额的系列款项。生活中，企业计提折旧、支付租金、等额分期付款、养老金、保险费、零存整取等都属于年金问题。年金具有连续性和等额性特点。连续性要求在一定时间内，间隔相等时间就要发生一次收支业务，中间不得中断，必须形成系列。等额性要求每期收、付款项的金额必须相等。年金根据每次收付发生的时点不同，可分为普通年金、预付年金、递延年金和永续年金四种。其中普通年金应用最为广泛，其他几种年金均可在普通年金的基础上推算出来。以后凡涉及年金问题若不特殊说明均指普通年金。

（一）普通年金

普通年金是指在每期的期末，间隔相等时间，收入或支出相等金额的系列款项。每一间隔期有期初和期末两个时点，由于普通年金是在期末这个时点上发生收付，故又称后付年金，用A表示。

1. 普通年金终值

普通年金终值又可简称年金终值，是指各期普通年金A的终值之和，是按复利计息方法计算的各个相同间隔期末收到或付出的等额款项的未来总价值。普通年金终值的含义如图2-1所示（设利率为5%，共4年期）。

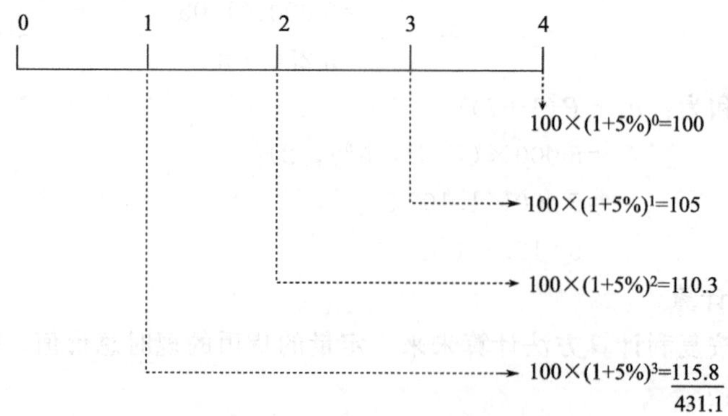

图2-1 普通年金终值的含义

图2-1中，0指第1年年初，1、2、3、4分别指第1至第4年年末。从第1年年末至第4年年末，每年末都收到或付出100元，至第4年年末，这一系列款项的本利之和共计

431.1 元，即该笔年金的终值。

如果年金的期数很多，用上述方法计算终值显然相当烦琐。由于每年支付额相等，折算终值的系数又是有规律的，所以，可找出简便的计算方法。

设每年的支付额为 A，利率为 i，期数为 n，则按复利计算的年金终值 F_A 为：

$$F_A=A(1+i)^0+A(1+i)^1+A(1+i)^2+A(1+i)^3+\cdots+A(1+i)^{n-1}$$

等式两边同乘（$1+i$）得：

$$(1+i)F_A=A(1+i)^1+A(1+i)^2+A(1+i)^3+A(1+i)^4+\cdots+A(1+i)^{n-1}+A(1+i)^n$$

上述两式相减得：

$$(1+i)F_A-F_A=A(1+i)^n-A$$

$$F_A=A\ \frac{(1+i)^n-1}{i}$$

式中，$\frac{(1+i)^n-1}{i}$称为普通年金终值系数，也称 1 元年金终值，记作（F/A，i，n），即 $F_A=A\times(F/A$，i，$n)$，表示年金 1 元、利率为 i、经过 n 期的年金终值是多少，通过年金终值系数表，利用已知期数和利率可以查到年金终值系数。

【典型工作任务 6】 小张连续 5 年每年年末存入银行 10 000 元，利率为 5%。

要求：计算第 5 年年末的本利和。

【职业能力操作】 $F_A=A\times(F/A$，5%，5)

=10 000×5.5256

=55 256（元）

上面计算表明，每年年末存 10 000 元，连续存 5 年，到第 5 年年末可得 55 256 元。

2. 年偿债基金

年偿债基金是指为了在约定的未来某一时点清偿某笔债务或积累一定数额的资金而必须分次等额形成的存款准备金。

计算年金终值，一般是已知年金，然后求终值。有时我们会碰到已知年金终值，反过来求每年支付的年金数额，这是年金终值的逆运算，我们把它称作年偿债基金的计算。

计算公式如下：

$$A=F_A\cdot(F/A,i,n)=F_A\ \frac{i}{(1+i)^n-1}=F_A\times(A/F,i,n)$$

此时 A 称为年偿债基金，是指为使年金终值达到既定金额每期应支付的年金数额。

式中的$\frac{i}{(1+i)^n-1}$是年金终值系数的倒数，称为偿债基金系数，记作（A/F，i，n）。它可以把年金终值折算为每期需要支付的金额。

【典型工作任务 7】 某人在 5 年后要偿还一笔 50 000 元的债务，银行利率为 5%。

要求：为归还这笔债务，某人每年年末应存入银行多少元。

【职业能力操作】

$$\begin{aligned}A&=F_A\times(A/F,i,n)\\&=50\,000\times(A/F,5\%,5)\\&=50\,000\times[1/(F/A,5\%,5)]\\&=50\,000\times\frac{1}{5.525\,6}\\&=9\,048.79\text{（元）}\end{aligned}$$

故在银行利率为5%时，此人每年年末存入银行9 048.79元，5年后才能还清债务50 000元。

3. 年金现值

普通年金（复利）现值简称年金现值，是指各期普通年金A的现值之和，是按复利计息方法计算的若干相同间隔期末收到或付出的系列等额款项的现时总价值，如图2-2所示（设利率为5%，期数为4）。

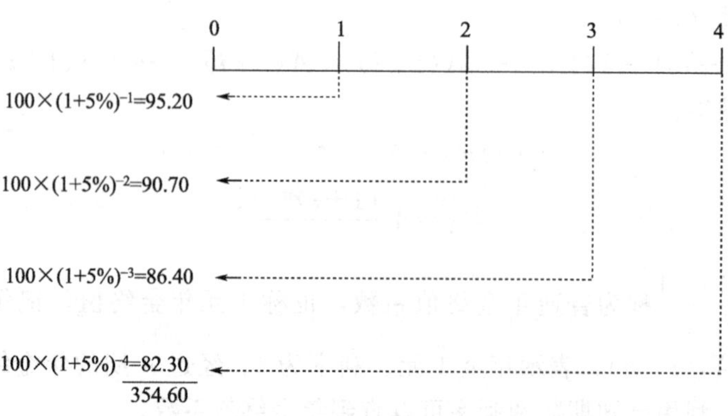

图2-2　普通年金现值

图2-2中，0表示第1年年初，1、2、3、4分别表示第1至第4年年末。每年年末收到（付出）的100元，按复利现值的计算方法计算的现值之和共计354.60元，即为该笔4年期普通年金的现值。

同理，可找出简便的计算方法。设每年的支付额为A，利率为i，期数为n，则按复利计算的年金现值P_A为：

$$P_A=A(1+i)^{-1}+A(1+i)^{-2}+A(1+i)^{-3}+\cdots+A(1+i)^{-n}$$

等式两边同乘$(1+i)$得：

$$(1+i)P_A=A+A(1+i)^{-1}+A(1+i)^{-2}+\cdots+A(1+i)^{-(n-1)}$$

上述两式相减得：

$$(1+i)P_A-P_A=A-A(1+i)^{-n}$$

$$P_A=A\frac{1-(1+i)^{-n}}{i}$$

式中，$\frac{1-(1+i)^{-n}}{i}$称为普通年金现值系数，也称1元年金现值，记作$(P/A, i, n)$，即：$P_A=A\times(P/A, i, n)$，表示年金1元、利率为i、经过n期的年金现值是多少。通过年金现值系数表，利用已知期数和利率可以查到年金现值系数。

【典型工作任务8】 某企业计划现在存入一笔款项，以便在将来的5年内每年年终向有突出贡献的科研人员发放10 000元春节慰问金，若银行年利率为5%，现在应存入的款项为多少？

【职业能力操作】

$$\begin{aligned}P_A&=A\times(P/A,i,n)\\&=10\,000\times(P/A,5\%,5)\\&=10\,000\times4.329\,5\\&=43\,295(\text{元})\end{aligned}$$

因此，为了每年年末取得10 000元，该企业第1年年初应一次存入43 295元。

4. 年投资回收额

年投资回收额是指在约定年限内等额回收初始投入资本或清偿所欠债务的金额。

【典型工作任务 9】 某企业 5 年后需偿还一笔长期借款 200 万元，该企业为了保证到期能偿还该笔债务，计划从现在起每年年末向银行存入一笔钱，设立偿债基金，若银行存款利率为 5%，问每年应存入多少元，才能保证到期偿还债务？

【职业能力操作】 $A=200/(F/A,5\%,5)$

$=200/5.5256$

$=36.195$（万元）

如果已知 P_A、i、n，求 A，则有：

$$A=P_A\frac{i}{1-(1+i)^{-n}}=P_A/(P/A,i,n)=P_A\times(A/P,i,n)$$

此时，A 称为年投资回收额，可用于计算为未来收回一笔现金现在所进行的长期投资，以后每年收回的等额款项。式中的$\frac{i}{1-(1+i)^{-n}}$是年金现值系数的倒数，称为投资回收系数，记作 $(A/P, i, n)$，是年金现值系数的倒数，可查表获得，也可利用年金现值系数的倒数来求得。

【典型工作任务 10】 某企业以 5%的年利率向银行贷款 500 万元投资某大型项目，该项目有效期 10 年，问每年年末至少应收回多少元，才能在 10 年内收回投资？

$$A=500/(P/A,5\%,10)$$
$$=500/7.7217$$
$$=64.753\text{（万元）}$$

（二）预付年金

预付年金是指每期收入或支出相等金额的款项是发生在每期的期初，而不是期末，也称先付年金或即付年金。

预付年金与普通年金的区别在于收付款的时点不同，普通年金在每期的期末收付款项，预付年金在每期的期初收付款项，收付时间如图 2-3 所示。

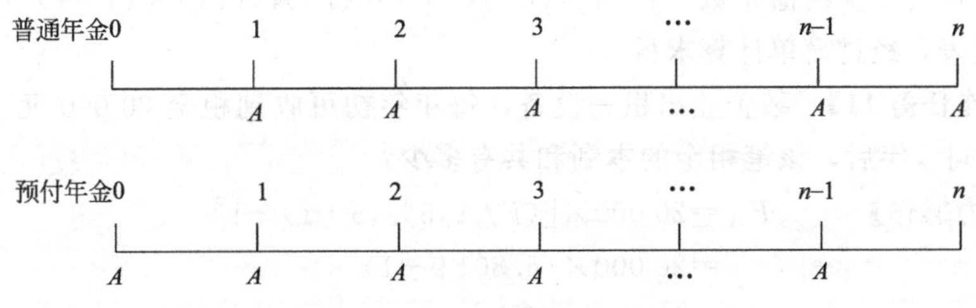

图 2-3　预付年金收付时间

从图 2-3 可知，n 期的预付年金与 n 期的普通年金，其收付款次数是一样的，只是收付款时点不一样。如果计算年金终值，预付年金要比普通年金多计一年的利息；如计算年金现值，则预付年金要比普通年金少折现一年。因此，在普通年金的现值、终值的基础上乘上 $(1+i)$ 便可计算出预付年金的现值与终值。

1. 预付年金终值

凡在每期期初发生的年金称为预付年金，又称先付年金、即付年金、期初年金。其终值是

指各期预付年金 A 的终值之和。是按复利计息方法计算的若干相同间隔期期初收到或付出的系列等额款项的未来总价值。预付年金终值如图 2-4 所示（假设年利率为 5%，期数为 4）。

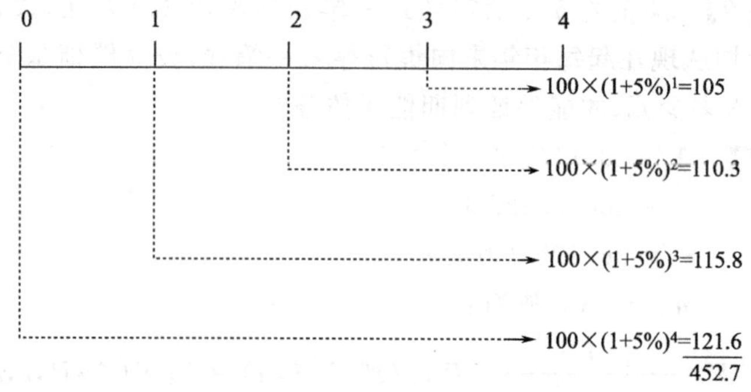

图 2-4　预付年金终值

图 2-4 中，0、1、2、3 分别指第 1 至第 4 年年初。从第 1 年年末至第 4 年年初，每年初都收到或付出 100 元，至第 4 年年初，这一系列款项的本利之和共计 452.7 元，即该笔年金的终值。设每年的支付额为 A，利率为 i，期数为 n，则按复利计算的预付年金终值 F_A 为：

$$F_A=A(1+i)^1+A(1+i)^2+A(1+i)^3+\cdots+A(1+i)^n$$

等式两边同乘（$1+i$）得：

$$(1+i)F_A=A(1+i)^2+A(1+i)^3+A(1+i)^4+\cdots+A(1+i)^{n+1}$$

上述两式相减得：

$$(1+i)F_A-F_A=A(1+i)^{n+1}-A(1+i)$$

$$F_A=A\ \frac{(1+i)^n-1}{i}(1+i)$$

式中的 $\frac{(1+i)^n-1}{i}$ 是期数为 n、利率为 i 时 1 元预付年金的终值，称为预付年金终值系数。比较普通年金终值与预付年金终值的计算公式，可以看出，n 期预付年金终值系数就是 $n+1$ 期普通年金终值系数减去 1 之后的差额，与 n 期普通年金终值系数乘以（$1+i$）的计算结果相同。预付年金终值系数 $(F/A,i,n+1)-1=(F/A,i,n)\times(1+i)$ 可通过查普通年金终值系数表，经过简单计算求得。

【典型工作任务 11】 某企业出租一设备，每年年初可收到租金 20 000 元，若银行存款利率为 5%，问 5 年后，该笔租金的本利和共有多少？

【职业能力操作】　$F_A=20\,000\times[(F/A,5\%,5+1)-1]$

$=20\,000\times(6.801\,9-1)$

$=116\,038$（元）

或　$F_A=20\,000\times(F/A,5\%,5)\times(1+5\%)$

$=20\,000\times5.525\,6\times1.05$

$=116\,037.6$（元）

2. 预付年金现值

预付年金现值是指各期预付年金 A 的现值之和，是按复利计息方法计算的若干相同间隔期期初收到或付出的等额系列款项的现时总价值。预付年金现值如图 2-5 所示（设年利率为 5%，期数为 4）。

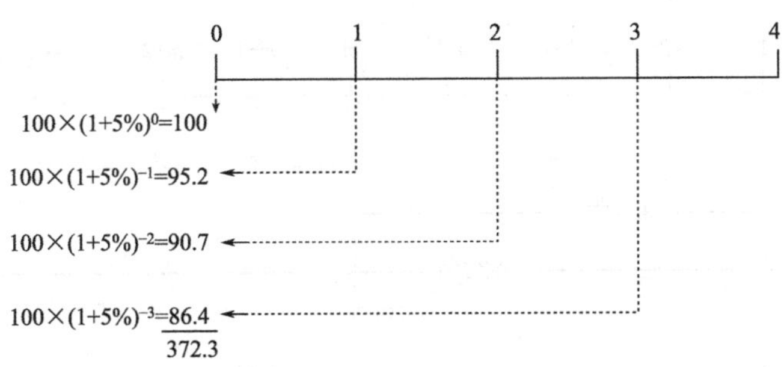

图 2-5　预付年金现值

图 2-5 中，0、1、2、3 分别表示第 1 至第 4 年年初。各年年初收（付）的等额系列款项，按复利现值计算方法计算的现值之和为 372.3 元，即这笔 4 年期预付年金的现值。

设每年的支付额为 A，利率为 i，期数为 n，则按复利计算的年金现值 P_A 为：

$$P_A=A+A(1+i)^{-1}+A(1+i)^{-2}+A(1+i)^{-3}+\cdots+A(1+i)^{-(n-2)}+A(1+i)^{-(n-1)}$$

等式两边同乘（$1+i$）得：

$$(1+i)P_A=A(1+i)+A+A(1+i)^{-1}+A(1+i)^{-2}+\cdots+A(1+i)^{-(n-3)}+A(1+i)^{-(n-2)}$$

上述两式相减得：

$$(1+i)P_A-P_A=A(1+i)-A(1+i)^{-(n-1)}$$

$$P_A=A\frac{1-(1+i)^{-n}}{i}(1+i)$$

式中，$\frac{1-(1+i)^{-n}}{i}$称为预付年金现值系数，为期数为 n、利率为 i 时的 1 元普通年金。由上式可以看出，n 期预付年金现值系数就是 $n-1$ 期年金现值系数加上 1，与 n 期普通年金现值系数乘以（$1+i$）的计算结果相同。预付年金终值系数 $(P/A,i,n-1)+1=(P/A,i,n)\times(1+i)$ 可通过查普通年金终值系数表，经过简单计算求得。

【典型工作任务 12】 某人分期付款购买汽车一部，预计每年年初需付款 30 000 元，5 年付清，若银行年利率为 5%，问该部汽车相当于现在一次付款多少元？

【职业能力操作】

$$P_A=30\,000\times[(P/A,5\%,5-1)+1]$$
$$=30\,000\times(3.546\,0+1)$$
$$=136\,380\text{（元）}$$

或

$$P_A=30\,000\times(P/A,5\%,5)\times(1+5\%)$$
$$=30\,000\times4.329\,5\times1.05$$
$$=136\,379.25\text{（元）}$$

两种方法产生的误差 0.75 元是由系数表的尾数误差形成的。本节以后同一内容的不同公式所产生的误差均为此种情况，并不影响其公式的正确性。

（三）递延年金

前两种年金的第一次收付时间都发生在整个收付期的第一期，要么在第一期期末，要么在第一期期初。但有时会遇到第一次收付不发生在第一期，而是隔了几期后才在以后的每期期末发生一系列的收支款项，这种年金形式就是递延年金，它是普通年金的特殊形式。因此，凡是不在第一期开始收付的年金称为递延年金。图 2-6 可说明递延年金的支付特点。

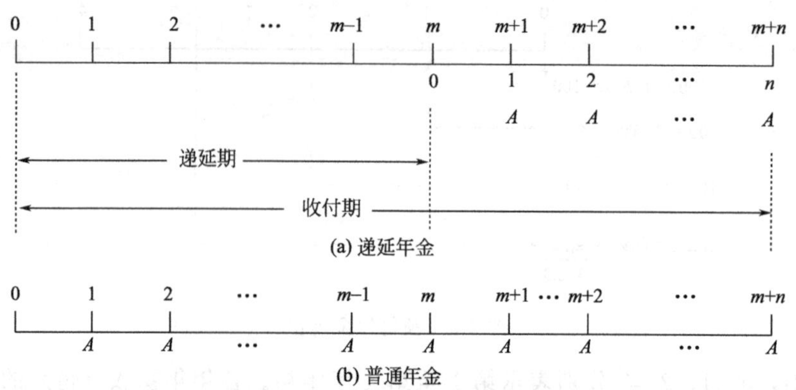

图 2-6　递延年金与普通年金

从图 2-6 中可知，递延年金的第一次年金收付没有发生在第一期，而是隔了 m 期（这 m 期就是递延期），在第 $m+1$ 期的期末才发生第一次收付，并且在以后的 n 期每期期末均发生等额的现金收支。与普通年金相比，尽管期限一样，都是（$m+n$）期，但普通年金在（$m+n$）期内，每个期末都要发生收支，而递延年金在（$m+n$）期内，只在后 n 期发生收支，前 m 期无收支发生。

1. 递延年金的终值

在图 2-6 中，先不看递延期，年金一共支付了 n 期。只要将这 n 期年金折算到期末，即可得到递延年金终值。所以，递延年金终值的大小与递延期无关，只与年金共支付了多少期有关，它的计算方法与普通年金相同，公式如下：

$$F_A = A \times (F/A, i, n)$$

【典型工作任务 13】 某企业于年初投资一项目，估计从第 5 年开始至第 10 年，每年年末可得收益 10 万元，假定年利率为 5%。

要求：计算投资项目年收益的终值。

【职业能力操作】

$$\begin{aligned} F_A &= A \times (F/A, i, n) \\ &= 10 \times (F/A, 5\%, 6) \\ &= 10 \times 6.8019 \\ &= 68.019\ (\text{万元}) \end{aligned}$$

2. 递延年金的现值

递延年金的现值可用以下 3 种方法来计算。

① 把递延年金视为 n 期的普通年金，求出年金在递延期期末 m 点的现值，再将 m 点的现值调整到第一期期初，公式如下：

$$P_A = A \times (P/A, i, n) \times (P/F, i, m)$$

② 先假设递延期也发生收支，则变成一个（$m+n$）期的普通年金，算出（$m+n$）期的年金现值，再扣除并未发生年金收支的 m 期递延期的年金现值，即可求得递延年金现值，公式如下：

$$P_A = A \times [(P/A, i, m+n) - (P/A, i, m)]$$

③ 先算出递延年金的终值，再将终值折算到第 1 期期初，即可求得递延年金的现值，公式如下：

$$P_A = A \times (F/A, i, n) \times (P/F, i, m+n)$$

【典型工作任务 14】 某企业年初投资一项目，希望从第 5 年开始每年年末取得 10 万元收益，投资期限为 10 年，假定年利率为 5%。

要求：该企业年初最多投资多少元才有利。

【职业能力操作】

方法 1

$$\begin{aligned} P_A &= A \times (P/A, i, n) \times (P/F, i, m) \\ &= 10 \times (P/A, 5\%, 6) \times (P/F, 5\%, 4) \\ &= 10 \times 5.0757 \times 0.8227 \\ &= 41.76\ (\text{万元}) \end{aligned}$$

方法 2：

$$\begin{aligned} P_A &= A \times [(P/A, i, m+n) - (P/A, i, m)] \\ &= 10 \times [(P/A, 5\%, 10) - (P/A, 5\%, 4)] \\ &= 10 \times (7.7217 - 3.5460) \\ &= 41.76\ (\text{万元}) \end{aligned}$$

方法 3

$$\begin{aligned} P_A &= A \times (F/A, i, n) \times (P/F, i, m+n) \\ &= 10 \times (F/A, 5\%, 6) \times (P/F, 5\%, 10) \\ &= 10 \times 6.8019 \times 0.6139 \\ &= 41.76\ (\text{万元}) \end{aligned}$$

由计算可知，该企业年初的投资额不超过 41.76 万元才合算。

（四）永续年金

永续年金是指无限期地收入或支出相等金额的年金，也称永久年金。它也是普通年金的一种特殊形式，由于永续年金的期限趋于无限，没有终止时间，因此也没有终值，只有现值。永续年金的现值计算公式如下。

其现值只要利用普通年金现值公式，令 $n \to \infty$ 便可得到：

$$P = A \times \frac{1}{i} = \frac{A}{i}$$

【典型工作任务 15】 某人欲购买某优先股股票，该股票每年每股分发股利 1.5 元，设市场利率为 6%，若当前该股票市价为 20 元，问是否购买？

【职业能力操作】 根据计算公式，该股票的现值为：

$$P = \frac{1.5}{6\%} = 25\ (\text{元})$$

因为价值高于市价 20 元，所以可以购买。

四、资金时间价值计算的几个其他问题

上述内容中，在讨论系列收付款的资金时间价值时，可以用年金计算方法来计算等额系列收付款。在现实经济生活中，由于现金流量的不规则以及时间分布的不统一，使得资金时间价值的计算比较复杂。本部分主要讨论一些资金时间价值计算的特殊问题。

不等额系列收付款是指一定时期内多次收付，而每次收付的金额不完全相等的款项。不等额系列收付款项的资金时间价值的计算包括终值和现值的计算。

1. 不等额系列收付款项的终值计算

不等额系列收付款项的终值等于每期收付款项的终值之和。

【典型工作任务16】 某人的存钱计划如下：第1年年末存3 000元，第2年年末存3 500元，从第3年年末起每年存4 000元。如果年利率为5%，那么他在第5年年末可以得到的本利和是多少？

【职业能力操作】 $F=3\,000\times(F/P,5\%,4)+3\,500\times(F/P,5\%,3)+4\,000\times(F/P,5\%,2)+4\,000\times(F/P,5\%,1)+4\,000$

$=3\,000\times1.215\,5+3\,500\times1.157\,6+4\,000\times1.102\,5+4\,000\times1.050+4\,000$

$=20\,308.1$（元）

2. 不等额系列收付款项的现值计算

不等额系列收付款项的现值等于每期收付款项的现值之和。

【典型工作任务17】 某人想现在存一笔钱到银行，希望在第1年年末可以取3 000元，第2年年末可以取3 500元，第3～5年年末每年可以取4 000元。如果年利率为5%，那么他现在应该存多少钱在银行？

【职业能力操作】 $P=3\,000\times(P/F,5\%,1)+3\,500\times(P/F,5\%,2)+4\,000\times(P/F,5\%,3)+4\,000\times(P/F,5\%,4)+4\,000\times(P/F,5\%,5)$

$=3\,000\times0.952\,4+3\,500\times0.907+4\,000\times0.863\,8+4\,000\times0.822\,7+4\,000\times0.783\,5$

$=15\,911.7$（元）

3. 利率与期间的推算

由上述的有关计算可以看出，时间价值的计算受F、P、i、n 4个因素影响，只要已知其中的3个因素，即可推知第4个。关于F与P之间的计算都已经介绍过了，这里主要讲述期间n与利率i的有关推算。应用广泛的计算方法是插值法，也叫内插法。

（1）利率的推算

【典型工作任务18】 某人把10 000元存入银行，10年后可获本利和为25 000元，问银行存款的利率为多少？

已知$F=250$、$P=100$、$n=10$，求i。

【职业能力操作】

$$25\,000=10\,000\times(1+i)^{10}$$

$$(1+i)^{10}=2.50$$

查复利终值系数表，当利率为9%时，系数为2.367 4；当利率为10%时，系数为2.593 7。因此，利率应介于9%～10%之间。

利率	复利终值系数
9%	2.367 4
i	2.50
10%	2.593 7

利用内插法计算如下：

$$\frac{i-9\%}{10\%-9\%}=\frac{2.50-2.367\,4}{2.593\,7-2.367\,4}$$

$$i=9.58\%$$

(2) 期间的推算 期间 n 的推算，其原理和步骤同折现率（利息率）i 的推算相类似。现举例说明如下。

【典型工作任务 19】 某项目建成投产后每年可为公司创造 30 万元的收益，该项目投资为 100 万元，设项目报酬率为 6%，则该项目的最短寿命期为多少？

已知 $P=100$ 万元、$A=30$ 万元、$i=6\%$，求 n。

【职业能力操作】

查普通年金现值系数表，在 $i=6\%$ 时，$(P/A,6\%,n)=3.3333$。

当 $n=3$ 时，年金现值系数为 2.6730；当 $n=4$ 时，年金现值系数为 3.4651，于是：

$$\frac{n-3}{4-3}=\frac{3.3333-2.6730}{3.4651-2.6730}$$

4. 名义利率和实际利率

在前面的复利计算中，所涉及的利率均假设为年利率，并且每年复利一次。但在实际业务中，复利的计算期不一定是 1 年，可以是半年、一季、一月或一天复利一次。当利息在一年内要复利几次时，给出的年利率称名义利率，用 r 表示，根据名义利率计算出的每年复利一次的年利率称实际利率，用 i 表示。实际利率和名义利率之间的关系如下：

$$i=\left(1+\frac{r}{m}\right)^{m}-1$$

式中，i 为实际利率；r 为名义利率；m 为一年内复利次数。

【典型工作任务 20】 某人取得银行小额贷款 10 000 元，年利率为 6%，若半年计息一次，则 3 年后应归还的本利和为多少。

【职业能力操作】

方法 1：先根据名义利率与实际利率的关系，将名义利率折算成实际利率。

$$i=\left(1+\frac{r}{m}\right)^{m}-1=\left(1+\frac{6\%}{2}\right)^{2}-1=6.09\%$$

$$F=10\,000\times(1+6.09\%)^{3}=11\,940.52\ (元)$$

方法 2：将已知的年利率 r 折算成期利率（$r\div m$），期数变为 $m\times n$。

$$F=P\left(1+\frac{r}{m}\right)^{mn}$$

$$=10\,000\times\left(1+\frac{6\%}{2}\right)^{2\times 3}$$

$$=10\,000\times(1+3\%)^{6}=11\,941\ (元)$$

短于一年的情况下，名义利率小于实际利率，并且计息期越短，一年中按复利计息的次数就越多，实际利率就越高，利息额也越大。

【职业思考】

某人购买商品房，有三种付款方式。

A：每年年初支付房款 80 000 元，连续支付 8 年。

B：从第三年开始，在每年的年末支付房款 132 000 元，连续支付 5 年。

C：现在支付房款 100 000 元，以后在每年年末支付房款 90 000 元，连续支付 6 年。

在市场资金收益率为 14%的条件下，应该选择何种付款方式？

任务二　企业风险价值管理

一、风险的概念及其特征

1. 风险的概念

一定条件下、一定时期内，某一项行动具有多种可能但结果不确定。风险产生的原因是缺乏信息和决策者不能控制未来事物的发展过程。风险具有多样性和不确定性，可以事先估计采取某种行动可能导致的各种结果以及每种结果出现的可能性大小，但无法确定最终结果是什么。例如，掷一枚硬币，我们可事先知道硬币落地时有正面朝上和反面朝上两种结果，并且每种结果出现的可能性各为50%，但谁也无法事先知道硬币落地时是正面朝上还是反面朝上。

值得注意的是，风险和不确定性是不同的。不确定性是指对于某种行动，人们知道可能出现的各种结果，但不知道每种结果出现的概率，或者可能出现的各种结果及每种结果出现的概率都不知道，只能做出粗略的估计。如购买股票，投资者无法在购买前确定所有可能达到的期望报酬率以及该报酬率出现的概率。而风险问题出现的各种结果的概率一般可事先估计和测算，只是不准确而已。如果对不确定性问题先估计一个大致的概率，则不确定性问题就转化为风险性问题了。在财务管理的实务中，对两者不做严格区分。风险可能是指一般意义上的风险，也可能指不确定性问题。

风险客观、普遍、广泛地存在于企业的财务活动中，并影响着企业的财务目标。

2. 风险的特征

风险的特征主要有：①风险存在的客观性；②风险结果的损失性；③风险发生的不确定性；④风险存在的普遍性；⑤风险的社会性；⑥风险发生的可测性；⑦风险的可变性。

由于企业的财务活动经常是在有风险的情况下进行的，各种难以预料和无法控制的原因可能使企业遭受风险，蒙受损失，如果只有损失，没人会去冒风险，企业冒着风险投资的最终目的是为了得到额外收益。因此，风险不仅带来预期的损失，而且可带来预期的收益。仔细分析风险，以承担最小的风险来换取最大的收益，是十分必要的。

二、风险的类型

（一）从个别投资主体的角度分，风险可分为市场风险和企业特有风险

1. 市场风险

市场风险是指影响所有企业的风险，即由企业的外部因素引起的风险，如战争、自然灾害、利率的变化、经济周期的变化等。这类风险企业无法控制、无法分散，涉及所有的投资对象，又称系统风险或不可分散风险，例如：一个人投资股票，不论买哪一种股票，他都要承担市场风险，金融危机导致经济衰退时各种股票的价格都要不同程度地下跌。

2. 企业特有风险

企业特有风险是指个别企业的特有事件造成的风险，如工人罢工、新产品开发失败、没有争取到重要合同、诉讼失败、销售份额减少等。这类事件是随机发生的，只与个别企业和个别投资项目有关，不涉及所有企业和所有项目，可以通过多元化投资来分散，即发生于一

个企业的不利事件可以被其他企业的有利事件所抵消。这类风险又称非系统风险和可分散风险。例如：一个人投资股票时，买几种不同的股票比只买一种股票风险小。

（二）从企业本身的角度分，风险可分为经营风险和财务风险

1. 经营风险

经营风险是指由于企业生产经营条件的变化对企业收益带来的不确定性，又称商业风险。这些生产经营条件的变化可能来自于企业内部，也可能来自于企业外部。例如，由于原材料价格变动、供应渠道改变、新材料的出现等引起的供应方面的风险；由于设备故障、产品质量问题、新产品开发失败、生产组织不合理等引起的生产方面的风险；由于消费者爱好的变化、新的竞争对手的出现、销售决策失误等引起的销售方面的风险。此外，经济危机、通货膨胀、宏观经济政策的变化等也会给企业的经营带来风险。这些内外因素的共同作用会使企业的生产经营产生不确定性，最终引起收益变化。

2. 财务风险

财务风险是指由于企业举债而给财务成果带来的不确定性，又称筹资风险。企业借款虽可以解决企业资金短缺的困难、提高自有资金的盈利能力，但也改变了企业的资金结构和自有资金利润率，还须还本付息，并且借入资金所获得的利润是否大于支付的利息额具有不确定性，因此借款就有风险。在全部资金来源中，借入资金所占的比重大，企业的负担就重，风险程度也就增加；借入资金所占的比重小，企业的负担就轻，风险程度也就减轻。因此，必须确定合理的资金结构，既提高资金盈利能力，又防止财务风险加大。

三、企业风险价值衡量

由于风险具有普遍性和广泛性，那么正确地衡量风险就十分重要。如前所述，风险是与各种可能的结果及其概率分布相联系的，是可能值对期望值的偏离，因此，概率统计中的标准差、标准离差率等反映实际结果与期望结果偏离程度的指标往往被用来计算与衡量风险的大小。

1. 概率

对于风险的计量，一般采用概率与数理统计的方法。

在完全相同的条件下，某一事件可能发生也可能不发生，可能出现这种结果也可能出现另外一种结果，这类事件称为随机事件。例如，财务管理中的投资附加率、现金流量等都是随机事件。

随机试验的每一种可能结果，在一定条件下可能发生，也可能不发生，称为随机事件。

概率分布是概率论的基本概念之一，用以表述随机变量取值的概率规律。

概率就是用来反映随机事件发生的可能性大小的数值，一般用 X 表示随机事件，X_i 表示随机事件的第 i 种结果，P_i 表示第 i 种结果出现的概率。随机事件的概率在 0～1 之间，即 $0 \leqslant P_i \leqslant 1$。$P_i$ 越大，表示该事件发生的可能性越大；反之，P_i 越小，表示该事件发生的可能性越小。所有可能的 n 种结果出现的概率之和一定为 1，即 $\sum_{i=1}^{n} P_i = 1$。

肯定发生的事件概率为 1，肯定不发生的事件概率为 0。

【典型工作任务 21】 某公司拟对外投资，现有 A 公司、B 公司的股票可供选择，在不同市场情况下，A、B 公司的股票附加率资料如表 2-1 所列，试分析其风险的大小。

表 2-1 A、B 公司股票附加率及概率分布表

市场情况	发生概率 P_i	A 公司附加率	B 公司附加率
繁荣	0.3	25%	30%
正常	0.5	20%	20%
萧条	0.2	15%	10%
合计	1.0	—	—

从表 2-1 中可见，所有的 P_i 均在 0～1 之间，且 $P_1+P_2+P_3=0.3+0.5+0.2=1$。如果我们将一项活动的各种可能结果及相应的概率按一定规则排列出来，构成分布图，则称为概率分布。概率分布一般用平面直角坐标系的图示来反映，横坐标表示某一事件的结果，纵坐标表示每一结果相应的概率。

概率分布有两种类型：一是离散型概率分布，其特点是各种可能结果只有有限个值，概率分布在各个特定点上，是不连续图像，如图 2-7（典型工作任务 21 中的 A 公司）所示；二是连续型概率分布，其特点是各种可能结果有无数个值，概率分布在连续图像上的两点之间的区间上，如图 2-8 所示。

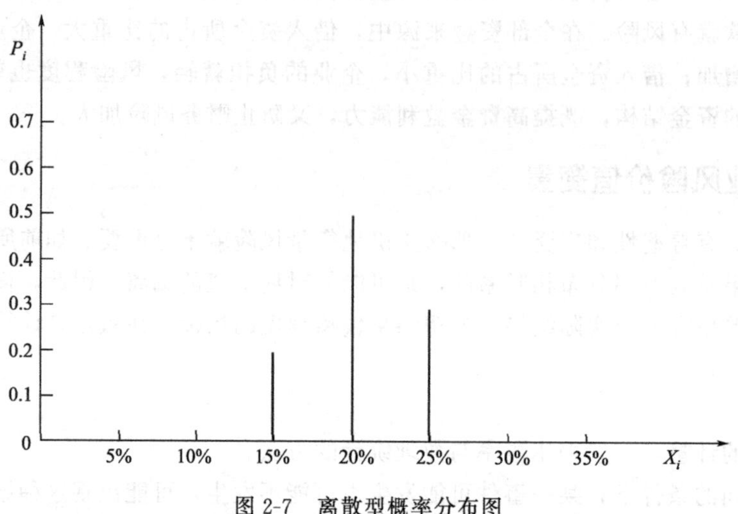

图 2-7 离散型概率分布图

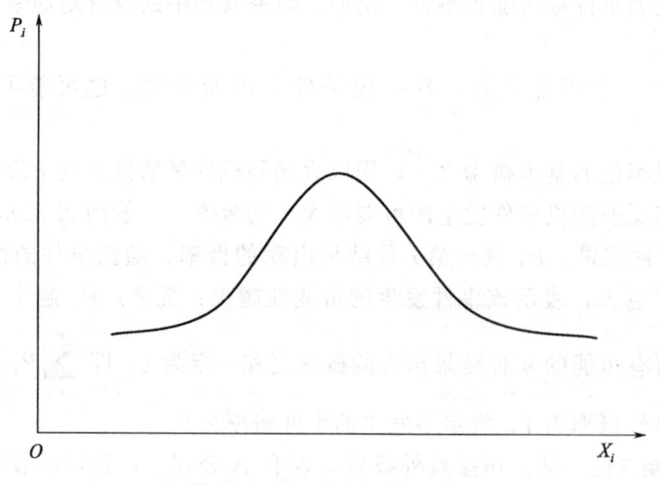

图 2-8 连续型概率分布图

2. 期望值

期望值是指人们对自己的行为和努力能否导致所期望的结果的主观估计，即根据个体经验判断实现其目标可能性的大小。

在概率和统计学中，一个随机变量的期望值（或期待值）是以各自相应的概率为权数计算的加权平均值，换句话说，期望值是该变量输出值的平均数。用公式表示为：

$$E=\sum_{i=1}^{n}X_iP_i$$

【典型工作任务22】 利用【典型工作任务21】中的资料。

要求：计算A、B公司的股票附加率的期望值。

【职业能力操作】

$$E_A=25\%\times0.3+20\%\times0.5+15\%\times0.2=20.5\%$$

$$E_B=30\%\times0.3+20\%\times0.5+10\%\times0.2=21\%$$

3. 标准差

标准差是用来衡量概率分布中各种可能值对期望值的偏离程度，反映风险的大小，标准差用σ表示。标准差的计算公式为：

$$\sigma=\sqrt{\sum_{i=1}^{n}(X_i-E)^2P_i}$$

标准差用来反映决策方案的风险，是一个绝对数。在n个方案的情况下，若期望值相同，则标准差越大，表明各种可能值偏离期望值的幅度越大，结果的不确定性越大，风险也越大；反之，标准差越小，表明各种可能值偏离期望值的幅度越小，结果的不确定性越小，则风险也越小。

【典型工作任务23】 利用【典型工作任务21】【典型工作任务22】的数据，计算标准差。

【职业能力操作】

$$\sigma_A=\sqrt{(25\%-20.5\%)^2\times0.3+(20\%-20.5\%)^2\times0.5+(15\%-20.5\%)^2\times0.2}$$
$$=3.5\%$$

$$\sigma_B=\sqrt{(30\%-21\%)^2\times0.3+(20\%-21\%)^2\times0.5+(10\%-21\%)^2\times0.2}$$
$$=5\%$$

4. 标准离差率

标准差作为一个绝对数，反映了可能值与期望值的偏离程度，可用来衡量风险，但它只适用于在期望值相同条件下风险程度的比较，对于期望值不同的决策方案则不适用，因此，我们需要引入标准离差率这一指标。

标准离差率是指标准差与期望值的比值，也称离散系数，用V表示，计算公式如下：

$$V=\frac{\sigma}{E}$$

标准离差率是一个相对数，标准离差率越大，表明可能值与期望值的偏离程度越大，结果的不确定性越大，风险也越大；反之，标准离差率越小，表明可能值与期望值的偏离程度越小，结果的不确定性越小，风险也越小。

【典型工作任务24】 利用【典型工作任务21】和【典型工作任务22】的数据，计算标准离差率。

【职业能力操作】 $V_A=\frac{3.5\%}{20.5\%}=0.1707=17.07\%$

$$V_B=\frac{5\%}{21\%}=0.2381=23.81\%$$

可见，A股票的标准离差率小于B股票的标准离差率，即A股票的风险程度小于B股票。

有了标准离差率，我们就可以确定不同方案风险的大小，选择决策方案。对单个方案，决策者可将标准离差（率）与设定的可接受的此项指标最高限值比较；对于多个方案，决策者应选择低风险、高收益的方案，即选择标准离差（率）低、期望值高的方案。但在实际经济生活中，高收益往往伴随着高风险，低收益的方案往往风险也较低，这就需要决策者在风险与收益之间进行权衡，具体情况具体分析。

四、风险报酬

1. 风险报酬的含义

如上所述，企业的财务活动和经营管理活动总是在有风险的状态下进行的，只不过风险有大有小。投资者冒着风险投资，是为了获得更多的报酬，冒的风险越大，要求的报酬就越高。风险和报酬之间存在密切的对应关系，高风险的项目必然有高报酬，低风险的项目必然是低报酬，因此，风险报酬是投资报酬的组成部分。

那么，什么是风险报酬呢？它是指投资者冒着风险进行投资而获得的超过资金时间价值（不考虑通货膨胀）的那部分额外收益，是对人们所遇到的风险的一种价值补偿，也称风险价值。它的表现形式有两种：风险报酬额和风险报酬率。

风险报酬额是指投资者因冒风险进行投资而获得的超过时间价值的额外报酬，是对人们所遇到风险的一种价值补偿，也称为风险价值。

风险报酬率是风险报酬额与原投资额的比率，也叫风险附加率。在财务管理实务中，风险报酬一般以风险报酬率来表示。

2. 风险报酬的计算

标准离差率仅反映一个投资项目的风险程度，并未反映真正的风险报酬，要将其换算为风险报酬率必须借助于一个转换系数——风险报酬系数，又叫风险报酬斜率。风险报酬率、风险报酬系数和标准离差率之间的关系可用公式表示如下：

$$R_R=bV$$

式中，R_R 为风险报酬率；b 为风险报酬系数（风险的价格）；V 为标准离差率（风险的大小）。

其中，b 的设定方法主要有以下几种。

① 根据以往同类投资项目的历史资料进行确定。

② 主要是根据标准离差率、风险报酬系数和风险报酬率的历史数据进行测算。

③ 企业领导或企业组织有关财经专家加以确定。如缺乏历史资料，可由企业领导根据经验确定，也可由企业组织有关财经专家加以确定。

④ 国家有关部门组织专家确定。

风险报酬率是指投资者因冒风险进行投资而要求的超过资金时间价值的那部分额外的附

加率，在金额上等于风险报酬额与原投资额的比率。如果不考虑通货膨胀，投资者冒着风险进行投资所希望得到的投资报酬率是无风险报酬率与风险报酬率之和，即：

$$K=R_F+R_R=R_F+bV$$

式中，K 为投资报酬率；R_F 为无风险报酬率。

无风险报酬率就是货币的时间价值，是在没有风险状态下的投资报酬率，是投资者投资某一项目能够肯定得到的报酬，具有预期报酬的确定性，并且与投资时间的长短有关，可用政府债券利率或存款利率表示。

风险报酬率是风险价值，是超过资金时间价值的额外报酬，具有预期报酬的不确定性，风险报酬率与风险大小成正比关系。

风险与投资报酬率的关系如图 2-9 所示。

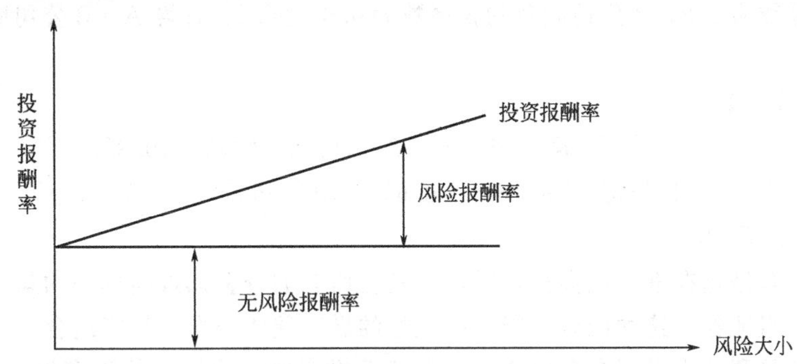

图 2-9　风险与投资报酬率的关系

【典型工作任务 25】 利用【典型工作任务 21】～【典型工作任务 23】的数据，假设无风险报酬率为 4%，股票投资的风险报酬系数为 0.3，则投资 A、B 公司股票的风险报酬率和期望投资报酬率分别为多少？

【职业能力操作】

A 公司股票的风险报酬率＝0.3×17.07%＝5.12%

A 公司股票的期望投资报酬率＝4%＋5.12%＝9.12%

B 公司股票的风险报酬率＝0.3×23.81%＝7.14%

B 公司股票的期望投资报酬率＝4%＋7.14%＝11.14%

由结果可见，由于 B 公司股票的风险程度大于 A 公司股票，按理论上计算出来的 B 公司股票的风险报酬率和期望投资报酬率就会高于 A 公司。

五、资本资产定价模型与证券投资组合

（一）资本资产定价模型

资本资产定价模型是由 1990 年度诺贝尔经济学奖获得者威廉姆·夏普于 20 世纪 60 年代根据投资组合理论提出的。资本资产定价模型是财务学形成和发展的重要里程碑。它第一次使人们可以量化市场的风险大小，并且能够对风险价值进行计量。具体表示如下：

$$R_i=R_F+\beta_i(R_M-R_F)$$

式中，R_i 第 i 种股票或第 i 种证券组合的必要报酬率；R_F 为无风险报酬率；β_i 为第 i 种股票或第 i 种证券组合的风险等级；R_M 为所有股票的平均报酬率。

这个公式被称为“资本资产定价模型”（capital-asset-pricing model，CAPM），它表明某种证券的必要报酬率与其贝塔系数相关。在此，β 系数实际上是某一证券投资风险报酬率对整个市场所有证券投资平均风险报酬率的变化率。

假设 $\beta=0$，则 $R_i=R_F$，即某种证券的必要报酬率正好等于无风险资产的附加率。显然，$\beta=0$ 的证券没有风险，故它的期望附加率＝无风险资产的附加率。

假设 $\beta=1$，则 $R_i=R_M$，即某种证券的期望附加率正好等于市场的平均附加率。显然，$\beta=1$ 的证券表明它的风险等于市场组合的风险，故它的期望附加率＝市场的平均附加率。

假设 $\beta>1$，则某种证券的风险大于整个市场风险。

假设 $\beta<1$，则某种证券的风险小于整个市场风险。

【典型工作任务 26】 若股票市场的无风险附加率为 6%，市场平均附加率为 10%，A 公司股票的 β 系数为 1.2，B 公司股票的 β 系数为 0.6。要求：计算 A、B 公司股票的必要报酬率。

【职业能力操作】

$$A公司：R_A=6\%+1.2\times(10\%-6\%)=10.8\%$$

$$B公司：R_B=6\%+0.6\times(10\%-6\%)=8.4\%$$

（二）证券投资组合

证券投资组合是指在进行证券投资时，不是将所有的资金都投向单一的某种证券，而是有选择地投向一组证券。这种同时投资多种证券的做法便叫证券的投资组合。

证券投资的盈利性吸引了众多投资者，但证券投资的风险性又使许多投资者望而却步。如何才能有效地解决这一难题呢？科学地进行证券的投资组合就是一个比较好的方法。“不把鸡蛋放在同一个篮子里”，这是资产选择理论中对分散投资的一种最通俗的解释，即投资者将其资金投资于两个或更多的风险资产上，建立分散投资组合。一般认为，企业通过证券投资组合可以在不影响预期报酬的前提下降低风险，实现收益的稳定化。

1. 证券投资组合的策略

（1）冒险型策略　这种策略认为，只要投资组合科学而有效，就能取得远远高于平均收益水平的收益，这种组合主要选择高风险、高收益的成长性股票，对于低风险、低收益的股票不屑一顾。

（2）保守型策略　这种策略是指购买尽可能多的证券，以便分散掉全部可分散风险，得到市场的平均收益。这种投资组合的优点：①能分散掉全部可分散风险；②不需要高深的证券投资专业知识；③证券投资管理费较低。这种策略收益不高，风险也不大，故称之为保守型策略。

（3）适中型策略　这种策略介于保守型与冒险型策略之间，采用这种策略的投资者一般都善于对证券进行分析。通过分析，选择高质量的股票或债券组成投资组合。他们认为，股票价格是由企业经营业绩决定的，市场上价格一时的沉浮并不重要。这种投资策略风险不太大，收益却比较高。但进行这种组合的人必须具备丰富的投资经验及进行证券投资的各种专业知识。

2. 证券投资组合的方法

（1）选择足够数量的证券进行组合　当证券数量增加时，可分散风险会逐步减少，当数量足够时，大部分可分散风险都能分散掉。

（2）把不同风险程度的证券组合在一起　即 1/3 资金投资于风险大的证券，1/3 资金投资于风险中等的证券，1/3资金投资于风险小的证券。这种组合法虽不会获得太高的收益，但也不会承担太大的风险。

(3) 把投资收益呈负相关的证券放在一起组合　负相关股票是指一种股票的收益上升而另一种股票的收益下降的两种股票，把收益呈负相关的股票组合在一起，能有效分散风险。

3. 证券投资组合风险及其收益

(1) 证券投资组合的风险　证券投资组合的风险可以分为两种不同性质的风险，即非系统性风险和系统性风险。

① 非系统性风险。非系统性风险又叫可分散风险或公司特有风险，是指某些因素对单个证券造成经济损失的可能性。如公司开发新产品不成功、败诉等。这种风险可通过证券持有多样化来抵消。

② 系统性风险。系统性风险又称不可分散风险或市场风险，指的是由于某些因素给市场上所有的证券都带来经济损失的可能性。如宏观经济状况的变化、国家财政政策的变化、世界能源状况的改变都会使所有股票的收益发生变动。这些风险影响到所有的证券，因此，不能通过证券组合分散掉。对投资者来说，这种风险是无法消除的。

(2) 证券投资组合的风险收益　投资者进行证券投资组合与进行单项投资一样，都要求对承担的风险进行补偿，股票的风险越大，要求的收益就越高。证券组合的风险收益是投资者因承担不可分散风险而要求的超过时间价值的那部分额外收益。投资风险附加率的公式为：

$$R_p=\beta_p(R_M-R_F)$$

证券组合的必要附加率为：$K=R_F+\beta_p(R_M-R_F)$

式中，R_p 为证券组合的风险附加率；β_p 为证券组合的系数；R_M 为所有股票的平均附加率；R_F 为无风险附加率；K 为证券组合的必要附加率。

【典型工作任务27】 强利公司股票的 β 系数为1.5，无风险利率为6%，市场上所有股票的平均附加率为10%，则该公司股票的风险报酬率和期望报酬率应分别为多少？

【职业能力操作】

$$R_p=\beta_p(R_M-R_F)=1.5\times(10\%-6\%)=6\%$$

$$K=R_F+\beta_p(R_M-R_F)=6\%+6\%=12\%$$

该股票的风险附加率是6%，必要附加率为12%。

本章小结

资金的时间价值是资金在周转使用中由于时间因素而形成的差额价值。单利是只就本金计算利息，即本生利而利不生利的计算制度。复利是指利息也要计算利息，即本利均生利的计算制度。

年金是指在一定时期内每隔相同时间就发生相同数额的系列收入或支出的款项，包括普通年金、预付年金、递延年金和永续年金。普通年金应用最为广泛。凡在每期期末发生的年金称为普通年金；凡在每期期初发生的年金称为预付年金；递延年金是指在一定时期内，从第0期开始隔 m 期以后才发生系列等额收付款项的一种特殊普通年金形式；永续年金是指无限期等额收付的特殊普通年金。

风险是指在某个特定状态下和给定时间内可能发生的结果的变动。企业面临的风险主要有两种：市场风险和企业特有风险。通常利用概率统计中的标准差、标准离差率等来计算与衡量风险的大小。风险报酬是指投资者冒着风险进行投资而获得的超过资金时间价值的那部分额外收益。资本资产定价模型（CAPM）表明某种证券的必要报酬率与其贝塔系数相关，它第一次使人们可以量化市场的风险大小，并且能够对风险价值进行计量。

【职业能力训练】

一、单项选择题

1. 6 年分期付款购物，每年初付 200 元，设银行利率为 10%，该项分期付款相当于一次现金支付的购价是（　　）。

A. 958.20 元　　B. 758.20 元　　C. 1 200 元　　D. 354.32 元

2. 已知（F/A，10%，5）= 6.105 1，那么，$i=10\%$、$n=5$ 时的偿债基金系数为（　　）。

A. 1.610 6　　B. 0.620 9　　C. 0.263 8　　D. 0.163 8

3. 某一投资项目，投资 5 年，每年复利 4 次，其实际年利率为 8.24%，则名义利率为（　　）。

A. 8%　　B. 8.16%　　C. 8.04%　　D. 8.06%

4. 在期望收益不相同的情况下，标准差越大的项目，其风险（　　）。

A. 越大　　B. 越小　　C. 不变　　D. 不确定

5. 普通年金现值系数的倒数称为（　　）。

A. 普通年金终值系数　　B. 复利终值系数　　C. 偿债基金系数　　D. 投资回收系数

6. 甲方案的标准离差是 2.11，乙方案的标准离差是 2.14，如甲、乙两方案的期望值相同，则甲方案的风险（　　）乙方案的风险。

A. 大于　　B. 小于　　C. 等于　　D. 无法确定

7. 下列投资中，风险最小的是（　　）。

A. 购买政府债券　　B. 购买企业债券　　C. 购买股票　　D. 投资开发项目

8. 下列各项年金中，只有现值没有终值的年金是（　　）。

A. 普通年金　　B. 即付年金　　C. 永续年金　　D. 先付年金

9. 风险报酬是指投资者因冒风险进行投资而获得的（　　）。

A. 利润　　B. 额外报酬　　C. 利息　　D. 利益

10. 某人购入债券，在名义利率相同的情况下，对其比较有利的复利计息期是（　　）。

A. 一年　　B. 半年　　C. 一季　　D. 一月

二、多项选择题

1. 影响资金时间价值大小的因素主要包括（　　）。

A. 单利　　B. 复利　　C. 资金额　　D. 利率和期限

2. 在财务管理中，经常用来衡量风险大小的指标有（　　）。

A. 标准离差　　B. 边际成本　　C. 风险报酬率　　D. 标准离差率

3. 下列各项中，属于经营风险的有（　　）。

A. 开发新产品不成功而带来的风险　　B. 消费者偏好发生变化而带来的风险

C. 自然气候恶化而带来的风险　　D. 原材料价格变动而带来的风险

4. 下列选项中，（　　）可以视为年金的形式。

A. 折旧　　B. 租金　　C. 利滚利　　D. 保险费

5. 下列各项中，属于普通年金形式的项目有（　　）。

A. 零存整取储蓄存款的整取额　　B. 定期定额支付的养老金

C. 年资本回收额　　D. 偿债基金

6. 在下列各项中，可以直接或间接利用普通年金终值系数计算出确切结果的项目有（　　）。

A. 偿债基金　　B. 先付年金终值　　C. 永续年金现值　　D. 永续年金终值

7. 下列各项中，能够衡量风险的指标有（　　）。

A. 方差　　B. 标准差　　C. 期望值　　D. 标准离差率

8. 在下列各种情况下，会给企业带来经营风险的有（　　）。

A. 企业举债过度　　B. 原材料价格发生变动

C. 企业产品更新换代周期过长　　D. 企业产品的生产质量不稳定

9. 下列各项中，属于企业特有风险的有（　　）。

A. 经营风险　　B. 利率风险　　C. 财务风险　　D. 汇率风险

10. 下列有关证券投资风险的表述中，正确的有（　　）。

A. 证券投资组合的风险有公司特别风险和市场风险两种

B. 公司特别风险是不可分散风险

C. 股票的市场风险不能通过证券投资组合加以消除

D. 当投资组合中股票的种类特别多时，非系统性风险几乎可全部分散掉

三、判断题

1. 在利率和计息期相同的条件下，复利现值系数与复利终值系数互为倒数。（　　）

2. 利率等于资金时间价值、通货膨胀附加率、风险报酬三者之和。（　　）

3. 永续年金既无现值，也无终值。（　　）

4. 偿债基金是年金现值计算的逆运算。（　　）

5. 资金时间价值是指一定量的资金在不同时点上的价值量。（　　）

6. 风险本身可能带来超出预期的损失，也可能带来超出预期的收益。（　　）

7. 用来代表资金时间价值的利息率中包含着风险因素。（　　）

8. 当利率大于零、计息期一定的情况下，年金现值系数大于1。（　　）

9. 根据风险与收益对等的原理，高风险的投资项目必然会获得高收益。（　　）

10. 在利率同为10%的情况下，第10年年末1元的复利现值系数大于第8年年末1元的复利现值系数。（　　）

四、计算与分析题

1. 某IT公司准备租赁办公设备，租赁期限是10年，假设年利率是10%，设备出租方提出以下几种付款方案。

(1) 立即付全部款项共计20万元。

(2) 从第4年开始每年年初付款4万元，至第10年年初结束。

(3) 第1～第8年每年年末支付3万元，第9年年末支付4万元，第10年年末支付5万元。

求：选择哪一种付款方案。

2. 某公司有一项付款业务，有甲乙两种付款方式可供选择。

甲方案：现在支付15万元，一次性结清。

乙方案：分5年付款，1～5年各年初的付款分别为3万元、3万元、4万元、4万元、4万元，年利率为10%。要求：按现值计算，选择最优方案。

3. 某公司拟购置一处房产，房主提出以下两种付款方案。

(1) 从现在起，每年年初支付20万元，连续支付10次，共200万元。

(2) 从第5年开始，每年年初支付25万元，连续支付10次，共250万元。

假设该公司的资金成本率（即最低报酬率）为10%，你认为该公司应选择哪个方案？

4. 风险收益的计量——金华公司风险收益的计量

金华公司在2017年陷入了经营困境，因其生产的果汁饮料市场竞争激烈、消费者喜好产生变化等开始滞销。为开拓市场，金华公司准备在2018年开发两种新的饮料。

(1) 开发清洁纯净水　面对全国范围内的节水运动及限制供应，开发部认为清洁纯净水将进入百姓的日常生活，市场前景看好，有关预测资料如下。

市场销路	概率	预计年利润
繁荣	60%	150万元
一般	20%	60万元
萧条	20%	−10万元

经过专家测定该项目的风险系数为0.5。

(2) 开发消渴啤酒　北方人豪爽、好客、爱畅饮；北方人生活水平日益提高，亲朋好友聚会的机会日益增多。开发部据此提出开发消渴啤酒方案，有关市场预测资料如下。

市场销路	概率	预计年利润
繁荣	50%	180万元
一般	20%	85万元
萧条	30%	−25万元

经过专家测定该项目的风险系数为0.7。

如果你是公司经理，你如何对两个产品开发方案的收益与风险予以计量，并进行方案评价。

5. 某企业有A、B两个投资项目，计划投资额均为1 000万元，其收益（净现值）的概率分布如下表。

市场状况	概率	A项目净现值/万元	B项目净现值/万元
好	0.2	200	300
一般	0.6	100	100
差	0.2	50	−50

要求：(1) 分别计算A、B两个项目净现值的期望值。

(2) 分别计算A、B两个项目期望值的标准离差。

(3) 判断A、B两个投资项目的优劣。

6. A、B、C三股票风险系数为1.5、1.0、0.5，市场平均附加率为12%，无风险附加率为8%，甲投资组合为三种股票比例为50%、30%、20%。乙组合的风险附加率为3.4%。

要求：(1) 根据系数比较三种股票的投资风险大小。

(2) 求A股票的必要附加率。

(3) 求甲组合的风险系数及风险附加率。

(4) 求乙组合的风险系数及必要附加率。

(5) 通过比较甲、乙组合的风险系数来比较投资风险大小。

五、思考题

1. 什么是资金时间价值？如何计量？
2. 什么是年金？如何分类？怎样计算？
3. 什么是风险？如何衡量？
4. 什么是风险报酬？如何计量风险报酬？

项目三 筹资管理

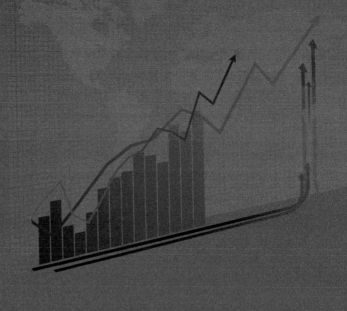

【职业学习目标】

知识目标

1. 了解企业筹资的动机；
2. 了解筹资的渠道和方式；
3. 掌握企业资金需要量的预测方法；
4. 掌握企业筹资决策的方法。

能力目标

1. 能够合理预测企业资金需要量；
2. 能够准确进行企业筹资决策；
3. 能够制订企业筹资计划。

素质目标

1. 提升数据收集与处理能力；
2. 培养学生的大局意识，节约企业筹资成本；
3. 树立诚实守信的职业道德。

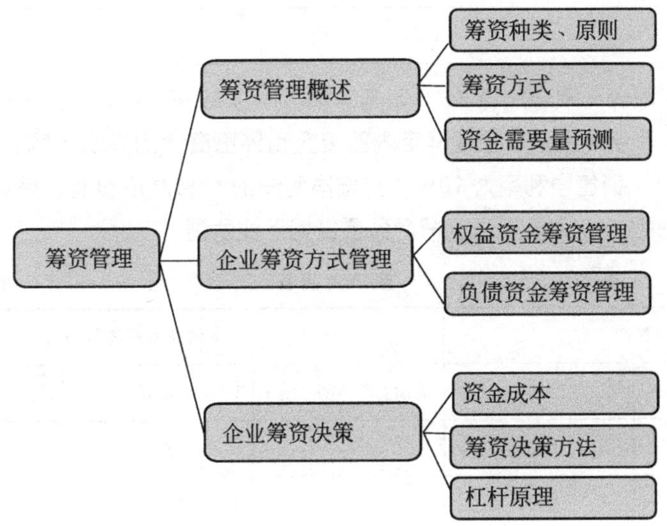

经典案例

上海迪士尼融资案例

2009 年 1 月，迪士尼宣布与上海市政府签订《项目建议书》，将联合上海市政府在浦东兴建全球第 6 个迪士尼乐园。2009 年 10 月，经报请国务院同意，国家发改委正式批复核准上海迪士尼乐园项目。该项目由中方公司和美方公司共同投资建设。项目建设地址位于上海市浦东新区川沙新镇，占地 116 公顷（1 公顷＝10 000 平方米）。项目建设内容包括游乐区、后勤配套区、公共事业区和一个停车场。

2009 年 11 月 4 日，上海迪士尼项目申请报告获国家有关部门核准。

2009 年 11 月 23 日，国家发改委在网站上发布：正式批复核准上海迪士尼乐园项目。2010 年 11 月 5 日，上海申迪与美国迪士尼签署上海迪士尼乐园项目合作协议，标志着上海迪士尼乐园项目正式启动。

项目参与方：上海国际主题乐园有限公司，中美双方持股比例分别为 57% 和 43%；上海国际主题乐园配套设施有限公司，中美双方持股比例分别为 57% 和 43%；上海国际主题乐园和度假区管理有限公司，中美双方持股比例分别为 30% 和 70%。

配套公司注册资金为 316 796.76 万元，经营范围包括酒店、购物中心、体育、娱乐和休闲设施的开发、建设和管理等。上海国际主题乐园和度假区管理公司注册资金为 2 000 万元，主要涉及财务管理、员工配需等。上海迪士尼项目一期建设的迪士尼乐园及配套区占地 3.9 平方千米，以 1.16 平方千米的主题乐园和约 0.39 平方千米的中心湖泊为核心。主要建设内容包括：游乐设施（主题乐园）、中心湖与围场河、商业娱乐、旅馆、公共停车场（游客停车场）、公共交通设施、办公（管理服务中心）、市政设施等，总投资超过 245 亿元。建设期：项目于 2011 年 4 月 8 日动工建设，到 2015 年建成，工期大约为 5 年。该项目建成的好处有：填补国内旅游产业空白；直接拉动相关产业和周边经济；有助于刺激本土文化产业和旅游产业加速发展；有助于上海和长三角地区的经济结构转型；有助于为上海及周边地区创造众多就业机会。

【情境引例】

某化工股份有限公司领导制订 2018 年的销售目标为 36 000 万元，为实现该销售目标，要扩大经营、筹集生产所需资金、合理确定内部资金和外部资金的构成比例。公司 2017 年实现销售额 30 000 万元，销售净利率为 10%，并按净利润的 40% 发放股利，假定该公司的固定资产利用能力已经饱和，2017 年年底的资产负债表如下表所列。

资产负债表　　　　单位：万元

资产		负债及所有者权益		
1. 货币资金	1 000	负债：	1. 应付账款	2 500
2. 应收账款	2 000		2. 应交税金	500
3. 存货	3 000		3. 长期负债	1 000
4. 固定资产	5 500	所有者权益：	1. 实收资本	6 000
5. 无形资产	500		2. 留存收益	2 000
合计	12 000		合计	12 000

作为企业财务人员，如何准确预测 2018 年全年需要资金数量并制订企业的筹资计划书？

任务一　企业筹资概述

一、企业筹资的动机

企业筹资是指企业为了满足其经营活动、投资活动、资本结构调整等需要，运用一定的筹资方式筹措和获取所需资金的一种行为。资金是企业的血液，是企业设立、生存和发展的物质基础，是企业开展生产经营业务活动的基本前提。任何一个企业，为了形成生产经营能力、保证生产经营正常运行，必须拥有一定数量的资金。筹资活动是企业一项重要的财务活动。如果说企业的财务活动是以现金收支为主的资金流转活动，那么筹资活动则是资金运转的起点。

企业筹资的动机是指企业筹资的目的。企业筹资的基本目的是为了生存和发展，而企业的具体筹资活动通常受特定动机的驱使。企业筹资的动机主要有以下几个方面。

1. 扩张筹资动机

扩张筹资动机是企业因扩大生产经营规模或追加对外投资的需要而产生的筹资动机。具有良好发展前景、处于成长时期的企业通常会产生这种筹资动机。扩张筹资动机所产生的直接结果是企业资产总额和筹资总额的增加。

2. 偿债筹资动机

偿债筹资动机是企业为了偿还某项债务而形成的借款动机，即借新债还旧债。偿债筹资有两种情形：一是调整性偿债筹资，即企业虽有足够的能力支付到期旧债，但为了调整现有的资本结构，仍然举债，从而使资本结构更加合理；二是恶化性偿债筹资，即企业现有的支付能力已不足以偿付到期旧债，而被迫举债还债，这表明企业的财务状况已经恶化。

3. 混合筹资动机

企业因同时需要长期资金和现金而形成的筹资动机即为混合筹资动机。通过混合筹资，企业既可扩大资产规模，又可偿还部分旧债，即在这种筹资中混合了扩张筹资和偿债筹资两种动机。

二、筹资的基本原则

采取一定的筹资方式以有效地组织资金供应，这是一项重要而复杂的工作。因此，企业筹集资金应遵循以下基本原则。

1. 规模适当性原则

企业资金的规模不仅受各种因素的制约，而且对筹资的效益有较大的影响，同时，资金的需求随着生产经营活动的变化而变化。因此，不论采取什么方式筹资，企业都必须根据实际生产情况和投资的需要，按照合理、必需的原则，预测资金的需要量，确定筹资规模。筹资时，既要防止筹资不足影响生产经营和投资的正常进行，又要防止筹资过多造成资金闲置从而降低筹资效益。

2. 筹措及时性原则

按照资金时间价值的原理，同等数量的资金在不同时点上具有不同的价值。企业筹集资金应根据资金投放使用时间来合理安排，使筹资和用资在时间上相衔接，既要避免过早筹资使资金过早到位形成资金投放前的闲置，又要避免资金到位滞后丧失资金投放的最佳时机。

3. 筹资方式经济性原则

企业筹集资金是要付出一定代价的，即资金成本。在不同筹资方式下，其资金成本、财务风险是不同的。因此，企业应对各种筹资方式进行比较分析，尽量选择经济、合理、可行的筹资方式，确定合理的资金结构，从而降低资金成本，减少财务风险。

4. 优化资金结构性原则

企业的自有资金和借入资金要有合适的比例，长期资金和短期资金也应比例适当。资金筹集应注意这两方面的内容，使企业减少财务风险，优化资金结构。

三、企业的筹资渠道

筹资渠道是指企业取得资金的来源与通道，反映资金的源泉和流量。目前，我国企业的筹资渠道主要有以下几种。

1. 国家财政资金

国家财政资金是国家以财政拨款或注资的方式投入企业的资金。国家对企业的直接投资是国有企业最主要的资金来源渠道，特别是国有独资企业，其资本全部由国家投资形成。现有国有企业的资金来源中，其资本部分大多是由国家财政以直接拨款方式形成的，除此以外，还有些是国家对企业“税前还贷”或减免各种税款而形成的。不管是何种形式形成的，从产权关系上看，它们都属于国家投入的资金，产权归国家所有。

2. 银行信贷资金

银行信贷资金是各商业银行贷给企业的资金，是企业非常重要的债务资金来源。我国银行分为商业银行和政策性银行两种。商业银行以营利为目的，主要从事信贷资金投放，为企业提供各种商业贷款；政策性银行则主要为特定企业提供政策性贷款。

3. 非银行金融机构资金

非银行金融机构主要指信托投资公司、保险公司、租赁公司、证券公司、企业集团所属的财务公司等。它们所提供的各种金融服务，既包括信贷资金投入，也包括物资的融通，还包括为企业承销证券等金融服务。非银行金融机构将社会闲散资金集中起来，向需要资金的企业提供借款，也是企业重要的债务资金来源。

4. 其他法人资金

企业有时会有闲置多余的资金，这些资金可以用于购买其他企业的股票或债券，将暂时不用的资金提供给需要资金的企业使用。除此之外，企业间的购销业务如果通过商业信用方式来完成，则会形成债务人对债权人的短期资金占用，从而形成企业间的债权债务关系。这种企业间的相互投资和商业信用的存在，使其他企业资金成为企业资金的重要来源。

5. 民间闲置资金

随着居民收入水平的不断提高，居民的理财意识也日益增强，民间资金越来越多地流向资本市场，逐渐成为企业筹资的重要渠道。

6. 企业的自留资金

企业的自留资金是来源于企业内部积累形成的资金，主要包括提取的公积金和未分配利润及提取的固定资产折旧等。这类资金不需要企业通过一定的方式去筹集，而直接由企业内部自动生成或转移。

7. 外商资金

外商资金是外国投资者以及我国香港、澳门、台湾投资者投入的资金，是对外商业的重要资金来源。

四、企业筹资的类型

企业从不同筹资渠道和用不同筹资方式筹集的资金，由于具体的来源、方式、期限等的不同，形成不同的类型。不同类型资金的结合构成企业具体的筹资组合。

1. 按企业所取得资金的权益特性不同分类

按企业所取得资金的权益特性不同，企业筹资分为股权筹资、债务筹资及混合筹资三类。

（1）股权筹资　股权筹资是指以发行股票的方式进行筹资，是企业经济运营活动中一个非常重要的筹资手段。

股权筹资的优点如下。

① 是企业稳定的资本基础。股权资本没有固定的到期日，无需偿还，是企业的永久性资本，除非企业清算时才有可能予以偿还。

② 是企业良好的信誉基础。股权资本作为企业最基本的资本，代表了公司的资本实力，是企业与其他单位组织开展经营业务、进行业务活动的信誉基础。

③ 财务风险较小。股权资本不用在企业正常运营期内偿还，不存在还本付息的财务风险。

股权投资的缺点如下。

① 资本成本负担较重。股权筹资的资本成本要高于债务筹资。

② 容易分散公司的控制权。利用股权筹资，引进了新的投资者或者出售了新的股票，

会导致公司控制权结构的改变，分散了企业的控制权。

③ 信息沟通与披露成本较大。特别是上市公司，其股东众多而分散，只能通过公司的公开信息披露了解公司状况，这就需要公司花更多的精力，有些还需要设置专门的部门，用于公司的信息披露和投资者关系管理。

(2) 债务筹资 债务筹资是指企业按约定代价和用途取得且需要按期还本付息的一种筹资方式。

债务筹资的优点如下。

① 筹资速度较快。

② 筹资弹性大。

③ 资本成本负担较轻。一般来说，债权筹资的资本成本要低于股权筹资。其一是取得资金的手续费用等筹资费用较低；其二是利息、租金等用资费用比股权资本要低；其三是利息等资本成本可以在税前支付。

④ 可以利用财务杠杆。

⑤ 稳定公司的控制权。

债务筹资的缺点如下。

① 不能形成企业稳定的资本基础。

② 财务风险较大。债务资本有固定的到期日，有固定的利息负担，用抵押、质押等担保方式取得的债务在资本使用上可能会有特别的限制。

③ 筹资数额有限。

(3) 混合筹资 混合筹资是一种筹资方式，包括优先股筹资、发行可转换债券筹资和认股权证筹资，既含股权性质的融资，也包括债权性质的。

2. 按其是否以金融机构为媒介分类

按其是否以金融机构为媒介分类，企业筹资分为直接筹资和间接筹资两种类型。

直接筹资是企业直接与资金供应者协商融通资本的一种筹资活动。直接筹资方式主要有吸收直接投资、发行股票、发行债券等。通过直接筹资既可以筹集股权资金，也可以筹集债务资金。按法律规定，公司股票、公司债券等有价证券的发行需要通过证券公司等中介机构进行，但证券公司所起到的只是承销的作用，资金拥有者并未向证券公司让渡资金使用权，因此，发行股票、债券属于直接向社会筹资。

间接筹资是企业借助银行等金融机构融通资本的筹资活动。在间接筹资方式下，银行等金融机构发挥了中介的作用，预先集聚资金，资金拥有者首先向银行等金融机构让渡资金的使用权，然后由银行等金融机构将资金提供给企业。间接筹资的基本方式是向银行借款，此外还有融资租赁等筹资方式。间接筹资形成的主要是债务资金，主要用于满足企业资金周转的需要。

3. 按资金的来源范围不同分类

按资金的来源范围不同，企业筹资分为内部筹资和外部筹资两种类型。

内部筹资是指企业通过利润留存而形成的筹资来源。内部筹资数额的大小主要取决于企业可分配利润的多少和利润分配政策（股利政策），一般不需要花费筹资费用，从而降低了资本成本。

外部筹资是指企业向外部筹措资金而形成的筹资来源。处于初创期的企业，内部筹资的可能性是有限的；处于成长期的企业，内部筹资往往难以满足需要。这就需要企业广泛地开展外部筹资，如发行股票或债券、取得商业信用、向银行借款等。企业向外部筹资大多需要花费一定的筹资费用，从而提高了筹资成本。

因此，企业筹资时首先应利用内部筹资，然后再考虑外部筹资。

4. 按所筹集资金的使用期限不同分类

按所筹集资金的使用期限不同，企业筹资分为长期筹资和短期筹资两种类型。

长期筹资是指企业筹集使用期限在 1 年以上的资金筹集活动。长期筹资的目的主要在于形成和更新企业的生产和经营能力，或扩大企业的生产经营规模，或为对外投资筹集资金。长期筹资通常采取吸收直接投资、发行股票、发行债券、取得长期借款、融资租赁等方式，所形成的长期资金主要用于购建固定资产、形成无形资产、进行对外长期投资、垫支流动资金、产品和技术研发等。从资金权益性质来看，长期资金可以是股权资金也可以是债务资金。

短期筹资是指企业筹集使用期限在 1 年以内的资金筹集活动。短期资金主要用于企业的流动资产和日常资金周转，一般在短期内需要偿还。短期筹资经常利用商业信用、短期借款、保理业务等方式来筹集。

五、企业筹资的方式

筹资方式是指企业筹集资金所采取的具体形式，反映资金在企业的具体存在形式。筹资时一定要根据企业的特点选择适当的筹资方式，有效地进行筹资组合，降低筹资成本，提高筹资效益。

我国企业的筹资方式主要有以下几种。

1. 吸收直接投资

吸收直接投资是指企业按照“共同投资、共担风险、共享利润”的原则直接吸收国家、法人、个人和外商等直接投入资金的筹资方式。吸收直接投资不是以股票为媒介，是非股份制企业筹集权益资本的一种基本方式。采用吸收直接投资的方式筹资的企业，资本不分为等额股份，无需公开发行股票。吸收直接投资的实际出资额，注册资本部分形成实收资本；超过注册资本的部分属于资本溢价，形成资本公积。投资者的出资方式主要有：现金投资、实物投资、工业产权投资、土地使用权投资等。

2. 发行股票

股票是股份公司在筹集资本时向出资人公开或私下发行的用以证明出资人股本身份和权利的凭证，也是根据持有人所持有的股份数享有权益和承担义务的凭证。股票是一种有价证券，代表着其持有人（股本）对股份公司的所有权，每一股同类型股票所代表的公司所有权是相等的，即“同股同权”。发行股票指股份公司通过股票发行筹措资金的一种基本筹资方式。

3. 发行债券

债券是政府、金融机构、工商企业等直接向社会借债筹措资金时，向投资者发行，承诺按一定利率支付利息并按约定条件偿还本金的债权债务凭证。债券的本质是债的证明书。发行债券是指企业按照债券发行协议，通过发售债券直接筹资从而形成企业债务资金的一种筹资方式。

4. 融资租赁

融资租赁是指企业按照租赁合同租入资产从而筹措资金的特殊筹资方式。出租人根据承租人对租赁物件的特定要求和对供货人的选择，出资向供货人购买租赁物件，并租给承租人使用，承租人则分期向出租人支付租金，在租赁期内租赁物件的所有权属于出租人所有，承租人拥有租赁物件的使用权。融资租赁的实质是依附于传统租赁上的金融交易，是一种特殊的金融工具。

5. 银行借款

银行借款是指企业向银行或其他非银行金融机构借入的需要还本付息的款项，包括偿还期限超过1年的长期借款和不足1年的短期借款，主要用于企业购建固定资产和满足流动资金周转的需要。

6. 商业信用

商业信用是指商品交易中由于延期付款或延期交货而形成的企业间的借贷关系，它表现为企业之间的直接信用关系，是一种自然筹资方式。目前，我国商业信用形式多样、使用广泛，将逐渐成为企业筹集短期债务资金的重要方式。

7. 留存收益

从性质上看，企业通过合法有效的经营所实现的税后净利润都属于企业的所有者。企业将本年度的利润部分甚至全部留存下来的原因很多，主要包括以下几点。第一，收益的确认和计量是建立在权责发生制基础上的，企业有利润，但企业不一定有相应的现金净流量增加，因此企业不一定有足够的现金将利润全部或部分派给所有者。第二，法律法规从保护债权人利益和要求企业可持续发展等角度出发，限制企业将利润全部分配出去。《公司法》规定，企业每年的税后利润必须提取10%的法定盈余公积金。第三，企业基于自身扩大再生产和筹资的需求，也会将一部分利润留存下来。

六、企业资金需要量预测

资金需要量是企业为达到生产经营的预期目标所需要的资金数额，必须科学合理地加以预测。资金需要量预测是筹资决策的前提，适当的筹资规模是筹集资金的基本原则。要正确确定筹资的规模，必须要采用科学的方法，常用的资金需要量的预测方法主要有：定性预测法和定量预测法。

（一）定性预测法

定性预测法是直接根据调查研究所掌握的情况和数据资料，凭借预测人员的知识和经验对资金需要量所做的判断。这种方法一般不能提供有关事件确切的定量概念，而主要是定性地估计某一事件的发展趋势、优劣程度和发生的概率。定性预测是否正确完全取决于预测者的知识和经验。在进行定性预测时，虽然要汇总各方面人士的意见和综合地说明财务问题，但也需将定性的财务资料进行量化，这并不改变这种方法的性质。定性预测主要是根据经济理论和实际情况进行理性的、逻辑的分析和论证，以定量方法作为辅助，一般在缺乏完整、准确的历史资料时采用。常用的定性预测法有意见汇集法、专家小组法和德尔菲法。

（二）定量预测法

定量预测法是指以资金需要量与有关因素的关系为依据，在掌握大量历史资料的基础上选用一定的数学方法加以计算，并将计算结果作为预测的一种方法。定量预测的方法很多，如销售百分比法、线性回归法等等。

1. 销售百分比法

销售百分比法是根据销售增长与资产增长之间的关系预测未来资金需要量的方法。企业的销售规模扩大时，要相应增加流动资产；如果销售规模增加很多，还必须增加长期资产。

为取得扩大销售所需增加的资产，企业需要筹措资金。这些资金一部分来自留存收益，另一部分通过外部筹资取得。通常，销售增长率较高时，仅靠留存收益不能满足资金需要，即使获利良好的企业也需外部筹资。因此，企业需要预先知道自己的筹资需求，提前安排筹资计划，否则就可能发生资金短缺问题。

销售百分比法是计算企业资金需要量的主要方法，是指以未来销售额变动的百分比为主要依据，考虑随销售额变动的资产负债表项目及其他因素对资金需求的影响，从而预测未来需要追加的资金量的一种定量计算方法。

销售百分比法的基本步骤如下。

(1) 确定随销售额变动而变动的资产和负债项目　资产是资金使用的结果，随着销售额的变动，经营性资产项目将占用更多的资金。同时，随着经营性资产的增加，相应的经营性短期债务也会增加，如存货增加会导致应付账款增加，此类债务称之为“自动性债务”，可以为企业提供暂时性资金。经营性资产与经营性负债的差额通常与销售额保持稳定的比例关系。这里，经营性资产项目包括库存现金、应收账款、存货等项目。对于固定资产，如果基期固定资产的利用能力已经饱和，那么必须追加固定资产投资，如果尚有生产能力，则不需要追加投资。而经营性负债项目包括应付票据、应付账款等项目，不包括短期借款、短期融资券、长期负债等筹资性负债。

(2) 确定经营性资产和经营性负债有关项目与销售额的稳定比例关系　如果企业资金周转的营运效率保持不变，经营性资产与经营性负债会随销售额的变动而呈正比例变动，保持稳定的百分比关系。企业应当根据历史资料和同业情况，剔除不合理的资金占用，寻找与销售额的稳定百分比关系。

(3) 确定需要增加的筹资数量　预计由于销售增长而需要的资金需求增长额，扣除利润留存后，即为所需要的外部筹资额。即有：

$$外部融资需求量=\frac{A}{S_1}\Delta S-\frac{B}{S_1}\Delta S-PES_2$$

式中，A 为随销售而变化的敏感性资产；B 为随销售而变化的敏感性负债；S_1 为基期销售额；S_2 为预测期销售额；ΔS 为销售变动额；P 为销售净利率；E 为利润留存率；$\frac{A}{S_1}$ 为敏感资产与销售额的关系百分比；$\frac{B}{S_1}$ 为敏感负债与销售额的关系百分比。

【典型工作任务1】 中信股份有限公司目前市场销售良好，公司2017年实现销售额50 000万元，领导制订2018年销售目标为60 000万元，销售净利率为10%，并按净利润的40%发放股利，假定该公司的固定资产利用能力已经饱和，2017年年底的资产负债表如表3-1所列。

表3-1　中信公司资产负债表（2017年12月31日）　　单位：万元

资　产	金　额	负债与权益	金　额
货币资金	5 000	应付账款	5 000
应收账款	9 000	应交税费	2 000
存　　货	7 000	长期负债	1 500
固定资产	5 000	实收资本	14 000
无形资产	1 000	留存收益	4 500
合　计	27 000	合　计	27 000

为实现该销售目标，要扩大经营，筹集生产所需资金，合理确定内部资金和外部资金的构成比例。

首先，确定有关项目及其与销售额的关系百分比。在表 3-2 中，N 为不变动，是指该项目不随销售的变化而变化。

其次，确定需要增加的资金量。从表 3-2 中可以看出，销售收入每增加 100 元，必须增加 100 元的资金占用，但同时自动增加 10 元的资金来源，两者差额还有 38％的资金需求。因此，每增加 100 元的销售收入，公司必须取得 38 元的资金来源，销售额从 50 000 万元增加到 60 000 万元，按照 38％的比率可预测将增加 3 800 万元的资金需求。

表 3-2　中信公司资产负债表（2017 年 12 月 31 日）　　单位：万元

资　产	金　额	与销售关系/％	负债与权益	金　额	与销售关系/％
货币资金	5 000	10	应付账款	5 000	10
应收账款	9 000	18	应交税费	2 000	4
存　货	7 000	14	长期负债	1 500	N
固定资产	5 000	10	实收资本	14 000	N
无形资产	1 000	N	留存收益	4 500	N
合　计	27 000	52	合　计	27 000	14

最后，确定外部融资需求的数量。2017 年的净利润为 6 000 万元（60 000×10％），利润留存为 40％，则将有 2 400 万元利润被留存下来，还有 1 400 万元的资金必须从外部筹集。

根据中信公司的资料，可求得对外融资的需求量为：

外部融资需求量＝52％×10 000－14％×10 000－40％×6 000＝1 400（万元）

销售百分比法的优点是能为筹资管理提供短期预计的财务报表，以适应外部筹资的需要，且易于使用。但在有关因素发生变动的情况下，必须相应地调整原有的销售百分比。

2. 线性回归法

线性回归法又称资金习性预测法，是假定资金需要量与业务量之间存在线性关系，根据有关历史资料，用回归直线方程确定参数来预测资金需要量的方法。

回归直线方程式：

$$y=a+bx$$

式中，y 为资金需要量；x 为业务量；a 为固定资金；b 为单位业务量所需要的变动资金。

方程式中的常数项 a 与系数 b 的值，可按下列公式计算：

$$a=\frac{\sum x^2\sum y-\sum x\sum xy}{n\sum x^2-(\sum y)^2}\text{或}=\frac{\sum y-b\sum x}{n}$$

$$b=\frac{n\sum xy-\sum x\sum y}{n\sum x^2-(\sum x)^2}$$

使用该方法前，首先要确定自变量 x 和因变量 y 之间是否存在着线性关系，可通过计算“相关系数”（r）进行验证。相关系数的计算方法如下：

$$r=\frac{n\sum xy-\sum x\sum y}{\sqrt{[n\sum x^2-(\sum x)^2][n\sum y^2-(\sum y)^2]}}$$

r 的数值越接近于 1，说明 x 与 y 之间的相关性越强，基本上存在着直线线性关系。

【典型工作任务 2】　鹏达公司要预测 2018 年 7 月的资金需要量，预计 2018 年 7 月的营业收入为 420 万元。2018 年 1～6 月有关营业收入和资金需要量的资料如表 3-3 所列。

表 3-3　营业收入和资金需要量　　单位：万元

月份	营业收入	资金需要量
1	380	121
2	410	128
3	400	123
4	350	110
5	330	109
6	380	121
合　计	2 250	712

预测过程如下。

① 计算回归方程的相关数据见表 3-4。

表 3-4　回归直线方程数据计算表　　单位：万元

月份	营业收入(x)	资金需要量(y)	xy	x^2	y^2
1	380	121	45 980	144 400	14 641
2	410	128	52 480	168 100	16 384
3	400	123	49 200	160 000	15 129
4	350	110	38 500	122 500	12 100
5	330	109	35 970	108 900	11 881
6	380	121	45 980	144 400	14 641
合　计	2 250	712	268 110	848 300	84 776

② 计算相关系数：

$$r=\frac{6\times 268\,110-2\,250\times 712}{\sqrt{(6\times 848\,300-2\,250^2)\times(6\times 84\,776-712^2)}}\approx 0.97$$

r 的数值接近于 1，说明营业收入 x 与资金需要量 y 之间具有密切的相关性，可用直线 $y=a+bx$ 描述。

③ 把表 3-4 的有关数据代入 a、b 的计算公式，得：

$$a=\frac{848\,300\times 712-2\,250\times 268\,110}{6\times 848\,300-2\,250^2}\approx 27.183$$

$$b=\frac{6\times 268\,110-2\,250\times 712}{6\times 848\,300-2\,250^2}\approx 0.244$$

可得：$y=27.183+0.244x$

④ 该企业 2018 年 7 月份的资金需要量为：

$$y=27.183+0.244\times 420\approx 129.66\text{（万元）}$$

线性回归法作为时间序列预测的一种方法，它是根据企业过去的资金占用变化趋势预测未来的资金需要量，其前提是假设事物的过去会同样延续到未来。这一方法因突出时间序列而暂不考虑外界因素影响，因此存在着预测误差的缺陷，当外界发生较大变化时，往往会有较大误差。线性回归法对于中短期预测的效果要比长期预测的效果好。

应用线性回归法必须注意以下几个问题：①资金需要量与营业业务量之间线性关系的假定应符合实际情况；②确定 a、b 数值，应利用连续若干年的历史资料，一般要有 3 年以上的资料；③应考虑价格等因素的变动情况。

任务二 权益资金的筹集

权益资金又称权益资本、主权资本，是指企业依法筹集的长期拥有并自主支配的资金。这类资金通常没有规定偿还本金的时间，也没有偿付利息的约束。我国企业的主权资金包括实收资本、资本公积金、盈余公积金和未分配利润，在会计中称“所有者权益”。权益资金的筹资方式主要有吸收直接投资、发行普通股股票、发行优先股股票和利用留存收益。

一、吸收直接投资

（一）吸收直接投资概念

吸收直接投资是指企业按照“共同投资、共同经营、共担风险、共享利润”的原则来吸收国家、法人、个人、外商投入资金的一种筹资方式。

（二）吸收直接投资的种类

1. 按投资主体不同分类

(1) 吸收国家投资　国家投资是指有权代表国家投资的政府部门或机构以国有资产投入公司，这种情况下形成的资本叫国有资本。根据《企业国有资本与财务管理暂行办法》的规定，在公司持续经营期间，公司以盈余公积、资本公积转增实收资本的，国有公司和国有独资公司由公司董事会或经理办公会决定，并报主管财政机关备案；股份有限公司和有限责任公司由董事会决定，并经股东大会审议通过。吸收国家投资一般具有以下特点：①产权归属国家；②资金的运用和处置受国家约束较大；③在国有公司中采用比较广泛。

(2) 吸收法人投资　法人投资是指法人单位以其依法可支配的资产投入公司，这种情况下形成的资本称为法人资本。吸收法人资本一般具有以下特点：①发生在法人单位之间；②以参与公司利润分配或控制为目的；③出资方式灵活多样。

(3) 吸收外商直接投资　企业可以通过合资经营或合作经营的方式吸收外商直接投资，即与其他国家的投资者共同投资，创办中外合资经营企业或者中外合作经营企业，共同经营、共担风险、共负盈亏、共享利益。

(4) 吸收社会公众投资　社会公众投资是指社会个人或本公司职工以个人合法财产投入公司，这种情况下形成的资本称为个人资本。吸收社会公众投资一般具有以下特点：①参加投资的人员较多；②每人投资的数额相对较少；③以参与公司利润分配为基本目的。

2. 按投资者的出资形式分类

《中华人民共和国公司法》(以下简称《公司法》）第二十七条规定：“股东可以用货币出资，也可以用实物、知识产权、土地使用权等可以用货币估价并可以依法转让的非货币财产作价出资；但是，法律、行政法规规定不得作为出资的财产除外。对作为出资的非货币财产应当评估作价，核实财产，不得高估或者低估作价。法律、行政法规对评估作价有规定的，从其规定。”我国《公司法》所确认的股东出资方式有货币和非货币财产两种，具体可分为以下几种。

(1) 货币　这里所说的货币通常是指我国的法定货币，即人民币。设立公司必然需要一定数量的货币，用以支付创建公司的开支和公司设立后的生产经营费用。新《公司法》取消了货币出资的数额要求，所以，股东可以用货币进行出资。股东一方是外国投资者的，也可以用外币出资。

《公司法》没有将有价证券规定为一类出资方式，是因为大部分有价证券属于债权证券，它们具有一定的不确定性。可以作为出资方式的财产，都是可以被公司所直接利用的，股东只有在将有价证券变现后，才能以该笔款项出资。

(2) 实物　实物指有形物，法律上把财产区分为有形财产和无形财产两大类，实物属于有形财产的一部分。

有形财产又可以分为动产和不动产。所谓不动产是指不能自由移动或一旦移动会破坏其物质形态或经济价值的财产。动产则是指除不动产以外，可以移动且不因移动而破坏其原有经济价值和物质形态的财产。

作为有限责任公司股东出资种类的实物主要是动产，不动产属次要地位。股东以实物出资一般应符合以下两个条件：第一，该实物原为股东所有；第二，该出资实物是公司生产经营所必需的，否则这种出资就没有意义，只是给公司增加变卖该实物的麻烦而已。

(3) 知识产权　知识产权包括著作权和工业产权。知识产权是指民事主体对智力劳动成果依法享有的专有权利。

知识产权上不断扩张的开放体系，其范围主要包括著作权和邻接权、专利权、商标权、商业秘密权、植物新品种权、集成电路布图设计权、商号权。

(4) 土地使用权　公司开展生产经营活动需要一定的场所，因此，公司股东可以以土地使用权作价出资。

一般来说，公司取得土地使用权的方式有两种：一种是股东以土地使用权作价后向公司出资而使公司取得土地使用权；另一种是公司向所在地的市（县）级土地管理部门提出申请，经过审查批准后，通过订立合同而取得土地使用权，公司则依法交纳场地使用费。

（三）吸收直接投资的程序

1. 确定筹资数量

企业在新建或扩大经营时，首先确定资金的需要量。资金的需要量应根据企业的生产经营规模和供销条件等来核定，确保筹资数量与资金需要量相适应。

2. 寻找投资单位

企业既要广泛了解有关投资者的资信、财力和投资意向，又要通过信息交流和宣传使出资方了解企业的经营能力、财务状况以及未来预期，以便于公司从中寻找最合适的合作伙伴。

3. 协商和签署投资协议

找到合适的投资伙伴后，双方进行具体协商，确定出资数额、出资方式和出资时间。企业应尽可能吸收货币投资，如果投资方确有先进且满足需要的固定资产和无形资产，亦可采取非货币投资方式。对实物投资、工业产权投资、土地使用权投资等非货币资产，双方应按公平合理的原则协商定价。当出资数额、资产作价确定后，双方须签署投资的协议或合同，以明确双方的权利和责任。

4. 取得所筹集的资金

签署投资协议后，企业应按规定或计划取得资金。如果采取现金投资方式，通常还要编制拨款计划，确定拨款期限、每期数额及划拨方式，有时投资者还要规定拨款的用途，如把拨款区分为固定资产投资拨款、流动资金拨款、专项拨款等。如为实物、工业产权、非专利技术、土地使用权投资，一个重要的问题就是核实财产。财产数量是否准确，特别是价格有无高估低估的情况，关系到投资各方的经济利益，必须认真处理，必要时可聘请专业资产评估机构来评定，然后办理产权的转移手续取得资产。

（四）吸收直接投资的优缺点

1. 吸收直接投资的优点

① 吸收直接投资所筹的资金属于企业的权益资本，与负债资本相比较，它能提高企业的资信和借款能力。

② 与负债资本相比，吸收直接投资所筹的资金不需要归还，并且没有固定的利息负担，因此财务风险较低。

③ 吸收直接投资不仅可以筹取现金，而且能够直接获得所需的先进设备和技术，与仅筹取现金的筹资方式相比较，它能较快地形成生产经营能力。

2. 吸收直接投资的缺点

① 吸收直接投资通常资本成本较高。

② 由于没有证券作为媒介，因此产权关系有时不够明晰，不便于产权交易。

二、发行股票

（一）股票的概念

股票（stock）是股份公司发行的所有权凭证，是股份公司为筹集资金而发行给各个股东作为持股凭证并借以取得股息和红利的一种有价证券。每股股票都代表股东对企业拥有一个基本单位的所有权。每支股票的背后都会有一家上市公司。同时，每家上市公司都会发行股票。

（二）股票的种类

1. 按照股票的权利和义务分类

（1）普通股　是股份公司依法发行的具有管理权、股利不固定的股票，是股份公司资本的最基本部分。

普通股股东的权利有以下几个。

① 公司管理权（投票权，对公司重大问题进行投票，比如修改公司章程、改变资本结构、批准出售公司重要资产、吸收或兼并其他公司等；查账权，通常股东的查账权是受限制的，但是股东可以委托会计师进行查账；阻止管理当局经营者的越权行为）。

② 分享盈余权，普通股股东可以按照股份的占有比例分享利润。

③ 出让股份权。

④ 优先认股权（区别于优先股的优先权，是指原有普通股股东在公司发放新股时具有优先认购权）。

⑤ 剩余财产要求权（当公司进入解散、清算阶段时，股东有权分享公司的剩余财产）。

（2）优先股　是股份公司出于某种特定的目的和需要，且在票面上注明“优先股”字样的股票。优先股股东的特别权利就是可优先于普通股股东以固定的股息分取公司收益，并在公司破产清算时优先分取剩余资产，但一般不能参与公司的经营活动，其具体的优先条件必须由公司章程加以明确。

一般来说，优先股股东的优先权有以下 4 点。

① 在分配公司利润时可先于普通股且以约定的比率进行分配。

② 当股份有限公司因解散、破产等原因进行清算时，优先股股东可先于普通股股东分取公司的剩余资产。

③ 优先股股东一般不享有公司经营参与权，即优先股股票不包含表决权，优先股股东无权过问公司的经营管理，但在涉及优先股股票所保障的股东权益时，优先股股东可发表意见并享有相应的表决权。

④ 优先股股票可由公司赎回。由于股份有限公司需向优先股股东支付固定的股息，优先股股票实际上是股份有限公司的一种举债集资的形式，但优先股股票又不同于公司债券和银行贷款，这是因为优先股股东分取收益和公司资产的权利只能在公司满足了债权人的要求之后才能行使。优先股股东不能要求退股，但可以依照优先股股票上所附的赎回条款，由股份有限公司予以赎回。大多数优先股股票都附有赎回条款。

优先股的管理权受限制，比如没有投票权；优先股的股利是固定的，并且优先股股利的发放优先于普通股，且优先分配剩余财产。

2. 按票面有无记名分类

股票按票面有无记名分为记名股票和无记名股票。记名股票将股东姓名记入专门设置的股东名簿，转让时须办理过户手续；无记名股票的股东姓名不记入名簿，买卖后无需过户。

3. 按票面是否标明金额分类

股票按票面是否标明金额分为有面额股票和无面额股票。有面额股票在票面上标注出票面价值，一经上市，其面额往往没有多少实际意义；无面额股票仅标明其占资金总额的比例。我国上市的都是有面额股票。

4. 按股票发行对象和上市地区分类

股票按发行对象和上市地区分为 A 股、B 股、H 股、N 股、S 股。A 股是在我国内地发行，供内地居民和单位用人民币购买的普通股票；B 股是专供境外投资者在境内以外币买卖的特种普通股票；H 股是我国境内注册的公司在我国香港发行并在香港联合交易所上市的普通股票；N 股是在纽约发行上市流通的普通股票；S 股是在新加坡发行上市流通的普通股票。

（三）股票发行的条件

我国《股票发行与交易管理暂行条例》关于股票公开发行条件的规定如下。

1. 设立股份有限公司

设立股份有限公司申请公开发行股票应符合以下条件：①其生产经营符合国家产业政策；②其发行普通股限于一种，同股同权；③发起人认购的股本不少于公司股本总额的35%；④在公司拟发行的股本总额中，发起人认购的部分不少于人民币 3 000 万元，但是国家另有规定的除外；⑤向社会公开发行的部分不少于公司拟发行的股本总额的 25%，其中公司职工股的股本总额不得超过向社会公众发行股本总额的 10%，公司拟发行的股本总额超过人民币 4 亿元的，证监会按照规定可以酌情降低向社会公众发行部分的比例，但最低不少于公司拟发行的股本总额的 10%；⑥发起人在今年内没有重大违法行为；⑦证监会规定的其他条件。

2. 原有企业改组设立股份有限公司

原有企业改组设立股份有限公司申请公开发行股票，除应符合上述条件外，还应符合以下条件：①发行前一年年末，净资产在总资产中的比例不低于 30%，无形资产在总资产中的比例不高于 20%，但证监会另有规定的除外；②近三年连续盈利。

3. 股份有限公司增资

股份有限公司增资申请发行股票，除应符合上述规定外，还应符合以下条件：①前一次公开发行股票所得资金的使用与其招股说明书所述的用途一致，并且使用效益良好；②距前一次公开发行股票的时间不少于 12 个月；③从前一次公开发行股票到本次申请期间没有重大违法行为；④证监会规定的其他条件。

4. 定向募集公司

定向募集公司申请公开发行股票，除应符合上述规定外，还应符合以下条件：①定向募集所得资金的使用与其招股说明书所述的用途一致，并且使用效益良好；②距最近一次定向募集的时间不少于 12 个月；③从最近一次定向募集到本次公开发行期间没有重大违法行为；④内部职工股权证按照规定的范围发放，并且已交国家指定的证券机构集中托管；⑤证监会规定的其他条件。

（四）股票发行的程序

股票发行一般经过申请、预选、申报、复审、批准、募股等步骤。

① 申请发行股票的公司向直属证券管理部门正式提出发行股票的申请。公司公开发行股票的申请报告由证券管理部门受理，考察汇总后进行预选资格审定。

② 被选定股票公开发行公司向直属证券管理部门呈报企业总体情况的资料，经审核同意并转报中国证监会核定发行额度后，公司可正式制作申报材料。

③ 聘请具有证券从业资格的会计师、资产评估机构、律师事务所、主承销商进行有关工作，制作正式文件。

④ 准备向拟选定挂牌上市的证券交易所呈交上市所需材料，提出上市申请，经证券交易所初审通过后，出具上市承诺函。

⑤ 直属证券管理部门收到公司申报材料后，根据有关法规，对申报材料是否完整、有效、准确等进行审查，审核通过后，转报中国证监会审核。

⑥ 证监会收到复审申请后，由中国证监会发行部对申报材料进行预审，预审通过后提交中国证监会股票发行审核委员会复审。

⑦ 发审委通过后，证监会出具批准发行的有关文件，并就发行方案进行审核，审核通过后出具批准发行方案的有关文件。

⑧ 拟发行公司及其承销商在发行前 2～5 个工作日内将招股说明书概要刊登在至少一种中国证监会指定的上市公司信息披露报刊上。

⑨ 股票发行。公开发行股票的方式，近几年来经历了认购申请表方式、与储蓄挂钩的储蓄存单方式、上网竞价、上网定价等方式，目前，主要的发行方式为上网定价、“全额预缴、比例配售、余额即退”两种方式。

（五）股票发行方法与推销方式

股票发行方法：股东优先认购、定向募集、公开发行。

股票推销方式：①股票自销；②股票承销（包销、代销）。

（六）股票发行价格的确定

1. 股票发行价格

股票发行价格是指股份公司在股票发行市场上发行股票时所确定的价格。一般而言，股票发行价格有以下几种：面值发行、时价发行、中间价发行和折价发行等。

2. 确定股票的发行价格应考虑的主要因素

确定股票发行价格应考虑的主要因素有：市盈率、每股净值、公司的市场定位、证券市场的供求关系及股价水平、国家有关政策规定等。

（七）股票筹资的优缺点

1. 股票筹资的优点

① 发行股票筹集的是主权资金，因此可以提高企业的信誉，主权资金增多，能为公司利用更多的债券资金创造条件。

② 发行股票筹集资金是永久性资金，在公司持续经营中不需偿还，能充分保证公司生产经营的资金需要。

③ 股票筹集没有固定的利息负担，与债券筹资相比风险较小，且可吸收较多的股东，经营风险可由较多的股东承担。

2. 股票筹资的缺点

① 利用普通股筹资，发行新的股票，引进新的股东，容易分散公司经营控制权。

② 股票筹资的成本与负债筹资方式相比要高出许多，企业资金成本负担较大。

三、留存收益筹资

（一）留存收益的概念

留存收益是指公司从历年实现的利润中提取或留存于公司的内部积累，它来源于公司的生产经营活动所实现的净利润，包括公司的公积金和未分配利润两个部分。盈余公积是指企业按照有关规定从净利润中提取的积累资金。公司制企业的盈余公积包括法定盈余公积和任意盈余公积。法定盈余公积是指企业按照规定的比例从净利润中提取的盈余公积。任意盈余公积是指企业按照股东会或股东大会决议提取的盈余公积。企业提取的盈余公积经批准可用于弥补亏损、转增资本或发放现金股利或利润等。未分配利润是指企业实现的净利润经过弥补亏损、提取盈余公积和向投资者分配利润后留存在企业的历年结存的利润。相对于所有者权益的其他部分来说，企业对于未分配利润的使用有较大的自主权。

（二）留存收益筹资的优缺点

1. 留存收益筹资的优点

（1）资本成本低　留存收益筹资是利用公司自身产生的积累资本，不需要从公司外部筹集，不用考虑筹资费用，其资本成本低于普通股筹资。

（2）不会分散控制权　留存收益筹资不需要发行股票，也不需要采用其他可能分散股权的形式，是公司内部积累所形成的，所以，留存收益筹资不会分散公司的控制权。

（3）增强公司的信誉　留存收益也是自有资本的一种形式，与股票筹集的资本一样属于权益资本，都能为公司增强信誉，保障公司债权人和其他相关利益主体的利益。

2. 留存收益筹资的缺点

（1）筹资数额有限　留存收益来自于企业当期的净利润和年初未分配利润，其最大数额不会超过二者之和，所以筹资数额有限。

（2）资金使用受制约　留存收益中如法定盈余公积金等，要受国家有关规定的制约。

任务三　负债资金的筹集

负债资金又称为借入资金，是指企业通过商业信用、银行借款、发行债券、融资租赁等方式筹集的资金，属于负债，到期要偿还其本金和利息。

【职业思考】　负债资金的影响有哪些?

中信股份有限公司聘请张浩担任CEO，张浩到任后不久，便废除公司原有的季节性生产方式，改为全年生产。另外，由于中信股份有限公司过去常将大笔周转资金存入当地一家商业银行，所以该银行希望同中信股份有限公司建立持久的合作关系；同时，中信股份有限公司也同意将公司的流动资金存入该银行，但在不影响公司营运的前提下，可移动部分资金作为其他用途。

在采取上述措施后，张浩发现，每当季节性旺季来临时，中信股份有限公司就必须以短期贷款的方式向银行融通购买布料所需的资金。虽然银行同意授予中信股份有限公司440万元人民币的信用额度，但在贷款协议上却须注明："1. 中信股份有限公司要在每个会计年度后，还清所有贷款，否则，在下个营业旺季来临前，中信股份有限公司不得再借新款。2. 每年年初，若中信股份有限公司已如期还清上年贷款，银行将440万元信用额度自动延展到下一会计年度供中信股份有限公司使用。"

一、银行借款

（一）银行借款的概念

银行借款是指企业向银行或其他非银行金融机构借入的需要还本付息的款项，包括偿还期限超过1年的长期借款和不足1年的短期借款，主要用于企业购建固定资产和满足流动资金周转的需要。

（二）银行借款的分类

① 按照借款期限分为长期借款和短期借款。

② 按照借款（是否需要担保）的条件分为信用借款、担保借款和票据贴现借款。

③ 按照贷款的机构分为政策性银行贷款和商业银行贷款。

（三）借款程序

借款程序包括：①提出借款申请；②银行审批；③签订借款合同；④取得借款；⑤归还借款。

（四）银行借款的信用条件

1. 贷款利率和利息支付方式

利随本清法——借款企业在借款到期时一次性向银行支付利息的方法。

贴现法——银行在向企业发放贷款时，先从本金扣除利息部分，企业所得到的贷款额只有贷款本金减去利息部分后的差额，而到期时企业仍要偿还贷款全部本金的付息方式。这种方法是在借款时即把利息扣除，这将导致实际利率高于名义利率。

$$\begin{aligned}\text{实际利率} &= \text{本金}\times\text{名义利率}\div\text{实际借款额}\\ &= \text{本金}\times\text{名义利率}\div(\text{本金}-\text{利息})\\ &= \text{名义利率}\div(1-\text{名义利率})\end{aligned}$$

2. 信贷额度

信贷限额是银行对借款人规定的无担保贷款的最高额。

一般来说，企业在批准的信贷限额内可随时使用银行借款。但是，银行并不承担必须提供全部信贷限额的法律责任。当企业出现财务状况恶化的状况时，银行可以拒绝继续提供贷款。

3. 周转信贷协定

周转信贷协定是银行具有法律义务地承诺提供不超过某一最高限额的贷款协定。在协定的有效期内，只要企业的借款总额未超过最高限额，银行必须满足企业任何时候提出的借款要求。企业享用周转信贷协定时，通常要对贷款限额的未使用部分付给银行一笔承诺费。

【典型工作任务3】 某企业取得银行为期一年的周转信贷额100万元，借款企业年度内使用了60万元，平均使用期只有6个月，借款利率为12%，年承诺费率为0.5%，要求计算年终借款企业需要支付的利息和承诺费总计是多少。

【职业能力操作】

需支付的利息：60×12%×6÷12=3.6（万元）

需支付的承诺费：(100－60×6÷12)×0.5%=0.35（万元）

总计支付额：3.6＋0.35=3.95（万元）

4. 补偿性余额

补偿性余额是银行要求借款人在银行中保持按贷款限额或实际借用额一定百分比（一般为10%～20%）计算的最低存款余额。

【典型工作任务4】 企业采用补偿性余额借款1 000万元，名义利率为12%，补偿性余额比率为10%。要求计算实际企业可以利用的借款额为多少，实际利率为多少。

【职业能力操作】

实际企业可以利用的借款额：1 000×(1－10%)=900（万元）

实际利率＝年利息/实际可用借款
＝名义利率/(1－补偿性余额比率)
＝12%÷(1－10%)
＝13.33%

5. 借款抵押

银行向财务风险较大的企业或对其信誉没有把握的企业发放贷款，有时需要有抵押品担保，以减少自己蒙受损失的风险。

抵押贷款的利率要高于非抵押贷款的利率，原因在于银行将抵押贷款视为风险贷款，借款企业的信誉不是很好，所以需要收取较高的利息。而银行一般愿意为信誉较好的企业提供贷款，且利率相对会较低。

（五）银行借款的优缺点

1. 银行借款的优点

① 筹资成本低。相对于其他类型的贷款公司或机构来说，银行贷款的利率较低，这对中小型企业来说可以降低还款成本。

② 银行贷款速度快。如果提交的材料符合银行的要求，且抵押物或担保人符合标准，可以快速得到所需资金。

③ 不会分散企业控制权。

④ 具有财务杠杆作用。

2. 银行借款的缺点

(1) 财务风险大　借款需要还本付息，如果筹资数额金额较高，资金周转困难，就可能无力偿还本金和利息，甚至导致破产。

(2) 借款限制条款多　企业与银行签订的借款合同中，一般都会增加限制性条款，限制企业的经营活动。

(3) 筹资数额有限　银行借款的金额有限，企业需要大量资金时银行不能提供。

二、发行债券

(一) 债券概念

债券(bonds/debenture)是一种金融契约，是政府、金融机构、工商企业等直接向社会借债筹措资金时，向投资者发行，同时承诺按一定利率支付利息并按约定条件偿还本金的债权债务凭证。债券的本质是债的证明书，具有法律效力。债券购买者或投资者与发行者之间是一种债权债务关系，债券发行人即债务人，投资者(债券购买者)即债权人。

(二) 债券的分类

1. 按照是否记名分类

按照是否记名分为记名债券和无记名债券。

记名债券在转让时，持有人需要在债券上背书和在公司债权人名册上更换债权人姓名(名称)。

记名债券丢失后可以挂失，比较安全。无记名债券转让方便，但是不安全。

2. 按照是否存在抵押担保分类

按照是否存在抵押担保分为信用债券、抵押债券、担保债券。

信用债券：企业发行信用债券往往具有较多的限制性条款。

抵押债券：可以是不动产抵押，可以是动产抵押，也可以是证券抵押。

3. 按照是否可以转换分类

按照是否可以转换分为可转换债券和不可转换债券。

(三) 债券的发行

1. 发行债券的资格

股份有限公司、国有独资公司和两个以上的国有企业或者其他两个以上的国有投资主体投资设立的有限责任公司具有发行公司债券的资格。

2. 发行债券的条件

发行债券的条件如下。

① 股份有限公司的净资产不低于人民币 3 000 万元，有限责任公司的净资产不低于人民币6 000万元。

② 累计债券总额不超过公司净资产额的 40%。

③ 最近三年平均可分配利润足以支付公司债券一年的利息。

④ 筹集的资金投向符合国家产业政策。

⑤ 债券的利率不得超过国务院限定的利率水平。

⑥ 国务院规定的其他条件。

3. 债券发行程序

债券发行的程序如下。

① 做出决议或决定。

② 申请发行。

③ 发行公司债券的批准。

④ 公告募集办法。

⑤ 公司债券的载明事项。

⑥ 公司债券存根簿。

⑦ 发行中不当行为的纠正。

4. 债券发行方式

债券发行的方式有：公募发行、私募发行。

5. 债券发行价格的确定

债券发行价格通常有三种情况：平价、溢价和折价。

债券的发行价格受债券面值、票面利率、债券期限及市场利率等四个因素的影响。

债券以何种价格发行，取决于债券票面利率与市场利率的关系。如市场利率高于票面利率，则债券需折价发行；如市场利率低于债券票面利率，则债券要溢价发行；如市场利率等于票面利率，则债券等价发行。

债券的发行价格，从资金时间价值的角度考虑，分为到期一次还本付息和分期付息、到期一次还本两种方式计算。

① 到期一次还本付息　其计算公式为：

$$债券售价=(票面金额+票面金额\times票面利率\times债券年限)\times(P/F,i,n)$$

【典型工作任务5】 鑫达公司发行债券，债券面值为1 000元，5年期，票面利率为6%，单利计息，到期一次还本付息，若发行时债券市场利率为10%，计算公司债券的发行价格为多少。

【职业能力操作】 债券的发行价格$=(1\,000\times6\%\times5+1\,000)\times(P/F,10\%,5)$

$=1\,300\times0.683\,0$

$=887.9$（元）

② 分期付息、到期一次还本　债券价格主要由两部分组成：债券到期时本金（债券面值）的现值和债券各期利息的年金现值。

其计算公式为：

$$债券售价=票面金额\times(P/F,i,n)+票面金额\times票面利率\times(P/A,i,n)$$

式中，i为市场利率；n为债券发行年限。

【典型工作任务6】 鑫达公司发行债券，债券面值为1 000元，5年期，票面利率为6%，每年付息一次，到期还本，若发行时债券市场利率为8%，则公司债券的发行价格为多少？

【职业能力操作】 债券的发行价格$=1\,000\times6\%\times(P/A,8\%,5)+1\,000\times(P/F,8\%,5)$

$=239.562+680.6$

$=920.162$（元）

（四）债券筹资的优缺点

1. 债券筹资的优点

（1）资本成本较低　与股票的股利相比，债券的利息允许在所得税前支付，公司可享受税收上的利益，故公司实际负担的债券成本一般低于股票成本。

(2) 发挥财务杠杆作用 无论发行公司的盈利是多少，持券者一般只收取固定的利息，若公司用资后收益丰厚，增加的收益大于支付的债息额，则会增加股东财富和公司价值。

(3) 保障公司控制权 持券者一般无权参与发行公司的管理决策，因此，发行债券一般不会分散公司控制权。

(4) 便于调整资本结构 在公司发行可转换债券以及可提前赎回债券的情况下，便于公司主动地合理调整资本结构。

2. 债券筹资的缺点

(1) 财务风险较高 债券通常有固定的到期日，需要定期还本付息，财务上始终有压力。在公司不景气时，还本付息将成为公司严重的财务负担，有可能导致公司破产。

(2) 限制条件多 发行债券的限制条件较长期借款、融资租赁的限制条件多且严格，从而限制了公司对债券融资的使用，甚至会影响公司以后的筹资能力。

(3) 筹资规模受制约 公司利用债券筹资一般受一定额度的限制。我国《公司法》规定，发行公司流通在外的债券累计总额不得超过公司净产值的40%。

三、商业信用

(一) 商业信用的概念

商业信用是指在商品交易中由于延期付款或预收货款所形成的企业间的借贷关系，是企业之间的一种直接信用关系。

(二) 商业信用的形式

商业信用的形式有：应付账款、应付票据、预收账款。

1. 商业信用条件

商业信用条件是指销货人对付款时间和现金折扣所作的具体规定。

2. 主要形式

① 预收货款。

② 延期付款，不提供现金折扣。

③ 延期付款，但早付款提供现金折扣。

3. 商业信用的决策

【典型工作任务7】 赊购商品100万元，卖方提出付款条件“2/10，*n*/30”。2/10表示10天之内付款，享受2%折扣，10天为折扣期。*n*/30表示超过10天，30天之内付款，30是指信用期。

有以下3种选择。

方案A：折扣期内付款。好处：享受2%折扣。弊：少占用20天资金。

方案B：超过折扣期但不超过信用期。好处：保持信用，多占用20天资金。弊：丧失折扣。

方案C：超过信用期，长期拖欠（展期信用）。好处：长期占用资金。弊：丧失信用。

【职业能力操作】

放弃现金折扣成本＝[折扣百分比/(1－折扣百分比)]×[360/(信用期－折扣期)]

决策原则如下：若放弃现金折扣成本＞短期融资成本率，折扣期内付款；若放弃现金折扣成本＜短期融资成本率，信用期付款。

【典型工作任务8】 某公司拟采购一批零件，供应商规定的付款条件：10天之内付款

98万元；20天之内付款99万元；30天之内付款100万元。假设银行短期贷款利率为15%，计算放弃现金折扣的成本（比率），并确定对该公司最有利的付款日期和价格。

【职业能力操作】

放弃第10天付款折扣的成本率=[2%/(1-2%)]×[360/(30-10)]×100%=36.7%

放弃第20天付款折扣的成本率=[1%/(1-1%)]×[360/(30-20)]×100%=36.36%

最有利的付款日期为10天付款，价格为98万元。

（三）商业信用的优缺点

1. 商业信用的优点

(1) 筹资便利　利用商业信用筹集资金非常方便，因为商业信用与商品买卖同时进行，属于一种自然性融资，不用做非常正规的安排，也无须另外办理正式筹资手续。

(2) 筹资成本低　如果没有现金折扣，或者企业不放弃现金折扣，以及使用不带息应付票据和采用预收货款，则企业采用商业信用筹资没有实际成本。

(3) 限制条件少　与其他筹资方式相比，商业信用筹资限制条件较少，选择余地较大，条件比较优越。

2. 商业信用的缺点

(1) 期限较短　采用商业信用筹集资金，期限一般都很短，如果企业要取得现金折扣，则期限更短。

(2) 筹资数额较小　采用商业信用筹资一般只能筹集小额资金，而不能筹集大量的资金，有时成本较高。如果企业放弃现金折扣，必须付出非常高的资金。

四、融资租赁

租赁是指出租人在承租人给予一定报酬的条件下，授予承租人在约定的期限内占有和使用财产权利的一种契约性行为。

（一）租赁的种类

1. 经营租赁

经营租赁又称服务性租赁。它是指出租人向承租人提供设备及使用权的同时，还提供设备的维修、保养等其他专门的服务，并承担设备过时风险的一种中短期融资与融物相结合的经济活动。

特点：承租企业可随时向出租人提出租赁资产要求；租赁期短，不涉及长期且固定的义务；租赁合同比较灵活，在合理限制条件范围内可以解除租赁契约；租赁期满，一般租赁资产归还给出租人；出租人提供诸如设备的保养、维修等专门服务。

2. 融资租赁

融资租赁又称金融租赁或购买性租赁。它是目前国际上使用得最为普遍、最基本的形式。出租人根据承租人的请求及提供的规格，与第三方（供货商）订立一项供货合同，根据此合同，出租人按照承租人在与其利益有关的范围内所同意的条款取得工厂、资本货物或其他设备（以下简称设备）。并且，出租人与承租人（用户）订立一项租赁合同，以承租人支付租金为条件授予承租人使用设备的权利。

特点：一般由承租人提出正式申请，由出租人融通资金引进用户所需设备，然后再租给用户使用；租期较长；租赁合同比较稳定；租赁期间，出租人不提供诸如维修和保养服务，租赁期满，约定处置租赁资产的方法。

（二）融资租赁的方式、程序及租金的确定

1. 租赁方式

（1）直接租赁　直接租赁是融资租赁的主要形式，承租方提出租赁申请时，出租方按照承租方的要求选购，然后再出租给承租方。

（2）售后回租　售后回租是指承租方由于急需资金等各种原因，将自己的资产售给出租方，然后以租赁的形式从出租方原封不动地租回资产的使用权。在这种租赁合同中，除资产所有者的名义改变之外，其余情况均无变化。

（3）杠杆租赁　杠杆租赁是指涉及承租人、出租人和资金出借人三方的融资租赁业务。一般来说，当所涉及的资产价值昂贵时，出租方自己只投入部分资金，通常为资产价值的20%～40%，其余资金则通过将该资产抵押担保的方式向第三方（通常为银行）申请贷款解决。租赁公司然后将购进的设备出租给承租方，用收取的租金偿还贷款，该资产的所有权属于出租方。出租人既是债权人也是债务人，如果出租人到期不能按期偿还借款，资产所有权则转移给资金的出借者。

2. 租赁程序

租赁程序包括：①选择租赁公司；②办理租赁委托；③签订购货协议和购买资产；④签订租赁合同内容；⑤办理验货和投保；⑥支付租金；⑦租赁期满时的资产处理。

3. 租金的确定

（1）相关因素

① 设备原价及预计残值，包括设备买价、运输费、安装调试费、保险费等，以及该设备租赁期满后出售可得的市价。

② 利息，指租赁公司为承租企业购置设备垫付资金所应支付的利息。

③ 租赁手续费，指租赁公司承办租赁设备所发生的业务费用和必要的利润。

（2）租金的支付方式

① 按支付间隔期的长短分为年付、半年付、季付和月付等方式。

② 按在期初和期末支付分为先付租金和后付租金两种。

③ 按每次支付额分为等额支付和不等额支付两种。

实务中，承租企业与租赁公司商定的租金支付方式大多为后付等额年金。

（3）租金的计算　我国融资租赁实务中，租金的计算大多采用平均分摊法和等额年金法。

平均分摊法就是先以商定的利息率和手续费率计算租赁期间的利息和手续费，然后连同设备成本按支付次数进行平均。

每次支付租金＝(租赁设备购置成本－租赁设备的预计净残值＋租赁期间的利息＋租赁期间的手续费)/租期

等额年金法就是利用年金现值的计算公式经变换后计算每期支付租金的方法。

① 租金总额包括设备购进成本、租赁成本、租赁手续费。

② 租金支付方式一般为“等额年金”形式。

③ 应付租金的计算：每期应付租金额＝应付租金总额÷年金现值系数

（三）融资租赁的优缺点

1. 融资租赁的优点

（1）筹资速度较快　租赁会比借款更快获得企业所需设备。

(2) 限制条款较少　相比其他长期负债筹资形式，融资租赁所受限制的条款较少。

(3) 设备淘汰风险较小　融资租赁期限一般为设备使用年限的75%。

(4) 财务风险较小　分期负担租金，不用到期归还大量资金。

(5) 税收负担较轻　租金可在税前扣除。

2. 融资租赁的缺点

(1) 资金成本较高　租金较高，成本较大。

(2) 筹资弹性较小　当租金支付期限和金额固定时，增加企业资金调度难度。

✧ 小贴士

融资租赁是现代化大生产条件下产生的实物信用与银行信用相结合的新型金融服务形式，是集金融、贸易、服务为一体的跨领域、跨部门的交叉行业。大力推进融资租赁发展，有利于转变经济发展方式，促进二、三产业融合发展，在加快商品流通、扩大内需、促进技术更新、缓解中小企业融资困难、提高资源配置效率等方面发挥重要作用。积极发展融资租赁业是我国现代经济发展的必然选择。

任务四　资金成本的理解与运用

一、资金成本

资金成本又称资本成本，是指企业为筹集和使用资金而付出的代价。

资本成本包括筹资费用和资金使用费用两部分。资金使用费用是指企业为使用资金而付出的代价，比如债务资金的利息和权益资金的股利、分红等，其特点是分次支付。筹资费用是指企业在筹集阶段支付的代价，比如债券的发行费用、股票的发行费用、手续费等，其特点是一次性支付。

资金成本的表示可以用绝对数表示，也可以用相对数表示，但是因为绝对数不利于不同资金规模的比较，所以在财务管理中一般采用相对数表示。

资金成本广泛应用于企业筹资，在企业投资过程中应用也较多，通常都是需要将资金成本作为贴现率。

二、资金成本的计算

资金成本包括个别资金成本、加权资金成本和边际资金成本。本书重点阐述个别资金成本和综合资金成本。

(一) 个别资金成本

1. 个别资金成本计算的通用模式

个别资金成本＝年实际负担的用资费用/实际筹资净额

＝年实际负担的用资费率/(1－筹措费率)

2. 个别资金成本的计算

(1) 长期借款的资金成本

长期借款的资金成本＝年实际负担的使用费用/实际筹资净额

＝[年利息×(1－所得税率)]/[借款额×(1－筹措费率)]

＝[利息率×(1－所得税率)]/(1－筹措费率)

$$K_L=\frac{I_L(1-t)}{L(1-f_L)}$$

式中，K_L 为长期借款成本；I_L 为长期借款年利息；t 为企业所得税税率；L 为长期借款筹资额，即借款本金；f_L 为长期借款筹资费用率。

(2) 长期债券的资金成本

长期债券的资金成本＝年实际负担的使用费用/实际筹资净额

＝[年利息×(1－所得税率)]/[发行价格×(1－筹措费率)]

$$K_B=\frac{I_B(1-t)}{B(1-f_B)}$$

式中，K_B 为债券成本；I_B 为债券年利息；t 为企业所得税税率；B 为债券筹资额，按发行价格确定；f_B 为债券筹资费用率。

若债券溢价或折价发行，为更精确地计算资本成本，应以实际发行价格作为债券筹资额。

【典型工作任务 9】 某公司计划按面值发行公司债券，面值为 1 000 元，10 年期，票面利率 10%，每年付息一次。预计发行时的市场利率为 15%，发行费用为发行额的 0.5%，适用的所得税率为 25%。确定该公司发行债权的资金成本为多少？

【职业能力操作】

发行价格＝(1 000×10%)×(P/A,15%,10)＋1 000×(P/F,15%,10)

＝100×5.018 8＋1 000×0.247 2

＝741.28 (元)

资金成本＝[(1 000×10%)×(1－25%)]/[741.28×(1－0.5%)]

＝10.17%

(3) 优先股的资金成本　权益资金成本，其资金占用费是向股东分派的股利和股息，而股息是以所得税后净利支付的，不能抵减所得税。优先股属于权益资金，所以优先股股利不能抵税，优先股的股利固定。

优先股的资金成本＝优先股的股利/实际筹资额

＝优先股的股利/[发行市价×(1－筹措费率)]

优先股资金成本：

$$K_p=\frac{D_p}{P_p(1-f_p)}$$

式中，K_p 为优先股成本；D_p 为优先股股利；P_p 为发行市价；f_p 为债券筹资费用率。

由于股利是同股同筹、同股同利（每一股具有相同的权利，股利相同）的，所以优先股的资金成本可以根据单股资金计算。

(4) 普通股的资金成本　普通股的股利不是固定的，所以普通股资金成本的分子要用预计年股利计算。

注意：此种计算方式是以后年度股利按照固定比例增长为前提的。

普通股的资金成本＝发行第一期股利/[发行价格×(1－筹措费率)]＋股利增长率

$$K_c=\frac{D_1}{P_0(1-f_c)}+G$$

式中，K_c 为普通股成本；D_1 为普通股第一年股利；P_0 为发行价格；f_c 为筹措费率；G 为股利增长率。

(5) 留存收益的资金成本　留存收益和普通股一样都是企业所有者权益，所以留存收益的资本成本率与普通股资本成本率的计算方法一致，只不过不考虑筹措费用。

留存收益的资金成本＝预期每股股利/每股市价＋股利增长率

$$K_r=\frac{D_1}{P_0}+G$$

式中，K_r 代表留存收益的资金成本，其他字母都与普通股完全相同。

对于个别资金成本，需要注意以下几点。

① 负债资金的利息具有抵税作用，而权益资金的股利（股息、分红）不具有抵税作用，所以一般权益资金的资金成本要比负债的资金成本高。

② 从投资人的角度看，投资人的投资债券要比投资股票的风险小，所以要求的报酬率比较低，筹资人弥补债券投资人风险的成本也相应要小。

③ 对于借款和债券，因为借款的利息率通常低于债券的利息率，而且筹资费用（手续费）也比债券的筹资费用（发行费）低，所以借款的筹资成本要小于债券的筹资成本。

④ 对于权益资金，优先股股利固定不变，而且投资风险小，所以优先股股东要求的回报低，筹资人的筹资成本低；留存收益没有筹资费用，所以留存收益的筹资成本要比普通股的资金成本低。

个别资金成本从低到高的排序为：长期借款＜债券＜优先股＜留存收益＜普通股。

(二) 综合资金成本

综合资金成本是对各种资金成本按所占资金比重加权平均的方法计算出来的，故称为加权平均资金成本。

计算公式为：

$$K_w=\sum_{j=1}^{n}W_jK_j$$

式中，K_w 为加权平均的资金成本；W_j 为第 j 种资金占资金的比重；K_j 为第 j 种资金的成本。

【典型工作任务 10】 某企业准备投资 500 万元建一个项目，该项目建成后，每年可获得利润 80 万元，企业准备通过发行股票、债券和向银行借款等方式筹资，三种方式的筹资额分别是 100 万元、200 万元、200 万元，三种方式的资本成本分别是 20%、12%、8%。

问：该筹资方案是否可行？

【职业能力操作】

投资报酬率＝80÷500＝16%

综合资本成本＝20%×20%＋12%×40%＋8%×40%＝12%

因为投资报酬率＞资本成本率，所以，该筹资方案可行。

【典型工作任务 11】 某建筑公司账面资本总额为 500 万元，其中长期借款 100 万元，长期债券 50 万元，普通股 250 万元，留存收益 100 万元，其资金成本分别为 6.7%、9.17%、11.26%、11%。试计算该公司的综合资金成本。

【职业能力操作】 各种资金的权数为：

长期借款＝100÷500＝20%

长期债券＝50÷500＝10%

普通股＝250÷500＝50％

留存收益＝100÷500＝20％

综合资金成本 K_w＝6.7％×20％＋9.17％×10％＋11.26％×50％＋11％×20％＝10.09％

任务五　企业筹资决策

筹资决策是指为满足企业融资的需要，对筹资的途径、筹资的数量、筹资的时间、筹资的成本、筹资风险和筹资方案进行评价和选择，从而确定一个最优资金结构的分析判断过程。筹资决策的核心就是在多种渠道、多种方式的筹资条件下，利用不同的筹资方式力求筹集到最经济、资金成本最低的资金来源，其基本思想是实现资金来源的最佳结构，即综合资金成本率达到最低限度时的资金来源结构。

一、资本结构

资本结构是指企业各种资金的构成及其比例关系。狭义的资本结构是指长期资金结构；广义的资本结构是指全部资金结构。通常财务管理中的资本结构是指狭义的资金结构，即长期资金结构。因为短期资金结构经常变动，很难确定。

资金按来源渠道可分成两大类：权益资金、负债资金。资本结构的实质是负债和所有者权益之间的比例关系。

最佳资本结构是指企业在一定时间内，使加权平均资本成本最低，同时企业价值最大的资本结构。

二、最佳资本结构的确定方法

1. 比较资本成本法

比较资本成本法是计算不同资本结构（或筹资方案）的加权平均资本成本，并以此为标准相互比较进行资本结构决策。它分初始资本结构决策和追加资本结构决策两个方面。

【典型工作任务12】 鹏达公司原来拥有普通股每股面值1元，发行价格10元，目前价格也为10元，今年期望股利为1元/股，预计以后每年增加股利5％。该企业所得税税率假设为25％，假设发行的各种证券均无筹资费。

目前的资金结构：负债800万元，利息率10％；普通股每股面值1元，发行价10元，共80万股，金额是800万元；资金总计1 600万元。

企业扩大生产，需要筹资400万元，以扩大生产经营规模。

现有如下3个方案可供选择。

A方案：增加发行400万元的债券，因负债增加，投资人风险加大，债券利润增至12％才能发行。预计普通股股利不变，但由于风险加大，普通股市价降至8元/股。

分析：该方案考虑了风险因素；新增负债利率为12％，但原有债券利率仍10％。

B方案：发行债券200万元，年利率为10％，发行股票20万股，每股发行价10元，预计普通股股利不变。

分析：50％的债券和50％的股票；利率没变，股票市价也没变，和原来一样。

C方案：发行股票36.36万股，普通股市价增至11元/股。

要求：寻找企业的最佳资本结构，做出企业的筹资决策。

【职业能力操作】

（1）初始资本结构决策

$$K_b=10\%\times(1-25\%)=7.5\%$$
$$K_s=1/10+5\%=15\%$$
$$W_b=W_s=50\%$$

（2）追加资本结构决策

① 计算A方案的加权平均资金成本

$W_A=800/2\,000=40\%$　　$W_B=400/2\,000=20\%$　　$W_C=800/2\,000=40\%$

$K_A=10\%\times(1-25\%)=7.5\%$　$K_B=12\%\times(1-25\%)=9\%$　$K_C=1/8+5\%=17.5\%$

A方案的加权平均资金成本$=40\%\times7.5\%+20\%\times9\%+40\%\times17.5\%=11.8\%$

② 计算B方案的加权平均资金成本

$W_B=(800+200)/2\,000=50\%$　　$W_C=(800+200)/2\,000=50\%$

$K_B=10\%\times(1-25\%)=7.5\%$　　$K_C=1/10+5\%=15\%$

B方案的加权平均资金成本$=50\%\times7.5\%+50\%\times15\%=11.25\%$

需要注意的是，股票无所谓新股票老股票，因为股票同股同酬、同股同利。

③ 计算C方案的加权平均资金成本

$W_B=800/2\,000=40\%$　　$W_C=(800+400)/2\,000=60\%$

$K_B=10\%\times(1-25\%)=7.5\%$　　$K_C=1/11+5\%=14.1\%$

C方案的加权平均资金成本$=40\%\times7.5\%+60\%\times14.1\%=11.46\%$

按照我们比较资金成本法决策的原则，我们是要选择加权平均资金成本最小的方案为最优方案，因此，最优方案是B方案。

2. 每股利润分析法（EBIT-EPS法）

它是利用息税前利润和每股利润之间的关系来确定最优资金结构的方法。

每股利润无差别点是指每股利润不受融资方式影响的息税前利润水平。无论是追加负债还是追加权益资金，在所计算的每股利润相等时，所对应的息税前利润水平就是“无差别点”。该方法的作用是通过确定无差别点帮助我们考虑究竟采用何种筹资方式。

假如有两种筹资方式：追加负债和追加权益资金。

首先假设方案一的每股利润等于方案二的每股利润：

$$\frac{(\mathrm{EBIT}-I_1)(1-t)-D_1}{N_1}=\frac{(\mathrm{EBIT}-I_2)(1-t)-D_2}{N_2}$$

其次，解出相等情况下的无差别点的EBIT；最后，将无差别点的EBIT与企业的预计EBIT做比较，从而做出企业筹资决策。

在图3-1中，交点处就是每股利润的无差别点。

判断标准：①当息税前利润等于每股利润无差别点时，普通股筹资和债务筹资均可；②当息税前利润大于每股利润无差别点时，采用债务筹资有利；③当息税前利润小于每股利润无差别点时，采用普通股筹资有利。

【典型工作任务13】 公司原有资本1 000万元，其中债务资本400万元（每年负担利息30万元），普通股资本600万元（发行普通股12万股，每股面值50元），企业所得税税率为25%。由于扩大业务，需追加筹资300万元，其筹资方式有以下3种。

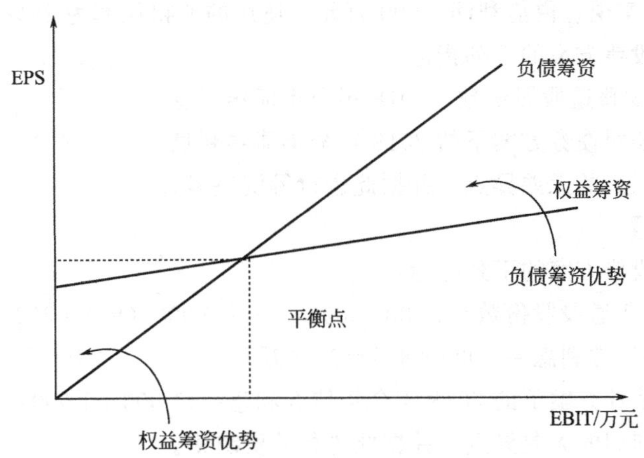

图 3-1　每股利润无差别点

方案一：全部发行普通股，即增发 6 万股，每股面值 50 元。

方案二：全部按面值发行债券，债券利率为 10%。

方案三：发行优先股 300 万元，股息率为 12%。

要求：

(1) 分别计算方案一与方案二、方案三与方案二的无差别点的息税前利润。

(2) 假设扩大业务后的息税前利润为 300 万元，公司应当采用哪种筹资方式（不考虑风险）。

【职业能力操作】

(1) 普通股筹资与债券筹资的每股收益无差别点：

$$(EBIT-30)\times(1-25\%)/(12+6)=(EBIT-30-300\times10\%)\times(1-25\%)/12$$

$$EBIT=120\text{（万元）}$$

普通股筹资与优先股筹资的每股收益无差别点：

$$(EBIT-30)\times(1-25\%)/(12+6)=[(EBIT-30)\times(1-25\%)-300\times12\%]/12$$

$$EBIT=174\text{（万元）}$$

(2) 扩大业务后各种筹资方式的每股利润分别为：

增发普通股：每股利润＝(300－30)×(1－25%)/(12＋6)＝11.25（元/股）

增发债券：每股利润＝(300－30－300×10%)×(1－25%)/12＝15（元/股）

发行优先股：每股利润＝[(300－30)×(1－25%)－300×12%]/12＝13.875（元/股）

因为增发债券的每股利润最大，所以企业应当选择债券筹资方式。

【典型工作任务 14】 鑫达公司 2018 年年初的负债及所有者权益总额为 9 000 万元，其中，公司债券为 1 000 万元（按面值发行，票面年利率为 8%，每年年末付息，三年后到期）；普通股股本为 4 000 万元（面值为 1 元，4 000 万股）；资本公积为 2 000 万元；其余为留存收益。

2018 年，该公司为扩大生产规模，需要再筹集 1 000 万元资金，有以下两个筹资方案可供选择。

方案一：增加发行普通股，预计每股发行价格为 5 元。

方案二：增加发行同类公司债券，按面值发行，票面利率为 8%。

预计 2018 年可实现息税前利润 2 000 万元，适用的所得税率为 25%。

要求计算增发股票方案的下列指标。

(1) 2018 年增发普通股股份数、2018 年全年债券利息。

(2) 计算增发公司债券方案下的 2018 年全年债券利息。

(3) 计算每股利润的无差异点，并据此进行筹资决策。

【职业能力操作】

(1) 计算增发股票方案的下列指标：

① 2018 年增发普通股股份数＝10 000 000/5＝2 000 000（股）＝200（万股）

② 2018 年全年债券利息＝1 000×8%＝80（万元）

(2) 增发公司债券方案下的 2018 年全年债券利息＝(1 000＋1 000)×8%＝160（万元）

(3) 计算每股利润的无差异点，并据此进行筹资决策。

据题意，列方程：

$$[(EBIT-80)\times(1-25\%)]/4\ 200=[(EBIT-160)\times(1-25\%)]/4\ 000$$

$$EBIT=1\ 760\text{（万元）}$$

筹资决策：因为预计息税前利润（2 000 万元）大于每股利润无差异点的息税前利润（1 760 万元），所以选择方案二增加发行公司债的方式筹集所需资金。

每股利润分析法（EBIT-EPS 法）只考虑了资金结构对每股利润的影响，并假设每股利润最大，股票价格也就最高。但把资金结构对风险的影响置于视野之外，是不全面的。也就是该方法没有考虑风险的影响。

3. 公司价值分析法

公司价值分析法也称比较公司价值法，是通过计算和比较各种资金结构下公司的市场总价值来确定最佳资金结构的方法。最佳资金结构亦即公司市场价值最大的资金结构。

公司的市场总价值 V＝股票的总价值 S＋债券的价值 B

比较公司价值法根据资本结构的理论进行最优资本结构决策时，应综合考虑资本成本和财务风险对企业价值的影响，通过比较不同资本结构下的公司价值，选择公司价值最大时的资本结构。由于比较公司价值法全面考虑了资本成本和财务风险对公司价值的影响，以公司价值最大化作为确定最优资本结构的目标，因此符合现代公司财务管理的基本目标。

一般地，比较公司价值法的基本原理包括以下几个步骤。

(1) 测算公司价值　根据资本结构理论的有关假设，公司价值实际上是其未来现金流量的现值。相应地，债券和股票的价值都应按其未来现金流量进行折现。

(2) 测算公司资本成本率　根据前述假定，在公司的总资本只包括长期债券和普通股的情况下，公司的综合资本成本就是长期债券资本成本和普通股资本成本的加权平均数。

(3) 公司最佳资本结构的测算与判断　分别测算不同资本结构下的公司价值和综合资本成本，选择公司价值最大、综合资本成本最低的资本结构作为企业最优的资本结构。

理论假设：公司的债务全部是平价的长期债务，分期付息，到期还本，不考虑筹资费用。

① 如果公司的债务是平价债务，分期付息，那么，长期债务的账面价值就等于面值。

② 由于负债受外部市场波动的影响比较小，所以一般情况下，负债的市场价值就等于其账面价值。

③ 要想确定公司的市场总价值，关键是确定股东权益的市场总价值，即公司股票的价值。

公司股票的价值就是指公司在未来每年给股东派发的现金股利按照股东所要求的必要报酬率折合成的现值。假设公司在未来的持续经营过程中，每年的净利润相等，未来的留存收益率等于0，那么，股利支付率就为100%，公司每年的净利润就等于公司每年给股东派发的股利，既然假设公司每年的净利润是相等的，那么股利额就相等，那么公司的股票就是零增长股票（固定股利股票），未来的现金股利折现就按照永续年金求现值，这个永续年金是股利额，也就是净利润。那么：

$$S=\frac{(\text{EBIT}-I)(1-t)}{K_s}$$

式中，S 为股票市场价值；EBIT 为息税前利润；I 为利息；t 为所得税税率；K_s 为普通股资金成本率。

其中，普通股资金成本率可用资本资产定价模型计算，即：

普通股资金成本率＝无风险报酬率＋公司的贝塔系数×(平均风险股票的必要收益率－无风险报酬率)

平价债务、无筹资费的债务资金成本＝$i(1-t)$

然后根据市场价值权数即可计算加权平均资金成本。以公司价值最大化为标准比较确定公司的最佳资本结构。

【典型工作任务 15】 公司息税前利润为500万元，债务资金200万元，债务资本成本为7%，所得税税率为25%，权益资金2 000万元，普通股的成本为15%，则公司价值分析法下，问公司此时股票的市场价值是多少？

【职业能力操作】

股票的市场价值＝(500－200×7%)×(1－25%)/15%＝2 430（万元）

在这里：I＝200×7%。

三、影响资本结构的因素

企业的成长速度、资产的结构、经营销售情况、偿债能力、债权人及信用评估机构的态度、企业风险承受能力的变化、税收政策、企业管理当局的态度等都是影响企业资本结构的因素。

任务六　杠杆原理

物理学上杠杆是指在支点一端施加较小力量，另一端得到较大力量，我们把这个原理引申到财务管理上，就是财务管理中的杠杆效应。

财务管理中的杠杆效应：由于特定费用（由于固定成本或固定财务费用）的存在而导致的，当某一财务变量以较小幅度变动时，另一相关财务变量会以较大幅度变动。

说得直白一点，就是某一个指标发生较小变化，另一个指标就要发生较大变化。这就需要我们分析哪些指标间存在这种杠杆效应。利用好这种效应，可以事半功倍得到较大收益。我们先从3个基本概念学起。

一、相关概念

（一）成本习性及其分类

成本习性也称为成本性态，指在一定条件下成本总额的变动与特定业务量之间的依存关系。

成本按习性可划分为固定成本、变动成本和混合成本三类。

1. 固定成本

固定成本是指其总额在一定时期和一定业务量范围内不随业务量发生任何变动的那部分成本。属于固定成本的主要有按直线法计提的折旧费、保险费、管理人员工资、办公费等。单位固定成本将随产量的增加而逐渐变小。

固定成本还可进一步区分为约束性固定成本和酌量性固定成本两类。

（1）约束性固定成本　属于企业“经营能力”成本，是企业为维持一定的业务量所必须负担的最低成本，如厂房、机器设备折旧费和长期租赁费等。企业的经营能力一经形成，在短期内很难有重大改变，因此这部分成本具有很大的约束性。

（2）酌量性固定成本　属于企业“经营方针”成本，是企业根据经营方针确定的一定时期（通常为一年）的成本，如广告费、开发费、职工培训费等。

2. 变动成本

变动成本是指其总额随着业务量成正比例变动的那部分成本。直接材料、直接人工等都属于变动成本，但产品单位成本中的直接材料、直接人工将保持不变。

3. 混合成本

有些成本虽然也随业务量的变动而变动，但不成比例变动，这类成本称为混合成本。混合成本按其与业务量的关系又可分为半变动成本和半固定成本。

（1）半变动成本　它通常有一个初始量，类似于固定成本，在这个初始量的基础上随产量的增长而增长，又类似于变动成本。

（2）半固定成本　这类成本随产量的变化而呈阶梯形增长，产量在一定限度内，这种成本不变，当产量增长到一定限度后，这种成本就跳跃到一个新水平。

4. 总成本习性模型

总成本习性模型公式如下：

$$y=a+bx$$

式中，y 为总成本；a 为固定成本；b 为单位变动成本；x 为业务量。

（二）边际利润及其计算

边际利润（marginal profit）指产品的销售收入与相应的变动成本之间的差额。

边际利润＝销售收入－变动成本

＝(单价－单位变动成本)×产销量

＝单位边际利润×产销量

$$M=px-bx=(p-b)x=mx$$

式中，M 为边际利润总额；p 为单价；m 为单位边际利润。

（三）息税前利润（earnings before interest and tax）及其计算

息税前利润＝销售收入－变动成本－固定成本

＝(单价－单位变动成本)×产销量－固定成本

＝边际利润总额－固定成本

$$\text{EBIT}=px-bx-a=(p-b)x-a=mx-a$$

二、经营杠杆

1. 经营杠杆的概念

经营杠杆是指由于生产经营性固定成本 a 的存在而对企业 EBIT 的影响，即由于 a 的存在，EBIT 的变动率总是大于 x 的变动率。

2. 经营杠杆系数

经营杠杆系数（degree of operating leverage，DOL）又叫经营杠杆程度，是息税前利润变动率相当于销售量变动率的倍数。

经营杠杆系数＝息税前利润变动率/销售量变动率

DOL＞1，意味着经营杠杆是一把双刃剑。当产销量增加时，会引起 EBIT 更大幅度的增加，即经营杠杆利益；当产销量下降时，会引起 EBIT 更大幅度的下降，即经营杠杆风险。

【典型工作任务 16】 北方公司有关资料见表 3-5，试计算该企业 2017 年的 DOL。

表 3-5　北方公司有关资料　　单位：万元

项目	2016 年	2017 年	变动额	变动率
销售额	1 000	1 200	200	20%
变动成本	600	720	120	20%
边际贡献	400	480	80	20%
固定成本	200	200	0	0
息税前利润	200	280	80	40%

根据基期 2016 年数据可以推导出报告期 2017 年数据：

$$\text{DOL}=400/200=2$$

根据 2017 年算 2017 年数据：

$$\text{DOL}=480/280=1.71$$

同时公式也可记成：$\text{DOL}=M/\text{EBIT}=1+a/\text{EBIT}$

3. 经营杠杆与经营风险

经营风险又称营业风险，是指在企业的生产经营过程中，供、产、销各个环节不确定性因素的影响所导致企业资金运动的迟滞，产生企业价值的变动。

影响经营风险的因素主要有：产品需求的变动、产品售价的变动、单位产品变动成本的变动、经营杠杆变动等。

经营杠杆对经营风险的影响最为综合，企业想要取得经营杠杆利益，就需承担由此引起的经营风险，需要在经营杠杆利益与风险之间做出权衡。

三、财务杠杆

1. 财务杠杆的概念

财务杠杆是指由于债务存在而导致普通股股东权益变动大于息税前利润变动的杠杆效应。

衡量普通股股东的获利能力一般是用普通股的每股利润。由于债务利息的存在，普通股每股利润的变动会超过息税前利润变动的幅度，这就是财务杠杆效应。

2. 财务杠杆系数

财务杠杆系数（degree of financial leverage，DFL）又叫财务杠杆程度，是普通股每股税后利润变动率相当于息税前利润变动率的倍数。

财务杠杆系数＝普通股每股利润变动率/息税前利润变动率

✧ **小贴士**

财务杠杆系数等于 2，表明如果第二年息税前利润变动 1 倍，每股利润将变动 2 倍。或者财务杠杆系数等于 3，表明未来息税前利润增长 1 倍，每股利润将增长 3 倍；一旦息税前利润下降 1 倍，每股利润就会下降 3 倍。

已经算出财务杠杆系数等于 2，第二年每股利润增长 50%，息税前利润至少要增长多少呢？既然已知财务杠杆系数是 2 倍，得到每股利润增长 50%，因此息税前利润就是增长 25%（50%÷2）。

如果企业存在优先股，则普通股利润应是基期息税利润减去利息费用、所得税和优先股股利后的余额。即计算公式：

财务杠杆系数＝息税前利润/[息税前利润－利息－优先股股利/(1－所得税税率)]

$$DFL=EBIT/[EBIT-I-D/(1-t)]$$

通过这个公式可以看到，假如利息 I 和优先股息 D 同时为零，那财务杠杆系数就是 1，没有财务杠杆作用，每股利润变动率等于息税前利润变动率；但是如果存在利息、优先股息，这时分子要比分母大，表明每股利润的变动幅度会超过息税前利润的变动幅度。

当公司息税前利润较多、增长幅度较大时，适当地利用负债性资金可以发挥财务杠杆的作用，增加每股利润，使股票价格上涨，增加企业价值。

3. 财务杠杆与财务风险的关系

财务风险也叫融资风险或筹资风险，是指与企业筹资相关的风险，尤其是指财务杠杆导致企业所有者收益变动甚至破产的风险。也就是指为了取得财务杠杆利益而利用负债资金时，增加了破产机会或普通股利润大幅度变动的机会所带来的风险。

利息越高，优先股息越高，财务杠杆系数越大，每股变动幅度会大于息税变动幅度，波动很大，这也是财务风险的表现。

影响财务风险的因素有资本供求的变化、利率水平的变动、获利能力的变化、资本结构的变化（即财务杠杆的利用程度）。其中，财务杠杆对财务风险的影响最为综合。

财务杠杆的大小取决于固定财务费用的多少。企业借入资金越多，利息越多，财务杠杆系数越大。

投资利润率大于负债利率时，财务杠杆将发生积极的作用，其作用后果是企业所有者获得更大的额外收益。投资利润率小于负债利率时，财务杠杆将发生负面的作用，其作用后果是企业所有者承担更大的额外损失。

【典型工作任务 17】 甲公司、乙公司、丙公司三家企业的资金总额都是一样的，息税前利润都是 200 万元。唯一不同的是甲公司全都是货币资金，而乙公司、丙公司是有 50% 的负债，但是利息率不相同，乙公司的利息率低（6%），丙公司的利息率高（12%）。

要求：进行财务风险分析。

【职业能力操作】

甲公司：

$$EBIT=200（万元）$$
$$DFL=EBIT/(EBIT-I)=200/200=1$$

乙公司：

$$EBIT=200（万元）$$
$$DFL=200/(200-100\times 6\%)=1.03$$

丙公司：

$$EBIT=200（万元）$$
$$DFL=200/(200-100\times 12\%)=1.06$$

四、综合杠杆

1. 综合杠杆的概念

综合杠杆（total leverage）是指由于固定成本和固定财务费用的存在而导致的普通股每股利润变动率大于产销量变动率的杠杆效应。

2. 综合杠杆系数

所谓综合杠杆（degree of total leverage，DTL）系数，也称联合杠杆系数或总杠杆系数，是指每股利润变动率相当于业务量变动率的倍数。它是经营杠杆系数与财务杠杆系数的乘积。

综合杠杆系数＝经营杠杆系数×财务杠杆系数＝每股利润变动率/销售量变动率

$$DOL=M/(EBIT-I)$$

【典型工作任务18】 某公司2017年销售商品12 000件，每件商品售价为240元，每件商品单位变动成本为180元，全年发生固定成本总额320 000元。该企业拥有总资产5 000 000元，资产负债率为40%，债务资金的利率为8%，主权资金中有50%普通股，普通股每股面值为20元。企业的所得税税率为25%。

分别计算：

(1) 单位边际利润。

(2) 边际利润总额M。

(3) 息税前利润EBIT。

(4) 利润总额。

(5) 净利润。

(6) 普通股每股收益EPS。

(7) 经营杠杆系数DOL。

(8) 财务杠杆系数DFL。

(9) 综合杠杆系数DTL。

【职业能力操作】

(1) 单位边际利润 $m=240-180=60$（元）

(2) 边际利润总额 $M=12\,000\times 60=720\,000$（元）

(3) 息税前利润 $EBIT=720\,000-320\,000=400\,000$（元）

(4) 利润总额 $=EBIT-I=400\,000-5\,000\,000\times 40\%\times 8\%=400\,000-160\,000=240\,000$（元）

(5) 净利润 $=(EBIT-I)\times(1-t)=240\,000\times(1-25\%)=180\,000$（元）

(6) 普通股每股收益 EPS＝[(EBIT－I)(1－t)－D]/N＝[(400 000－160 000)(1－25%)－0]/(5 000 000×60%×50%)/20＝180 000/75 000＝2.4(元)

(7) 经营杠杆系数 DOL＝M/EBIT＝720 000/400 000＝1.8

(8) 财务杠杆系数 DFL＝EBIT/(EBIT－I)＝400 000/240 000＝1.67

(9) 综合杠杆系数 DTL＝DOL×DFL＝1.8×1.67＝3.01

3. 综合杠杆与综合风险的关系

企业总风险是指企业未来每股收益的不确定性，它是经营风险和财务风险共同影响的结果。综合杠杆可以用来衡量企业的总体风险，财务杠杆用来衡量财务风险，经营杠杆用来衡量经营风险。企业在总风险不变的条件下，通过调整风险大小来规避风险较高的经营风险，可以被风险较低的财务风险抵消，或者相反。合适的企业风险水平需要在企业总风险和期望收益之间进行权衡。

【职业能力训练】

一、单项选择题

1. 按（　　），可以将筹资分为直接筹资和间接筹资。

A. 企业所取得资金的权益特性不同　　B. 筹集资金的使用期限不同

C. 是否以金融机构为媒介　　D. 资金的来源范围不同

2. 下列各项中，属于外部股权筹资的是（　　）。

A. 利用商业信用　B. 吸收直接投资　C. 利用留存收益　D. 发行债券

3. 关于企业筹资的分类，不正确的是（　　）。

A. 按企业取得资金的权益特性不同，分为股权性筹资、债务筹资及衍生工具筹资

B. 按资金来源范围不同，分为内部筹资和外部筹资

C. 按筹集资金的使用期限不同，分为长期筹资和短期筹资

D. 按能否直接取得货币资金，分为直接筹资和间接筹资

4. 下列各种筹资渠道中，属于企业自留资金的是（　　）。

A. 银行信贷资金　　B. 非银行金融机构资金

C. 企业提取的折旧　　D. 职工购买企业债券的投入资金

5. 筹资按照资金的取得方式不同可以分为（　　）。

A. 权益筹资和负债筹资　　B. 直接筹资和间接筹资

C. 内部筹资和外部筹资　　D. 表内筹资和表外筹资

6. 企业短期资金的主要来源包括（　　）。

A. 商业信用　B. 留存收益　C. 发行股票　D. 短期借款

7. 企业筹资按照资金性质分为（　　）。

A. 权益筹资　B. 内部筹资　C. 债务筹资　D. 外部筹资

8. 影响企业债券发行价格的因素包括（　　）。

A. 债券面额　B. 票面利率　C. 市场利率　D. 债券期限

9. 企业长期资金的主要来源包括（　　）。

A. 长期借款　B. 留存收益　C. 发行股票　D. 短期借款

10. 融资租赁又称为（　　）。

A. 服务租赁　B. 经营租赁　C. 营业租赁　D. 融物租赁

二、多选题

1. 企业自有资金筹资方式有（　　）。

A. 企业内部积累　B. 发行债券　C. 发行股票　D. 商业信用

2. 企业筹资的动机包括（　　）。

A. 设立筹资　B. 扩张筹资　C. 偿债筹资　D. 混合筹资

3. 商业信用的形式主要包括（　　）。

A. 预收货款　B. 商业汇票　C. 赊购商品　D. 融资租赁

4. 企业短期资金的主要来源包括（　　）。

A. 商业信用　B. 留存收益　C. 发行股票　D. 短期借款

5. 一般情况下，下列各项中属于企业权益资金的是（　　）。

A. 投资者投入资金　B. 预付账款　C. 应收账款　D. 企业债券

6. 企业筹资必须遵循的原则（　　）。

A. 效益性原则　B. 及时性原则　C. 合理性原则　D. 优化资金结构原则

7. 企业筹资按照资金性质分为（　　）。

A. 权益筹资　B. 内部筹资　C. 债务筹资　D. 外部筹资

8. 影响企业债券发行价格的因素包括（　　）。

A. 债券面额　B. 票面利率　C. 市场利率　D. 债券期限

9. 企业长期资金的主要来源包括（　　）。

A. 长期借款　B. 留存收益　C. 发行股票　D. 短期借款

10. 经营租赁又称为（　　）。

A. 服务租赁　B. 经营租赁　C. 营业租赁　D. 融物租赁

三、判断题

1. 按照所筹资金使用期限的长短，可以将筹资分为权益筹资和负债筹资。（　　）

2. 负债筹资与普通股筹资相比，不会分散企业的控制权。（　　）

3. 国家政策性银行提供的政策性贷款形成的资金属于国家财政资金渠道的资金。（　　）

4. 作为企业资金的一项来源，留用的未分配利润和盈余公积金等不需要支付利息和股利，因此是没有资金成本的。（　　）

5. 在实行单利计息而且无其他信用的条件下，实际利率与名义利率是一致的。（　　）

四、计算与分析题

1. 某公司目前拥有资金 2 000 万元，其中长期借款 800 万元，年利率 10%；普通股是 1 200万元，上年支付的每股股利是 2 元，预计股利增长率是 5%，发行价格是 20 元，目前价格也是 20 元。该公司计算筹集资金 100 万元，企业的所得税率为 33%，则有以下两种筹资方案。

方案一：增加长期借款 100 万元，借款利率上升到 12%，假设公司其他条件不变。

方案二：增发普通股，市价增加到每股 25 元。

要求：(1) 该公司筹资前的加权平均资金成本。

(2) 利用比较资金成本法确定该公司最佳的资金结构。

2. 公司目前发行在外的普通股总共是 100 万股，每股面值是 1 元；已经发行 10%利率债券 400 万元。该公司需为一投资项目融资 500 万元，新项目投产以后，公司每年的息税前盈余增加到200万元。

目前有两个筹资方案可供选择：按照12%的利率发行债券；按照每股20元的价格发行新股。适用的所得税率是40%。

要求：(1) 计算两个方案的每股收益。

(2) 两方案的每股利润无差异点。

(3) 计算两个方案的财务杠杆系数。

(4) 判断哪个方案更好？

3. 某企业只生产和销售甲产品，其总成本习性模型为 $y=15\ 000+4x$。假定该企业2017年度该产品销售量为10 000件，每件售价为8元，按市场预测2018年甲产品的销售数量将增长15%。

要求：(1) 计算2017年该企业的息税前利润。

(2) 计算2017年的经营杠杆系数。

(3) 假定企业2017年发生负债利息共计5 000元，优先股股息300元，企业所得税税率25%，计算2018年的综合杠杆系数。

4. 某企业筹资500万元，现有两个方案可供选择，有关资料见下表。

筹资方式	资金成本	甲方案/万元	乙方案/万元
银行借款	8%	100	150
发行债券	12%	200	200
发行股票	18%	200	150
合计		500	500

要求：试选择最佳筹资方案。

五、思考题

1. 企业筹资方式有哪些类型？各有什么优缺点？

2. 企业筹资渠道有哪些类别？各有什么特点？

3. 资金需要量的定量预测法有哪些？分别是什么？

项目四 项目投资管理

【职业学习目标】

知识目标

1. 掌握现金净流量的计算方法；
2. 掌握项目投资决策评价指标的计算；
3. 掌握单一产品投资决策方法；
4. 掌握多产品组合投资决策方法。

能力目标

1. 能够合理做出企业单一产品投资决策；
2. 能够做出多产品组合投资决策；
3. 独立进行企业投资决策的可行性分析。

素质目标

1. 树立资金意识，节约企业现金支出；
2. 良好处理企业财务关系；
3. 提高财务数据信息的处理能力。

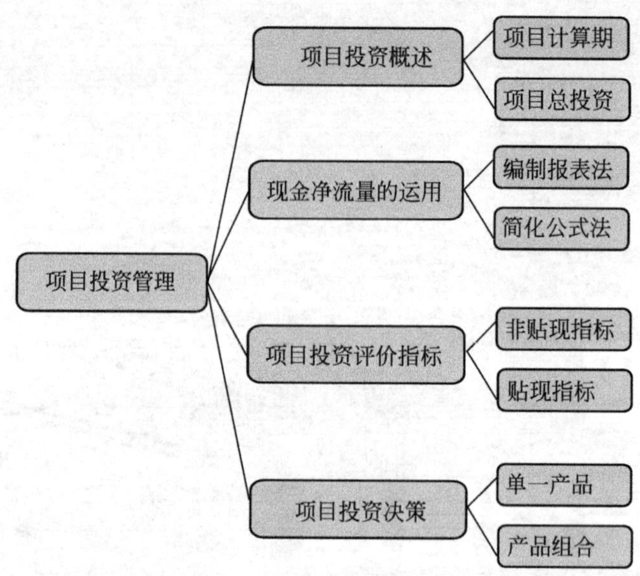

经典案例

巴菲特投资可口可乐案例

集“当代最伟大的投资者”“华尔街股神”“20 世纪八大投资大师榜首”等众多称号于一体的巴菲特，其成功投资之道值得所有投资人深入学习和研究。巴菲特开创伯克希尔公司之后的几乎每一个投资案例，都堪称传世经典。

说起可口可乐，恐怕很少有人会说不知道吧。而可口可乐公司的股票，正是巴菲特从买入之日起就一直坚定持有，并且屡次公开声明希望永久性保留的股票。

巴菲特之所以如此看好可口可乐的股票，其原因正在于可口可乐公司是当之无愧地满足“巴菲特选股三部曲”全部要求的超级明星企业。“第一步，选择具有长期稳定性的产业；第二步，在产业中选择具有突出竞争优势的企业；第三步，在优势公司中优中选优，选择竞争优势具有长期可持续性的企业。”在很多国家，饮料是一个具有相当长期稳定性的产业。可口可乐从创建至今，数百年来一直稳执美国乃至世界软饮料界之首，霸主地位无人可撼动。众所周知，可口可乐的配方，始终是世界上最昂贵的商业机密之一；可口可乐的品牌，也始终是最具商业价值的世界品牌之一。它唯一有力的竞争对手——百事可乐尽管使出浑身解数倾尽全力追赶，却仍然无法超越这座饮料界巅峰而始终只能屈居第二。强大的长期持续竞争优势，使可口可乐成为巴菲特首选投资目标企业。

从 1977～2003 年，16 年间巴菲特持有可口可乐股票从未动摇过，投资收益率高达 681.37%。尽管这期间可口可乐也一度出现过业绩下滑，但巴菲特坚持相信对其强大长期竞争优势的判断，而决不把股价的一时涨跌作为持有还是卖出的标准。1997 年可口可乐的股票资产回报率为 56.6%，1998 年下滑到 42%，1999 年更跌至 35%。许多投资者纷纷抛售可口可乐的股票，但巴菲特不为所动。他继续坚决持有可口可乐公司股票，并与董事会一起解雇了可口可乐原 CEO 艾维斯特，聘任达夫为新 CEO。果然不久之后可口可乐就重振雄风，为巴菲特继续创造高额投资回报。

选择股票，真正有决定意义的，是公司经受久经考验的长期持续竞争优势，这就是巴菲特投资可口可乐公司给我们的最大启示。

【情境引例】

中信股份有限公司为改变产品结构购买一条生产线，价值700万元，建设期1年，使用寿命10年，残值10万元；另需要购买一项专利技术，价值100万元。专利权分10年摊销，在建设期末投入，同时投入流动资金200万元。投资者要求的报酬率是10%。投产后，每年预计外购原材料50万元、支付工资60万元、其他费用15万元，每年预计营业收入100万元。公司适用的所得税为25%，增值税税率为16%，城市维护建设税税率为7%，教育费附加3%。

领导要求财务部门做出财务决策：该项目是否值得投资？

做出项目投资的可行性分析。

【项目引言】

项目投资管理是以建设项目为对象的重要投资管理活动，作为一种投资经济行为以获取所期望的报酬，这也是企业财务管理的重要内容。学习本项目的目的是运用投资决策理论掌握项目投资决策的可行性分析和决策方法。

任务一 项目投资概述

一、投资的含义和种类

1. 投资的含义

投资是指特定经济主体（包括国家、企业和个人）为了在未来可预见的时期内获得收益或是资金增值，在一定时期向一定领域的标的物投放足够数额资金或实物的货币等价物的经济行为。从特定的角度看，投资就是企业为了获取收益而向一定对象投放资金的经济行为。

2. 投资的种类

投资按不同标志可分为以下类型。

① 按照投资行为的介入程度分为直接投资和间接投资。直接投资是指由投资人直接介入投资行为，即将货币资金直接投入投资项目，形成实物资产或者购买现有企业资产的一种投资，其特点是投资行为可以直接将投资者与投资对象联系在一起。间接投资是指投资者以其资本购买公债、公司债券、金融债券或公司股票等，以预期获取一定收益的投资，也称为证券投资。

② 按照投资领域分为生产性投资和非生产性投资。生产性投资是指将资金投入生产、建设等物质生产领域中，并能够形成生产能力或可以生产出生产资料的一种投资，又称为生产资料投资。这种投资的最终成果将形成各种生产性资料，包括固定资产投资、无形资产投资、其他资产投资和流动资金投资。其中，前三项属于垫支资本投资，后者属于周转资本投资。非生产性投资是指将资金投入非物质生产领域中，不能形成生产能力，但能形成社会消费或服务能力，满足人民的物质文化生活需要的一种投资。这种投资的最终成果是形成各种非生产性资产。

③ 按照投资方向分为对内投资和对外投资。从企业的角度来看，对内投资就是项目投

资，是指企业将资金投放于为取得供本企业生产经营使用的固定资产、无形资产、其他资产和垫支流动资金而形成的一种投资。对外投资是指企业为购买国家及其他企业发行的有价证券或其他金融产品（包括：期货与期权、信托、保险），或以货币资金、实物资产、无形资产向其他企业（联营企业、子公司等）注入资金而发生的投资。

④ 按照投资对象分为固定资产投资、无形资产投资、其他资产投资、流动资产投资、房地产投资、有价证券投资、期货与期权投资、信托投资和保险投资等多种形式。

二、项目投资的含义及其特点

1. 项目投资的含义

项目投资是一种以特定建设项目为对象，直接与新建项目或更新改造项目有关的长期投资行为。

项目投资可分为新建项目投资和更新改造项目投资两大类型（见图 4-1）。新建项目投资以新增生产能力为目的，基本属于外延式扩大再生产；更新改造项目投资以恢复和改善生产能力为目的，基本属于内涵式扩大再生产。

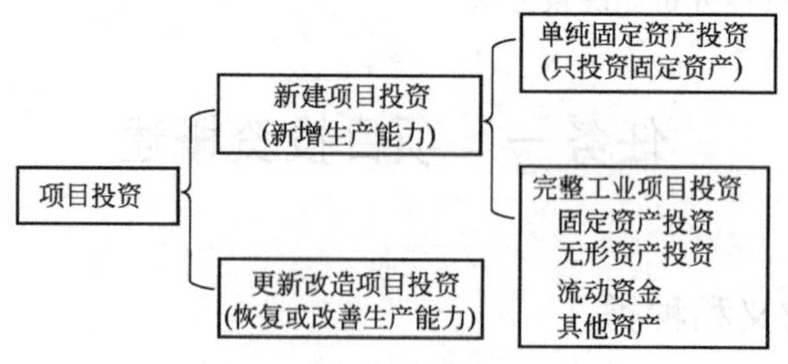

图 4-1　项目投资含义示意

新建项目投资还可进一步分为单纯固定资产投资和完整工业项目投资两类。单纯固定资产投资简称固定资产投资，通常只包括为购建固定资产而发生的资金投入，一般不涉及周转性流动资产的再投入；完整工业项目投资则不仅包括固定资产投资，而且还涉及周转性流动资产的投入，甚至还需增加如无形资产、长期待摊费用等其他长期资产项目的投资。因此，不能将项目投资简单地等同于固定资产投资。

2. 项目投资的特点

（1）投资数额大　项目投资所形成的生产经营能力主要体现在新增固定资产上。固定资产的购建本身所需的资金量是巨大的，而且为使建成的固定资产得以正常运行，还需要配置相应的流动资产，有些项目甚至还需要其他长期资产的投资，如无形资产、长期待摊费用等，所以，投资数额较大。

（2）影响时间长　项目投资的寿命一般都在几年以上，有的甚至长达几十年，投资一旦完成，就会长时期地对企业的生产经营产生影响。

（3）变现能力差　项目投资作为一项数额较大的预付成本，一旦支出就意味着将大量资金凝固起来，这有可能使企业在一定时期内资金调度相对紧张，资金在较长时间内不能变现。

（4）投资风险高　项目投资所提供的经济效益只能在今后较长时期内逐步实现，未来时期内各种影响投资效益的因素，诸如市场需求、原材料供应、国家政策等，都会发生各种变化，而项目投资又不可逆转，这意味着企业进行项目投资必然冒较高的风险。

综上所述，项目投资耗费资金多，经历时间长，投资风险高，影响程度深。同时，投资形成的是企业生产经营的物质技术基础，合理与否都是至关重要的。因此，企业决不可在缺乏调查研究和可行性分析的情况下盲目投资。

三、项目投资的一般程序

项目投资的一般程序包括项目设计—可行性分析—决策评价—实施四个步骤，具体说明如下。

1. 投资项目的设计

在企业的生产经营过程中会不断地产生出新的投资需要，也会出现很多的投资机会。当出现新的投资机会或产生投资需要时，就会提出新的投资项目。这些项目一般会由项目的提出者以报告的形式上报管理当局，以便他们研究和选择。管理当局会从各种投资方案中进行初步的筛选、分类和排队，同时结合企业的长期目标和具体情况制订出初步的投资计划。

投资规模大、所需资金多的战略性项目由董事会提议，由各部门专家组成专家小组提出方案并进行可行性研究。投资规模小、投资金额不大的战术性项目由主管部门提议，并由有关部门组织人员提出方案并进行可行性研究。

2. 项目投资的可行性分析

企业初步确定的投资计划可能有多个，各投资项目之间也会受到资金、技术、环境、人力等的限制。这就要求对投资项目进行可行性分析，主要有以下 3 个方面：①技术上，要考虑所投资的项目技术是否先进，能否取得，能否实施，能维持多长时间，同时还要考虑项目本身在设计、施工等方面的具体要求；②财力上，首先预测资金的需要量，再看有无足够的资金支持，如果资金不足，能否及时筹措到所需资金，这是投资项目运行的前提；③经济上，要考虑项目投产后产品销路如何，能增加多少销售收入，为此发生多少成本和费用，能提供多少利润，有多大风险，整个方案在经济上是否合理等。

除对以上 3 个方面进行分析外，还要考虑项目的相关因素。如所在地区的自然资源、水电、交通、通信等协作条件是否满足项目需要，所需工人、技术人员、管理人员能否达到要求，项目实施后对环境是否会造成不良影响等。应当指出，对投资项目的可行性分析依赖于对项目有关资料的搜集和有关情况的预测，要尽可能搜集与项目有关的资料，进行科学的分析，做出正确的评价。

3. 项目投资的决策评价

项目是否能够实施取决于企业管理当局的决策评价结果。决策者要综合技术人员、财务人员、市场研究人员等的评价结果，集思广益，全面考核，估算出投资方案的预期现金流量；进行未来现金流量的风险价值评价；确定资本成本的一般水平；计算投资方案现金流量的总现值；最后做出是否采纳或采纳哪一个项目的决定。

财务人员的评价依据和评价方法主要是计算项目的现金流量和以现金流量为基础计算各种评价指标。具体计算方法及其评价指标的运用将在本项目后面几个任务的内容中介绍。

4. 项目投资的实施

项目批准或采纳后，要筹集资金并付诸实施。大项目一般交由提出部门或由原设计人员组成的专门小组负责拟定具体的实施计划并负责具体实施。各有关方面如财务、技术要密切配合，保证投资项目保质、保量完成。项目投产后要严格管理，保证实现预期收益。

做出可行性决策的投资项目，企业管理部门要编制资金预算，并筹措所需要的资金，在投资项目实施过程中，要进行控制和监督，使之按期按质完工，投入生产，为企业创造经济效益。

四、项目计算期

项目计算期（记作 n），是指项目从开始投资建设到最终清理结束整个过程的全部时间，即项目的有效持续时间。项目计算期通常以年为计算单位。

一个完整的项目计算期由建设期（记作 s，$s \geqslant 0$）和生产经营期（记作 p）两部分构成。其中，建设期是指从开始投资建设到建成投产这一过程的全部时间。建设期的第 1 年初（记作第 0 年）称为建设起点，建设期的最后一年末（记作第 s 年）称为投产日。生产经营期是指从投产日到终结点这一过程的全部时间。生产经营期开始于建设期的最后一年末（即投产日），结束于项目最终清理的最后一年末（记作第 n 年，称为终结点）。生产经营期包括试产期和达产期（完全达到设计生产能力）（见图 4-2）。

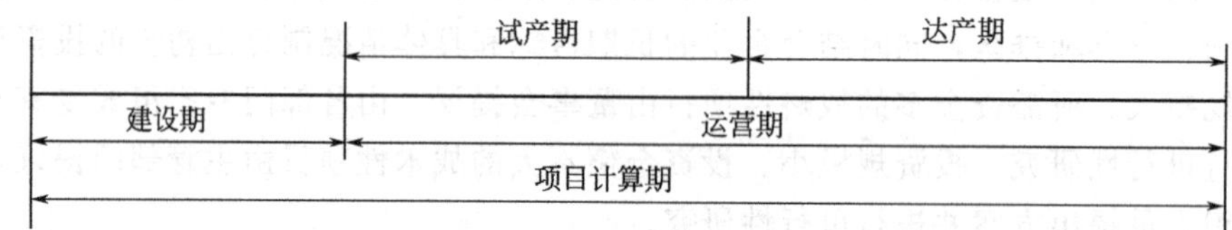

图 4-2　项目计算期、建设期和生产经营期之间的关系

项目计算期、建设期和生产经营期之间存在以下关系：

$$n = s + p$$

五、项目投资金额及其投入方式

反映项目投资金额的指标主要有原始总投资及项目投资总额。原始总投资是反映项目所需现实资金的价值指标。从项目投资的角度看，原始总投资等于企业为使项目完全达到设计生产能力、开展正常经营而投入的全部现实资金。项目投资总额是反映项目投资总体规模的价值指标，它等于原始总投资与建设期资本化利息之和（见图 4-3）。其中，建设期资本化利息是指在建设期发生的与购建项目所需的固定资产、无形资产等长期资产有关的借款利息。

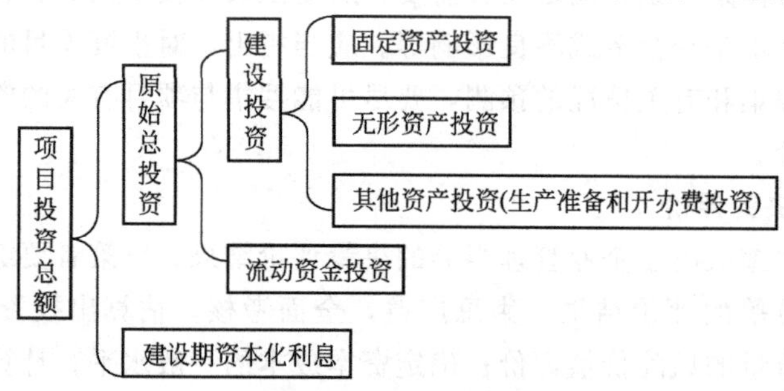

图 4-3　项目投额总额

项目资金的投入分为一次投入和分次投入两种方式。一次投入方式是指集中在项目计算期第一个年度的年初或年末一次发生的投资行为；分次投入方式是指涉及两个或两个以上年度分次发生的投资行为（只涉及一个年度但分次在该年的年初和年末发生的也属于分次投入方式）。

任务二　现金流量的理解与运用

进行项目投资决策评价需要考虑的因素是多方面的，例如国家的产业政策、市场发展前景、技术的先进程度、企业效益和社会效益以及资金的支持情况等，最终综合体现在财务决策评价上。进行项目投资财务决策评价的基本前提和主要依据是投资项目产生的现金流量。

一、现金流量的概念

现金流量在投资决策中是指一个项目引起的企业现金流入量与现金流出量的总称，它是计算项目投资决策评价指标的主要根据和重要信息之一。这里的“现金”是广义的现金，它不仅包括各种货币资金，而且还包括项目所需要投入的企业拥有的非货币资源的变现价值，例如，一个投资项目需要使用原有的厂房、设备和材料的变现价值等。现金流量是在一个较长时期内表现出来的，受资金时间价值的影响，一定数额现金在不同时期的价值是不同的，因此，研究现金流量及其发生的期间对正确评价投资项目的效益有着重要的意义。

为方便投资现金流量的确定，首先做出以下假设。

（1）财务可行性分析假设　假设该项目投资决策从企业投资者的立场出发，只考虑该项目是否具有财务可行性，而不考虑该项目是否具有国民经济可行性和技术可行性。

（2）全投资假设　即假设在确定投资项目的现金流量时只考虑全部投资的运动情况，而不具体考虑和区分哪些是自有资金，哪些是借入资金，即使是借入资金也将其视为自有资金处理。

（3）建设期投入全部资金假设　即假设项目投资的资金都是在建设期投入的，在经营期没有投入。

（4）经营期与折旧年限一致假设　即假设项目的主要固定资产的折旧年限与使用年限的经营期相同。

（5）假设现金流量均发生在年初和年末　为了便于利用资金时间价值，现金流量无论是流入还是流出，都假设只发生在年初和年末两个时点上。其中，投资都假设在年初或年末投入；项目所需流动资金均假设在项目建设期末投入；经营期内各年发生的收入、成本、折旧、利润、税金等项目的确认均假设在期末；项目最终报废清理所产生的现金流量均发生在经营期结束（更新改造项目除外）；假设收入均收到了现金，购货均支付了现金。

二、现金流量的内容

现金流量包括三项内容，即现金流出量、现金流入量和净现金流量。

1. 现金流出量（CFO）

现金流出量是指由该方案所引起的企业现金支出的增加额，主要包括以下内容。

（1）建设投资　是指与形成生产经营能力有关的各种直接支出，即固定资产投资、无形资产投资、开办费投资等的总和，它是建设期发生的主要现金流出量。其中，固定资产投资是所有类型的投资项目注定要发生的内容。这部分现金流出随着建设进程的进行可能一次性投入，也可能分次投入。

（2）流动资金投资　在完整的工业投资项目中，建设投资形成的生产经营能力要投入使用，会引起对流动资金的需求，主要是为保证生产正常进行必要的存货储备占用等，这使企业要追加一部分流动资金投资。这部分流动资金投资属于垫支的性质，当投资项目结束时，一般会如数收回。

某年流动资金投资额＝该年营运资金－上年营运资金

某年营运资金＝该年流动资产－该年流动负债

(3) 经营成本　是指在经营期内为满足正常生产经营而动用现实货币资金支付的成本费用，又被称为付现的营运成本（或简称付现成本）。它是生产经营阶段中最主要的现金流出量项目。

某年付现成本＝该年外购原材料和燃料动力费＋该年职工薪酬＋该年其他付现成本

或者：某年付现成本＝该年不含财务费用的经营总成本－该年折旧与摊销

(4) 营业税金及附加　营业税金及附加的计税基础是实际上交的增值税、消费税。工业企业一般只有部分项目涉及消费税，所以：

营业税金及附加＝(该年应交增值税＋该年消费税)×(该年城市维护建设税率＋该年教育费附加率)

该年应交增值税＝销项税额－进项税额

(5) 维持运营投资　指不包括在以上内容中的现金流出项目，例如项目所需投入的非货币资源的变现价值，项目投资可能会动用企业原有的资产，这时企业虽未直接支出现金，但原有资产的变现价值也要视为项目投资的现金流出。

(6) 所得税的计算　企业应交所得税是企业的一项现金流出，因此应估算应交所得税，计算公式如下：

应交所得税＝该年息税前利润×企业所得税税率

2. 现金流入量(CFI)

一个方案的现金流入量是指由该方案所引起的企业现金收入的增加额，主要包括以下内容。

(1) 营业收入　应按项目在经营期内有关产品的各年预计单价和预测销售量进行估算。在总价法核算现金折扣和销售折扣的情况下，营业收入是指不包括折扣和折让的净额。营业收入是企业经营期主要的现金流入项目。

(2) 补贴收入　是指按政策退还的增值税、按照销售量或工作量计算的定额补贴和财政补贴等。

(3) 回收固定资产的余值　当投资项目的有效期结束时，残余的固定资产经过清理会得到一笔现金收入，如残值出售收入。同时，清理时还要支付清理费用，如清理人员报酬。残值收入扣除清理费用后的净额，应当作为项目投资的一项现金流入。假设固定资产的折旧年限等于生产经营期，因此，对建设项目来说，只要按固定资产的原值乘以其法定净残值率就可估算出在终结点发生的回收固定资产余值。

在生产经营期内提前回收的固定资产余额可根据其预计净残值估算。对于更新改造项目则需要估算两次：第一次估算在建设期起点发生的回收余额，即提前变卖的旧设备可变现净值；第二次按照建设项目的方法估算在终结点发生的回收余额。

(4) 回收垫支的流动资金　当投资项目的有效期结束后，原先投入周转的流动资金可以转化成现金用于其他方面，从而构成一项现金流入。回收的流动资金与回收的固定资产余值称为回收额。

3. 净现金流量(NCF)

净现金流量又称现金净流量，是指一定期间现金流入量减去现金流出量的差额，这里所说的“一定期间”一般是指一年期间。流入量大于流出量时，净流量为正值；反之，净流量为负值。

净现金流量的计算公式为：

$$净现金流量(NCF_t)=现金流入量-现金流出量$$

4. 现金流量的作用

以现金流量作为项目投资的重要价值信息，其主要作用如下。

① 现金流量信息所揭示的未来期间现实货币资金收支运动，可以序时动态地反映项目投资的流出与回收之间的投入产出关系，使决策者在投资主体的立场上，完整、准确、全面地评价具体投资项目的经济效益。

② 利用现金流量指标代替利润指标作为反映项目效益的信息，可以克服因贯彻财务会计的权责发生制原则而带来的计量方法和计算结果的不可比和不透明等问题，即由于不同的投资项目可能采取不同的固定资产折旧方法、存货估价方法或费用摊配方法，从而导致不同方案的利润信息相关性差、透明度不高和可比性差。

③ 利用现金流量信息排除了非现金收付内部周转的资本运动形式，从而简化了有关投资决策评价指标的计算过程。

④ 由于现金流量信息与项目计算期的各个时点密切结合，有助于在计算投资决策评价指标时应用资金时间价值的形式进行动态投资效果的综合评价。

三、现金流量的计算

（一）编制现金流量表法

在实际工作中，具体计算某一投资项目的净现金流量时，可以采用编制现金流量表的形式进行计算。

1. 单纯固定资产投资项目的现金流量

单纯固定资产投资项目是指只涉及固定资产投资而不涉及其他长期投资和流动资金投资的项目。它以新增生产能力、提高生产效率为特征。

2. 完整工业投资项目的现金流量

完整工业投资项目是指以新增工业生产能力为主的投资项目，其投资内容不仅包括固定资产投资，而且包括流动资金投资的建设项目。

3. 固定资产更新改造项目的现金流量

固定资产更新改造项目的现金流量见表4-1。

表4-1　不同类型投资项目的现金流量比较

项目名称	现金流入量	现金流出量
单纯固定资产投资项目	增加的营业收入； 终结点回收固定资产余值等	增加的经营成本； 增加的各种税款
完整工业投资项目	营业收入； 补贴收入； 终结点回收固定资产余值； 终结点回收流动资金	建设投资； 流动资产投资； 经营成本； 税金及附加； 维持运营投资和调整所得税
固定资产更新改造项目	增加的营业收入； 处置旧的变现净收入和新旧回收余额的差额	购置新的投资； 增加的成本； 增加的流动资金投资； 增加的各项税款 （因提前报废旧的所发生的净损失抵减所得税税额用“—”表示）

项目投资决策中的现金流量表是一种能够全面反映投资项目在其项目计算期内每年的现金流入量和现金流出量的具体构成内容以及现金净流量水平的报表。应当说明的是，它与财务会计中的现金流量表不仅格式不同，而且作用也完全不同。以完整的工业投资项目为例，其现金流量表的具体格式如表 4-2 所列。

表 4-2 完整工业投资项目现金流量表 单位：万元

项目计算期（第 t 年）	建设期				经营期						合计
	0	1	…	S	$S+1$	$S+2$	$S+3$	$S+4$	…	n	
1. 现金流入量											
1.1 营业收入											
1.2 补贴收入											
1.3 回收固定资产余值											
1.4 回收流动资金											
2. 现金流出量											
2.1 建设投资											
2.2 流动资金投资											
2.3 经营成本											
2.4 营业税金及附加											
2.5 维持运营投资											
3. 所得税前净现金流量											
4. 累计所得税前净现金流量											
5. 调整所得税											
6. 所得税后净现金流量											
7. 累计所得税后净现金流量											

（二）简化公式法

在实际工作中，一般采用简化计算公式的形式计算净现金流量，即根据项目计算期不同阶段上的现金流入量和现金流出量的具体内容，直接计算各阶段的净现金流量。

1. 初始现金流量

初始现金流量是指开始投资时发生的现金流量，一般包括固定资产投资、无形资产投资、垫支流动资金及固定资产更新时原有固定资产的变价收入等。建设期净现金流量的简化计算公式为：

$$建设期\ NCF=-原始投资额$$

2. 营业现金流量

营业现金流量是指投资项目完工投入使用后，在其寿命周期内，由于生产经营所带来的现金流入和现金流出的数量。这种现金流量一般按年度进行计算。这里的现金流入主要是指营业现金流入和该年的回收额，而现金支出主要是指营业现金支出和缴纳的税金。营业现金流量的计算公式为：

$$\begin{aligned}营业现金净流量(NCF)&=营业收入-付现成本-所得税\\&=营业收入-(营业成本-折旧-摊销额)-所得税\\&=营业利润+折旧+摊销额-所得税=净利润+折旧+摊销额\end{aligned}$$

其中，非付现成本是指不会引起现金流量变化的成本费用，例如固定资产折旧等。在实际工作中，通常会使用营业现金流量计算表计算各期的净现金流量，格式见表 4-3。

表 4-3　营业现金流量计算表

项　　目	营业现金流量			
	第 1 年	第 2 年	…	第 n 年
营业收入				
－付现成本				
－折旧				
税前利润				
－所得税				
净利润				
＋折旧				
营业现金流量				

3. 终结现金流量

终结现金流量是指投资项目完结时所发生的现金流量，主要包括：固定资产的残值收入或变价收入、原来垫支在各种流动资产上的流动资金回收和停止使用的土地变价收入。终结现金流量的计算公式为：

终结现金流量＝固定资产残值收入＋回收垫支流动资金等

按投资项目划分为三类：单纯固定资产项目的净现金流量、完整工业投资项目的净现金流量和更新改造项目的净现金流量。

净现金流量确定时应分以下三类分别确定。

(1) 单纯固定资产项目的现金流量　计算公式如下：

建设期某年的净现金流量＝－该年发生的固定资产投资

经营期某年现金净流量＝该年因使用该固定资产新增加的利润＋该年因使用该固定资产新增加的折旧＋该年回收的固定资产净残值

考虑所得税因素：

经营期某年现金净流量＝该年税前利润×(1－25%)＋该年折旧＋该年回收额

【典型工作任务 1】 中信公司计划新建一条生产线，建设投资需 1 000 万元，一年后建成，建成后使用期是 5 年，该公司固定资产采用直线法计提折旧，预计残值是原值的 10%。另外，为保证项目顺利开工，须追加流动资金 150 万元，生产线投产以后预计第一年可取得现金销售收入 720 万元，以后每年增加 50 万元。第一年的付现成本 200 万元，以后每年增加修理费 20 万元，所得税率 25%，要求计算该项目的现金流量。

【职业能力操作】

第一步，分析项目初始现金流量。

已知：固定资产投资是 1 000 万元，垫支营运资金 100 万元。

所以：初始现金流量＝－1 000－150＝－1 150（万元）

第二步，分析项目营业现金流量。

已知：每年折旧费＝1 000×(1－10％)/5＝180（万元）

计算结果见表 4-4。

表 4-4　中信公司营业现金流量计算表　　单位：万元

项　　目	营业现金流量				
	第 2 年	第 3 年	第 4 年	第 5 年	第 6 年
营业收入	720	770	820	870	920
－付现成本	200	220	240	260	280
－折旧	180	180	180	180	180
税前利润	340	370	400	430	460
－所得税	85	92.5	100	107.5	115
净利润	255	277.5	300	322.5	345
＋折旧	180	180	180	180	180
营业现金流量	435	457.5	480	502.5	525

第三步，分析终结现金流量。

已知：固定资产净残值是 1 000×10％＝100（万元），收回垫支的流动资金是 100 万元。

所以：终结现金流量＝150＋100＝250（万元）

(2) 完整工业投资项目的现金流量　计算公式如下。

建设期某年的净现金流量＝－该年发生的原始投资

经营期某年现金净流量＝该年税前利润＋该年折旧＋该年摊销额＋该年利息费用＋该年回收额

考虑所得税因素：

经营期某年现金净流量＝该年税前利润×(1－25％)＋该年折旧＋该年摊销额＋该年利息费用＋该年回收额

【典型工作任务 2】　中信公司拟新建一项固定资产，该投资项目需要在建设期初一次投入 500 万元，资金来源为银行借款，年利率为 10％，建设期为 1 年。该固定资产可使用 10 年，按直线法计提折旧，期满有净残值 20 万元。投入使用后，可使经营期第 1～5 年每年产品销售收入（不含增值税）增加 320 万元，第 6～10 年每年产品销售收入（不含增值税）增加 400 万元，同时使第 1～10 年每年的经营成本增加 200 万元，假设该企业的所得税率为 25％，不享受减免税优惠。投产后用净利润归还借款的本金，在还本之前的经营期内每年年末支付借款利息 15 万元，连续归还 5 年。

要求：根据上述资料计算该项目各年的净现金流量。

【职业能力操作】

项目计算期＝1＋10＝11（年）

固定资产原值＝500＋500×10％＝550（万元）

固定资产年折旧额＝(550－20)÷10＝53（万元）

经营期第 1～5 年每年总成本＝200＋15＋53＝268（万元）

经营期第 6～10 年每年总成本＝200＋0＋53＝253（万元）

经营期第 1～5 年每年营业利润＝320－268＝52（万元）

经营期第 6～10 年每年营业利润＝400－253＝147（万元）

每年应交所得税＝147×25％＝36.75（万元）

每年净利润＝147－36.75＝110.25（万元）

NCF_0＝－500（万元）

NCF_1＝－0（万元）

$NCF_{2\sim6}$＝110.25＋53＋15＝178.25（万元）

$NCF_{7\sim8}$＝110.25＋53＝163.25（万元）

NCF_{11}＝110.25＋53＋20＝183.25（万元）

（3）更新改造项目的现金流量　计算公式如下。

建设期某年的净现金流量＝－（该年新增加的固定资产投资－旧固定资产变价净收入）

建设期末的净现金流量＝因固定资产提前报废产生净损失而抵减的所得税

经营期第一年净现金流量＝该年因更新改造而新增加的净利＋该年因更新改造而新增加的折旧＋因固定资产提前报废产生净损失而抵减的所得税

经营期其他各年的净现金流量＝该年因更新改造而新增加的净利＋该年因更新改造而新增加的折旧＋该年因回收固定资产净残值超过假定继续使用旧固定资产净残值的差额

【典型工作任务3】 鹏达公司计划出售一套尚可使用5年的A设备，重新购置一套新设备来替换它。取得新设备的投资额为72万元，旧设备的变价净收入为32万元，到第5年末新设备与继续使用旧设备届时的预计净残值相等。使用新设备可使企业在5年内每年增加营业收入28万元，并增加经营成本10万元。设备采用直线法计提折旧。新旧设备的替换不会妨碍企业的正常经营（即更新设备的建设期为零）。假定企业所得税率为25％。根据上述资料计算净现金流量。

【职业能力操作】

更新设备比继续使用旧设备增加的投资额＝72－32＝40（万元）

经营期每年折旧的变动额＝40÷5＝8（万元）

经营期每年总成本的变动额＝10＋8＝18（万元）

经营期每年营业利润的变动额＝28－18＝10（万元）

经营期每年所得税的变动额＝10×25％＝2.5（万元）

经营期每年净利润的变动额＝10－2.5＝7.5（万元）

项目计算期各年净现金流量分别为：

NCF_0＝－40（万元）

$NCF_{1\sim5}$＝7.5＋8＝15.5（万元）

任务三　项目投资决策评价指标的计算分析

一、项目投资决策评价指标的含义及其分类

1. 项目投资决策评价指标的含义

投资项目的现金净流量计算出来后，应采用适当的指标进行评价。项目投资决策评价指标是指用于衡量和比较投资项目可行性以便据以进行方案决策的定量化标准与尺度，它由一系列综合反映投资效益、投入产出关系的量化指标构成。项目投资决策评价指标较多，这里

主要从财务评价的角度介绍投资利润率、投资回收期、净现值、净现值率、现值指数、内含报酬率等指标。

2. 项目投资决策评价指标的分类

① 按其是否考虑资金时间价值分为非贴现评价指标和贴现评价指标。非贴现评价指标是指在计算过程中不考虑资金时间价值因素的指标，又称为静态指标，包括：投资利润率、投资回收期等。贴现评价指标是指在计算过程中充分考虑和利用资金时间价值因素的指标，又称为动态指标，包括：净现值、净现值率、现值指数、内含报酬率等。

② 按其性质不同分为正指标和反指标。投资利润率、净现值、净现值率、现值指数和内含报酬率属于正指标，在评价决策中，这些指标值越大越好。投资回收期属于反指标，在评价决策中，这类指标的值越小越好。

③ 按其数量特征的不同分为绝对指标和相对指标。前者包括以时间为计量单位的投资回收期指标和以价值量为计量单位的净现值指标；后者除现值指数用指数形式表现外，大多为百分比指标。

④ 按其在决策中所处的地位分为主要指标、次要指标和辅助指标。净现值、净现值率、现值指数、内含报酬率等为主要指标，投资回收期为次要指标，投资利润率为辅助指标。

二、非贴现评价指标的含义、计算方法及特点

为便于说明各类决策评价指标的含义、特点以及计算方法，现给出简例资料如下。

【典型工作任务 4】 中信公司现有甲、乙两个项目投资方案，甲方案初始需投资 15 000 元，建设期为 0，使用寿命为 5 年，不需垫支流动资金，采用直线法计提折旧，5 年后设备清理无净残值，5 年中每年增加的销售收入为 7 000 元，付现成本为 2 000 元。乙方案初始需投资 12 000 元，另需垫支流动资金 3 000 元，也于初始投入（设备清理时收回），建设期为 0，采用直线法计提折旧，使用寿命为 5 年，5 年后设备清理净残值收入 2 000 元，5 年中每年增加的销售收入为 8 000 元，付现成本第一年为 3 000 元，以后随着设备日渐陈旧，将逐年增加修理费 400 元。假设所得税税率为 25%。

现采用简化计算公式的形式计算两个方案的现金净流量。计算结果如表 4-5 所列。

表 4-5 投资方案现金净流量计算表

单位：元

项目		第 0 年	第 1 年	第 2 年	第 3 年	第 4 年	第 5 年
甲方案	固定资产投资	−15 000					
	税后利润		1 500	1 500	1 500	1 500	1 500
	折旧		3 000	3 000	3 000	3 000	3 000
	现金净流量	−15 000	4 500	4 500	4 500	4 500	4 500
乙方案	固定资产投资	−12 000					
	流动资金垫支	−3 000					
	税后利润		2 250	1 950	1 650	1 350	1 050
	折旧		2 000	2 000	2 000	2 000	2 000
	固定资产残值						2 000
	流动资金回收						3 000
	现金净流量	−15 000	4 250	3 950	3 650	3 350	8 050

（一）投资利润率

投资利润率又称投资报酬率（记作 ROI），是指达到正常生产年度利润或年平均利润占

项目投资总额的比率。其计算公式为：

$$投资利润率\ ROI=\frac{年平均利润}{项目投资总额}\times 100\%$$

评价准则：

① 该指标值越大越好；②该指标小于无风险报酬率时，方案不可行。

【职业能力操作】

根据资料所示，中信股份有限公司甲、乙两个方案的投资利润率计算如下：

$$甲方案的投资利润率=\frac{1\,500}{15\,000}\times 100\%=10\%$$

$$乙方案的投资利润率=\frac{(2\,250+1\,950+1\,650+1\,350+1\,050)/5}{1\,200+300}\times 100\%=11\%$$

投资利润率的决策标准是：投资项目的投资利润率越高越好，低于无风险投资利润率的方案为不可行方案。

投资利润率指标具有简单、明了、易于掌握的优点，且该指标不受建设期的长短、投资的方式、回收额的有无以及净现金流量的大小等条件的影响，能够说明各投资方案的收益水平。该指标的缺点有以下 3 个：一是没有考虑资金时间价值因素，不能正确反映建设期长短及投资方式不同对项目的影响；二是该指标的分子、分母的时间特征不一致，因此在计算口径上可比基础较差；三是该指标的计算无法直接利用净现金流量信息。

（二）静态投资回收期

投资者总是希望尽快地收回投资，投资回收期越短对投资者越有利。静态投资回收期（简称回收期）是指以投资项目经营净现金流量抵偿原始总投资所需要的全部时间。它有“包括建设期的投资回收期（记作 PP）”和“不包括建设期的投资回收期（记作 PP′）”两种形式，二者的关系为：PP＝建设期＋PP′。这里仅以包括建设期的投资回收期为例进行介绍。

静态投资回收期指标的计算有公式法和列表法两种方法。

1. 公式法

如果某一项目的投资均集中发生在建设期内，项目建成投产后各年的净现金流量相等，且合计大于或等于原始投资额，则包括建设期的静态投资回收期可按下式计算：

$$静态投资回收期\ PP=建设期+\frac{原始投资额合计}{经营期每年相等的现金净流量}$$

必须同时满足投资项目投产后若干年（假设为 M 年）每年的经营 NCF 相等，$M\times$投产后 M 年内每年相等 NCF$\geqslant$投资总额，则可用上述公式计算投资回收期。

【职业能力操作】

根据资料所示，中信股份有限公司甲方案的投资回收期计算如下：

$$甲方案投资回收期\ PP=0+\frac{15\,000}{4\,500}=3.33\ （年）$$

2. 列表法

如果经营期每年的现金净流量不相等，则应采取列表计算的方法。所谓列表法是指通过列表计算“累计净现金流量”的方式来确定包括建设期的投资回收期的方法。因为不论在什么情况下，都可以通过这种方法来确定静态投资回收期，所以此方法又称为一般方法。

按照回收期的定义，包括建设期的投资回收期满足以下关系式：

$$\sum_{t=0}^{PP} \mathrm{NCF}_t = 0$$

这表明在财务现金流量表的“累计净现金流量”一栏中，包括建设期的投资回收期恰好是累计净现金流量为零的年限。

如果无法在“累计净现金流量”栏上找到零，则必须按下式计算包括建设期的投资回收期：

$$\text{投资回收期 PP} = \text{最后一项是负值的累计净现金流量对应的年份} + \frac{\text{最后一项是负值的累计净现金流量的绝对值}}{\text{下年净现金流量}}$$

评价准则：①PP≤Pc（基准投资回收期）时，说明项目（或方案）能在要求的时间内收回投资，是可行的；②PP＞Pc 时，则项目（或方案）不可行，应予以拒绝。

【职业能力操作】

根据资料所示，中信股份有限公司乙方案的投资回收期计算如下。

乙方案每年的营业现金净流量不相等，需先列表计算其各年尚未收回的投资额，然后计算投资回收期，见表 4-6。

表 4-6　中信股份有限公司现金流量计算表

年度	每年现金净流量/元	累计现金净流量/元	年末尚未收回的投资额/元
0	−15 000	−15 000	15 000
1	4 250	−10 750	10 750
2	3 950	−6 800	6 800
3	3 650	−3 150	3 150
4	3 350	200	—
5	8 050	8 250	—

$$\text{乙方案投资回收期 PP} = 3 + \frac{3\ 150}{3\ 350} = 3.94\ \text{年}$$

企业进行投资评价时，首先要将投资方案的回收期与期望回收期相比较，如果投资方案回收期小于等于期望回收期，此方案可以采纳；否则不可采纳。如果同时有几个投资方案可供选择，应该比较各个投资方案的回收期，先取短者。

投资回收期的优点也是能够直观地反映原始总投资的返本期限，便于计算和理解，主要缺点在于：①没有考虑资金时间价值；②只考虑了回收期内的现金净流量，没有考虑回收期满后的现金净流量。所以，它有一定的局限性，一般只能作为项目投资决策的次要指标使用。

三、贴现评价指标的含义、计算方法及特点

1. 净现值

净现值（记作 NPV）是指在项目计算期内，按选定的贴现率计算的各年现金净流量的现值的代数和。其计算公式为：

$$\text{净现值} = \sum(\text{项目计算期内各年的现金净流量} \times \text{复利现值系数})$$

$$\mathrm{NPV} = \sum_{t=1}^{n} \mathrm{NCF}_t \times (P/F, i, n)$$

在原始投资均集中在建设期初一次性投入，其余时间不再发生投资的情况下，净现值是指按选定的贴现率计算的项目投产后各年现金净流量的现值之和减去初始投资后的余额。其计算公式为：

净现值＝∑(项目投产后各年的现金净流量×复利现值系数)－初始投资额

① 经营期内各年现金净流量相等、建设期为零时，净现值的计算公式为：

净现值＝经营期每年相等的现金净流量×年金现值系数－投资现值

② 经营期内各年现金净流量不相等、建设期为零时，净现值的计算公式为：

净现值＝∑(经营期各年的现金净流量×各年复利的现值系数)－投资现值

评价准则：投资方案的净现值大于或等于零，该方案为可行方案；投资方案的净现值小于零，该方案为不可行方案；几个方案的投资额相同，项目计算期相等且净现值均大于零，那么净现值最大的方案为最优方案。

如果几个投资方案的初始投资额不相等，则不宜采用净现值指标评价，可采用其他评价指标（如净现值率等）进行分析和评价。

【职业能力操作】

根据资料所示，中信股份有限公司甲、乙两个方案的净现值计算如下。

甲方案投入使用后每年的现金净流量相等，可按年金现值一次计算。贴现率为14%，期限为5年，查表得年金现值系数为3.433 1，则甲方案的净现值计算如下：

甲方案净现值＝4 500×3.433 1－15 000＝448.95（元）

乙方案投入使用后每年的现金净流量不相等，可按复利现值进行计算。贴现率为14%，期限为5年，各年的复利现值系数查表可得，则乙方案的净现值计算如下：

乙方案净现值＝4 250×0.877 2＋3 950×0.769 5＋3 650×0.675 0＋3 350×0.592 1＋8 050×0.519 4－(12 000＋3 000)

＝396.08（元）

通过上面计算看出，两个方案的净现值均大于零，故都是可行的方案。

应当指出的是，在项目评价中，正确地选择贴现率至关重要，它直接影响项目评价的结论。如果选择的贴现率过低，会导致一些经济效益较差的项目得以通过，从而浪费了有限的社会资源；如果选择的贴现率过高，则会导致一些效益较好的项目不能通过，从而使有限的社会资源不能充分发挥作用。在实务中，一般采用以下几种方法来选定项目的贴现率：①以投资项目的资金成本作为贴现率；②以投资的机会成本作为贴现率；③根据不同阶段采用不同的贴现率（在计算项目建设期净现金流量现值时，以贷款的实际利率作为贴现率；在计算项目经营期净现金流量时，以全社会资金平均收益率作为贴现率）；④以行业平均资金收益率作为项目贴现率。

净现值的优点：一是考虑了资金的时间价值，能够反映各投资方案的净收益，增强投资经济性的评价；二是考虑了项目计算期的全部净现金流量，体现了流动性与收益性的统一；三是考虑了投资风险性，因为贴现率的大小与风险的高低有关，风险越高，贴现率也就越高。因此，用净现值指标进行评价的方法是一种较好的方法。

其缺点是不能揭示各个投资方案本身可能达到的实际投资报酬率是多少，当各个投资方案的投资额不相同时，单纯看净现值的绝对值就不能做出正确的评价。因此，就应与其他方法结合进行评价。

2. 净现值率

净现值率（记作 NPVR）是指投资项目的净现值占原始投资现值总额的百分比，即单位投资现值的净现值。它反映了单位投资现值所能实现的净现值大小。通常它是作为净现值的辅助指标来使用的。计算公式为：

$$净现值率=\frac{投资项目净现值}{原始投资现值总额}\times 100\%$$

评价准则：①净现值率的值越大越好；②该指标小于 0 时，方案不可行。

【职业能力操作】

根据资料所示，中信股份有限公司甲、乙两个方案的净现值率计算如下：

$$甲方案净现值率=\frac{448.95}{15\ 000}\times 100\%=2.99\%$$

$$乙方案净现值率=\frac{396.08}{15\ 000}\times 100\%=2.64\%$$

净现值率是一个贴现的相对量评价指标，采用净现值率的决策标准与净现值是相同的。其优点在于可以从动态的角度反映项目投资的资金投入与净产出之间的关系，其缺点与净现值指标相似，同样无法直接反映投资项目的实际收益率。

3. 现值指数

现值指数（记作 PI）是指按选定的贴现率计算的项目投产后各年现金净流量的现值之和与原始投资现值总额之比。计算公式为：

$$现值指数=\frac{项目投资各年净现金流量现值之和}{原始投资现值总额}\times 100\%=净现值率+1$$

评价准则：①现值指数的值越大越好；②该指标小于 1 时，方案不可行。

对于单一方案项目来说，净现值率大于或等于零、现值指数大于或等于 1 是项目可行的必要条件。

【职业能力操作】

根据资料所示，中信股份有限公司甲、乙两个方案的现值指数计算如下：

$$甲方案现值指数=\frac{15\ 448.95}{15\ 000}=1.029\ 9$$

$$乙方案现值指数=\frac{15\ 396.08}{15\ 000}=1.026\ 4$$

多个投资项目应采用净现值率大于零或现值指数大于 1 中的最大者。采用现值指数这一指标进行投资项目决策评价的标准是：如果投资方案的现值指数大于 1，该方案为可行方案；如果投资方案的现值指数小于 1，该方案为不可行方案；如果几个方案的现值指数均大于 1，那么现值指数越大，投资方案越好。但在采用现值指数进行互斥方案的选择时，正确的选择原则不是选择现值指数最大的方案，而是在保证现值指数大于 1 的条件下，使追加投资所得的追加收入最大化。

现值指数的优缺点与净现值基本相同，但有一重要区别是，现值指数可从动态的角度反映项目投资的资金投入与总产出之间的关系，可以弥补净现值在投资额不同方案之间不能比较的缺陷，使投资方案之间可直接用现值指数进行对比。其缺点除了无法直接反映投资项目的实际收益率外，计算起来比净现值指标复杂，计算口径也不一致。因此，在实务中通常并不要求直接计算现值指数，如果需要考核这个指标，可在求得净现值率的基础上推算出来。

4. 内含报酬率

内含报酬率又称内部收益率（记作 IRR），是指能够使未来现金流入现值等于未来现金流出现值的贴现率，或者说是使投资项目的净现值等于零的贴现率。内含报酬率反映了投资项目的实际报酬率，越来越多的企业使用该指标对投资项目进行评价。内含报酬率的计算过程如下。

① 如果每年的现金净流量相等，则按下列步骤计算。

第一步：计算年金现值系数 b。计算公式为：

$$年金现值系数=\frac{初始投资额}{每年现金净流量}$$

第二步：查年金现值系数表，在相同的期数内，找出与上述年金现值系数相邻近的较大和较小的两个贴现率。

第三步：根据上述两个邻近的贴现率（R_1 和 R_2）和已求得的年金现值系数，采用插值法计算出该投资项目的内含报酬率。计算公式为：

$$\mathrm{IRR}=R_1+(R_2-R_1)\times\frac{b-b_1}{b_2-b_1}$$

② 如果每年的现金净流量不相等，则需要按下列步骤计算。

第一步：先预估一个贴现率，并按此贴现率计算净现值。如果计算出的净现值为正数，则表明预估的贴现率小于该投资项目实际内含报酬率，应予以提高，再进行测算；如果计算出的净现值为负数，则表明预估的贴现率大于该投资项目的实际内含报酬率，应降低贴现率后进一步测试，再进行测算。经过如此反复的测算，找到净现值由正到负并且比较接近于零的两个贴现率。

第二步：根据上述两个邻近的贴现率，再用插值法计算出投资项目的实际内含报酬率。

$\mathrm{IRR}\rightarrow \mathrm{NPV}_0=0$

测试 $R_1\rightarrow \mathrm{NPV}_1=b_1>0$

测试 $R_2\rightarrow \mathrm{NPV}_2=b_2<0$

$\mathrm{IRR}=R_1+(R_2-R_1)\times\frac{0-b_1}{b_2-b_1}$ 或

$\mathrm{IRR}=R_2-(R_2-R_1)\times\frac{b_2-0}{b_2-b_1}$

评价准则：①内含报酬率的值越大越好；②该指标小于资金成本时，方案不可行。

【职业能力操作】

根据资料所示，中信股份有限公司甲、乙两方案的内含报酬率计算如下。

因甲方案的每年现金净流量相等，故可采用下列方法计算其内含报酬率：

$$年金现值系数=\frac{15\,000}{4\,500}=3.333\,3$$

查年金现值系数表，现用插值法计算如下：

$$甲方案内含报酬率=14\%+\frac{3.333\,3-3.433\,1}{3.274\,3-3.433\,1}\times 2\%=15.26\%$$

乙方案的每年现金净流量不相等，因此，必须逐次进行测算，测算过程如表 4-7 所列。

表 4-7　内含报酬率计算表

年度	每年现金净流量/元	测试 14%		测试 16%	
		复利现值系数	现值/元	复利现值系数	现值/元
0	−15 000	1.000 0	−15 000	1.000 0	−15 000
1	4 250	0.877 2	3 728.1	0.862 1	3 663.925
2	3 950	0.769 5	3 039.525	0.743 2	2 935.64
3	3 650	0.675 0	2 463.75	0.640 7	2 338.555
4	3 350	0.592 1	1 983.535	0.552 3	1 850.205
5	8 050	0.519 4	4 181.17	0.476 1	3 832.605
净现值	—	—	396.08	—	−379.07

在表 4-7 中，先按 14%的贴现率进行测算，净现值为正数，再把贴现率调高到 16%进行第二次测算，净现值为负数，这说明该项目的内含报酬率一定在 14%～16%之间。现用插值法计算如下：

$$乙方案内含报酬率=14\%+\frac{0-396.08}{-379.07-396.08}\times 2\%=15.02\%$$

内含报酬率是贴现的相对量正指标，采用这一指标的决策标准是将所测算的各方案的内含报酬率与其资金成本对比，如果方案的内含报酬率大于其资金成本，该方案为可行方案；如果投资方案的内含报酬率小于其资金成本，为不可行方案。如果几个投资方案的内含报酬率都大于其资金成本，且各方案的投资额相同，那么内含报酬率与资金成本之间差异最大的方案最好；如果几个方案的内含报酬率均大于其资金成本，但各方案的原始投资额不等，其决策标准应是“投资额×(内含报酬率－资金成本）”最大的方案为最优方案。

内含报酬率的优点是非常注重资金的时间价值，能从动态的角度直接反映投资项目的实际收益水平，且不受行业基准收益率高低的影响，比较客观。但该指标的计算过程比较麻烦，当进入生产经营期又发生大量追加投资时，就有可能导致多个高低不同的内含报酬率出现，依据多个内含报酬率进行评价就会失去实际意义。

以上介绍的净现值、净现值率、现值指数、内含报酬率四个指标都属于贴现的决策评价指标，它们之间存在以下数量关系，即：当净现值>0 时，净现值率>0，现值指数>1，内含报酬率>设定贴现率；当净现值=0 时，净现值率=0，现值指数=1，内含报酬率=设定贴现率；当净现值<0 时，净现值率<0，现值指数<1，内含报酬率<设定贴现率；此外，净现值率的计算需要在已知净现值的基础上进行，内含报酬率在计算时也需要利用净现值的计算技巧或形式。这些指标都会受到建设期长短、投资方式以及各年净现金流量的数量特征的影响。所不同的是净现值为绝对量指标，其余为相对量指标，计算净现值、净现值率和现值指数所依据的贴现率都是事先已知的设定贴现率，而内含报酬率的计算本身与设定贴现率的高低无关。

任务四　项目投资决策评价指标的应用

一、独立方案可行性评价及决策

1. 独立方案

独立方案是指在财务管理中一组相互分离、互不排斥的方案。评价单一方案，财务可行性评价就是做出最终决策的过程。不同的指标评价结果可能会不一致，这样会产生评价的财务可行性程度的差异。根据差异的程度，独立方案的财务可行性分为四种情况：完全具备财务可行性、基本具备财务可行性、基本不具备财务可行性、完全不具备财务可行性。

2. 独立方案的财务可行性决策原则

（1）完全具备财务可行性　如果某一投资项目的主要指标和次要、辅助指标结论均为可行，则可以断定该投资项目完全具备财务可行性，应当进行投资。这些条件是：净现值 NPV≫0，净现值率 NPVR≫0，现值指数 PI≫1，内含报酬率 IRR≫预期报酬率 i；包括建设期的静态回收期 PP≪$n/2$；不包括建设期的静态回收期 PP′≪$P/2$；投资收益率 ROI≫基准投资收益率 i。

（2）基本具备财务可行性　若主要指标处于可行区间，而次要或辅助指标处于不可行区间，则基本具备财务可行性。

（3）基本不具备财务可行性　若主要指标处于不可行区间，而次要或辅助指标处于可行区间，则基本不具备财务可行性。

（4）完全不具备财务可行性　若主要指标处于不可行区间，次要或辅助指标也处于不可行区间，则完全不具备财务可行性。

对独立方案进行财务可行性评价的过程中，当主要指标与次要或辅助指标评价结论发生矛盾时，应该以主要指标为准；只有完全具备或基本具备财务可行性的方案才可接受；完全不具备或基本不具备财务可行性的方案只能放弃。

二、多个互斥方案的决策

（一）互斥方案

互斥方案是指互相关联、互相排斥的方案。即一组方案中的各个方案彼此可以相互代替，采纳方案组中的某一方案，就会排斥这组方案中的其他方案。

多个互斥方案的比较决策，是在已具备财务可行性的前提下比较各个方案的优劣，利用评价指标从各个备选方案中最终选出一个最优方案的过程。

项目投资互斥方案比较决策的方法主要包括净现值法、净现值率法、差额投资内部收益率法、年等额净回收额法和计算期统一法等具体方法。

1. 原始投资相同且项目计算期相等

原始投资相同且项目计算期相等时，采用净现值法（或净现值率法）评价方案优劣。

2. 原始投资不相同，项目计算期相等

原始投资不相同，但项目计算期相等时，采用差额投资内部收益率法。

分三步：第一步计算 ΔNCF；第二步计算 ΔIRR；第三步与行业基准贴现率比较（若 ΔIRR≥i_c，选原始投资大的方案；若 ΔIRR<i_c，选原始投资小的方案）。

注：ΔIRR 是使 ΔNCF 的现值代数和为零时的贴现率，或 ΔNPV＝0 时的贴现率，不是两个方案内部收益率的差额。

3. 项目计算期不相等

项目计算期不相等时，采用年等额净回收额法或计算期统一法。

（1）年等额净回收额法

$$年等额净回收额=NPV\times(A/P,i_c,n)$$

式中，n 为项目计算期。

第一步：计算净现值 NPV。

第二步：计算年等额净回收额（年金 A）。计算公式如下：

$$A=\frac{\text{NPV}}{(P/A,i,n)}$$

第三步：根据年等额净回收额判断方案优劣，数值越大越好。

【职业能力操作】

根据前述资料所示，假设中信公司甲方案的投资寿命期改为 7 年，初始投资改为18 860元，其余条件不变，那么甲、乙两方案的年均净现值计算如下。

甲方案：年等额净回收额 $=\text{NPV}\times(A/P,i_c,n)$

$$\begin{aligned}\text{NPV}_{甲}&=4\,500\times(P/A,14\%,7)-18\,860\\&=4\,500\times4.288\,3-18\,860\\&=437.35\text{（元）}\end{aligned}$$

$$\begin{aligned}则年等额净回收额&=\text{NPV}_{甲}/(P/A,i_c,n)\\&=437.35\div4.288\,3\\&=101.99\text{（元）}\end{aligned}$$

乙方案：前面已知 $\text{NPV}_{乙}=396.08$ 元，

$$\begin{aligned}则年等额净回收额&=\text{NPV}_{乙}/(P/A,i_c,n)\\&=396.08\div3.433\,1\\&=115.37\text{（元）}\end{aligned}$$

项目投资的净现值表明甲方案优于乙方案，应选用甲方案。但这种分析是不完全的，因为没有考虑两个项目投资的寿命是不同的。从上面的计算可以看出，乙方案的平均净现值比甲高，即年乙方案等额净回收额＞甲年等额净回收额，所以，此时的中信股份有限公司应该选用乙方案。

(2) 计算期统一法　包括方案重复法和最短计算期法。方案重复法是将各方案计算期的最小公倍数作为比较方案的计算期，进而调整有关指标，并据此进行比选；最短计算期法是将各方案的年等额净回收额计算出来后，再按照最短计算期来计算净现值，并据此比选。

(二) 两种特殊的固定资产投资决策

1. 固定资产更新决策

固定资产更新决策需要注意以下几点。

① 决策比较期（项目计算期）为旧设备的尚可使用年限。

② 对于更新决策，计算的是 ΔNCF。

③ ΔNCF_0＝－(新设备的投资－旧设备的变价净收入)＝－增加的投资额。

④ 清理损失抵税的处理规定：有建设期，属于建设期末的 NCF；没有建设期，属于经营期第一年的现金流量，即 ΔNCF_1＝Δ 运营期每年不含回收额的税后净现金流量 NCF_1＋清理损失抵税。

⑤ 旧设备的年折旧＝(旧设备变价净收入－旧设备残值)/尚可使用年限

Δ 折旧＝新设备的年折旧－旧设备的年折旧＝(增加的投资额－新旧设备残值的差额)/尚可使用年限

⑥ 决策标准：若 $\Delta\text{IRR}\geqslant i_c$，更新；若 $\Delta\text{IRR}<i_c$，不更新。

2. 购买或经营租赁固定资产的决策

购买或经营租赁固定资产的决策通常有以下两种方法。

① 分别计算两个方案的差量净现金流量，然后按差额投资内部收益率法进行决策。

决策标准：若 $\Delta IRR \geqslant i_c$，购买；若 $\Delta IRR < i_c$，经营租赁。

② 直接比较两个方案贴现总费用的大小，然后选择贴现总费用低的方案。

购买方案的贴现总费用＝购买设备的投资现值－折旧抵税的现值－固定资产余值的现值

租赁方案的贴现总费用＝税后租金的现值

三、多项目组合决策原则

① 在资金总量不受限制的情况下，选择所有净现值大于 0 的方案进行组合，可按每一项目的净现值大小来排序，确定优先考虑的项目顺序。

② 在资金总量受到限制时，则需按净现值率或获利指数的大小，结合净现值进行各种组合排序，从中选出能使 NPV 最大的最优组合。

总之，在主要考虑投资效益的条件下，多方案比较决策的主要依据就是能否保证在充分利用资金的前提下获得尽可能多的净现值总量。

【职业能力训练】

一、单项选择题

1. 投资项目的建设起点与终结点之间的时间间隔称为（　　）。

A. 项目计算期　　B. 生产经营期　　C. 建设期　　D. 试产期

2. 企业投资 20 万元购入一台设备，预计投产后每年获利润 4 万元，固定资产年折旧额为 2 万元，则投资回收期为（　　）。

A. 6.7 年　　B. 10 年　　C. 3.33 年　　D. 5 年

3. 净现值与现值指数相比，其缺点是（　　）。

A. 考虑了货币时间价值　　B. 考虑了投资风险价值

C. 不便于投资额相同的方案的比较　　D. 不便于投资额不同的方案的比较

4. 当净现值为零时，则可说明（　　）。

A. 投资方案无收益　　B. 投资方案只能获得平均利润

C. 投资方案只能收回投资　　D. 投资方案亏损，应拒绝接受

5. 下列投资决策评价指标中，其数值越小越好的指标是（　　）。

A. 净现值率　　B. 投资回收期　　C. 内含报酬率　　D. 投资利润率

6. 某项目原始投资 9 000 万元，寿命期 3 年，每年现金流入分别为 1 200 万元、6 000 万元、6 000 万元，该项目的回收期为（　　）。

A. 2.3 年　　B. 3 年　　C. 2 年　　D. 2.5 年

7. 建设期不为零且经营期各年现金净流量相等时，经营期各年现金净流量的现值之和的计算可采用的方法是（　　）。

A. 先付年金现值　　B. 永续年金现值　　C. 后付年金现值　　D. 递延年金现值

8. 差额内含报酬率与内含报酬率的区别在于差额内含报酬率的计算依据是（　　）。

A. 现金流入量　　B. 现金流出量　　C. 差量净现金流量　　D. 净现金流量

9. 当贴现率为 10% 时，某项目的净现值为 500 元，则说明该项目的内含报酬率

（　　）。

A. 高于10％　　B. 低于10％　　C. 等于10％　　D. 无法确定

二、多项选择题

1. 在经营期内的任何一年中，该年的净现金流等于（　　）。

A. 原始投资额的负值　　B. 原始投资与资本化利息之和

C. 该年现金流入量与流出量之差　　D. 该年利润、折旧、摊销额和利息之和

2. 投资决策中可用来作为贴现率的指标有（　　）。

A. 资金成本率　　B. 投资的机会成本率

C. 社会平均资金利润率　　D. 行业平均资金利润率

3. 当新建项目的建设期不为零时，建设期内各年的净现金流量可能（　　）。

A. 小于0　　B. 等于0　　C. 大于0　　D. 大于1

4. 如果一投资项目NPV＝0，则下列说法正确的有（　　）。

A. 该投资项目的获利指数＝1　　B. 该投资项目的净现值率＝0

C. 该投资项目的IRR等于设定的贴现率　　D. 该投资项目的投资利润率为0

5. 适用于评价原始投资额不相同的互斥型投资方案的方法是（　　）。

A. 投资回收期　　B. 净现值法

C. 差额投资内部收益率法　　D. 年等额净回收额法

6. 项目投资的主要特点有（　　）。

A. 投资数额大　　B. 投资风险高　　C. 影响时间长　　D. 变现能力差

7. 下列项目中，属于现金流入量项目的有（　　）。

A. 营业收入　　B. 建设投资　　C. 回收流动资金　　D. 经营成本

8. 项目投资的一般程序为（　　）。

A. 项目设计　　B. 可行性分析　　C. 决策评价　　D. 项目实施

9. 净现值法的优点有（　　）。

A. 考虑了资金时间价值　　B. 考虑了项目计算期的全部净现金流量

C. 考虑了投资风险　　D. 可从动态上反映项目的实际投资收益率

10. 若净现值为负数，表明该投资项目（　　）。

A. 为亏损项目，不可行

B. 它的投资报酬率小于0，不可行

C. 它的投资报酬率没有达到预定的贴现率，不可行

D. 它的投资报酬率不一定小于0

三、计算与分析题

1. 丽华企业拟购置一台设备，购入价200 000元，预计可使用5年，净残值为8 000元，假设资金成本率为10％，投产后每年可增加净利50 000元。

要求：(1) 用直线法计算该项设备的各年折旧额。

(2) 列式计算该投资方案的净现值。

(3) 列式计算该投资方案的现值指数。

2. 万利企业准备购入一台设备以扩充生产能力。现有甲、乙两个方案可供选择。甲方案需投资20 000元，使用寿命5年，采用直线法计提折旧，5年后无残值，5年中每年可实现销售收入15 000元，每年付现成本为5 000元。乙方案需投资30 000元，采用直线法计提

折旧，使用寿命也是 5 年，5 年后有残值收入 4 000 元，5 年中每年销售收入为 17 000 元，付现成本第一年为 5 000 元，以后逐年增加修理费用 200 元，另需垫支营运资金 3 000 元。假设所得税税率为 25%，资金成本为 12%。

要求：(1) 计算两个方案的现金流量。

(2) 计算两个方案的净现值。

(3) 计算两个方案的现值指数。

(4) 计算两个方案的内含报酬率。

(5) 计算两个方案的投资回收期。

(6) 试判断应采用哪个方案。

3. 利达公司某项目建设期一年，在建设起点进行固定资产投资 150 万元，建设期资本化利息 10 万元，建设期期末垫支流动资金 30 万元。项目使用寿命 5 年，期满净残值 10 万元，同时收回全部流动资金，使用直线法计算折旧。项目投产后，每年可获营业收入 200 万元，付现成本 50 万元，同时经营期每年支付借款利息 20 万元。假定企业所得税税率为 25%，资本成本率为 10%。

要求：(1) 计算项目计算期内各年现金净流量。

(2) 计算该项目的净现值、净现值率、现值指数和投资回收期，并评价项目的可行性。

项目五 证券投资管理

【职业学习目标】

知识目标

1. 掌握证券投资方法；
2. 掌握证券投资决策评价指标的计算；
3. 掌握企业证券投资方法。

能力目标

1. 能够准确进行企业证券决策；
2. 能够独立进行企业投资决策的可行性分析。

素质目标

1. 树立大局意识，提高企业经济效益；
2. 能良好地处理企业财务关系；
3. 形成精准高效的职业素养。

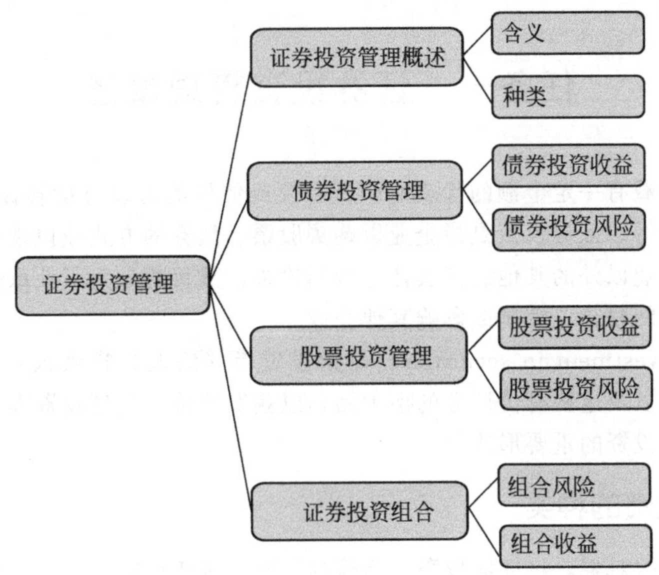

【情境引例】

企业进行证券投资时，都会面临着较大的利率风险。利率风险就是指由于市场利率的变动而导致证券价格的变化，从而给证券投资者带来损失的风险。

不同的证券受利率风险的影响不同，其中，固定收益证券特别是债券受利率风险的影响最大。利率提高，债券的价格相应下跌。目前公司有一债券，其票面金额为100元，票面利率为6%，期限为5年，每年付息一次。债券发行时，市场利率如果也为6%，则此债券将会按票面金额进行平价发行。一年以后，由于市场前景看好，资金供不应求，市场利率上升到7%，从理论上来说，债券价格将会下降。利率上升以后，上述债券的价格将发生怎样的变化？

为了减轻债券利率风险的影响，正确预见债券市场利率将要提高时，减少对固定利率债券尤其是长期固定利率债券的持有。但是，其前提是能够正确地预测利率的变化。请问，在预测利率的变化时，应该考虑哪些因素的影响？

从2015年开始，为了刺激我国经济增长，截至2016年2月，中国人民银行已经连续6次调低银行存款利率，一年期定期存款利率降至1.5%。以后一段时间我国的利率走势会发生什么样的变化？此时正在进行证券投资的话，将如何防范风险？

【项目引言】

收益和风险是证券投资的核心问题，人们购买证券的目的就是获得投资收益，但是，为了获得投资收益，投资者又必须承担风险，包括市场风险、利率风险、购买力风险、信用风险和公司经营风险等。如何在收益和风险之间进行权衡成为人们证券投资考虑的重要问题。在我国，证券投资的对象主要有股票、债券和可转换公司债等，影响这些证券价格的因素非常多，如何对这些证券进行价格分析也是证券投资的一个核心问题。作为一种投资经济行为以获取所期望的报酬，这也是企业财务管理的重要内容。本项目的学习目的是运用证券投资决策理论掌握企业证券投资决策的可行性分析和决策方法。

任务一　证券投资管理概述

证券是指票面载有一定金额的代表财产所有权或债权的可以有偿转让的凭证，如债券、股票、短期融资券等。证券投资是指企业以购买股票、债券的方式或以现金、实物资产、无形资产等方式向企业以外的其他经济实体进行的投资。其目的是为了获取投资收益、分散经营风险、加强企业间联合、控制或影响其他企业。

证券投资（investment in securities）是指投资者（法人或自然人）买卖股票、债券、基金券等有价证券以及这些有价证券的衍生品，以获取差价、利息及资本利得的投资行为和投资过程，是间接投资的重要形式。

一、证券投资的种类

根据证券投资的对象，将证券投资分为债券投资、股票投资、基金投资和组合投资。

1. 债券投资

债券投资是指企业将资金投向各种各样的债券，例如，企业购买国库券、公司债券和短期融资券等都属于债券投资。与股票投资相比，债券投资能获得稳定收益，投资风险较低。

2. 股票投资

股票投资是指企业将资金投向其他企业所发行的股票，将资金投向优先股、普通股都属于股票投资。企业投资于股票，尤其是投资于普通股票，要承担较大风险，但在通常情况下，也会取得较高收益。

3. 基金投资

基金投资是一种利益共享、风险共担的集合投资方式，即通过发行基金股份或受益凭证等有价证券聚集众多的不确定投资者的出资，交由专业投资机构经营运作，以规避投资风险并谋取投资收益。与股票相比，企业投资基金能在风险较低的情况下获得较高收益。

4. 组合投资

投资组合又叫证券投资组合，是指企业将资金同时投资于多种证券，例如，既投资于国库券，又投资于企业债券，还投资于企业股票。组合投资可以有效地分散投资风险，是企业等法人进行证券投资时常用的有效方式。

二、证券投资风险

风险、收益是财务管理中最基本的概念，对于证券投资更是如此。证券投资风险是指投资者在证券投资过程中遭受损失或达不到预期收益的可能性。证券投资的风险可以分为两类，即心理风险和经济风险。心理风险是指证券投资可能对投资者心理上造成的伤害；经济风险则是由于种种因素的影响而给投资者造成经济损失的可能性。对投资者而言，心理风险和经济风险具有同等的重要性。但由于心理风险通常取决于投资者素质与承受能力的强弱，并且难以衡量，故大多数情况下谈及投资风险仅指经济风险。证券投资风险主要来源于以下几个方面。

1. 违约风险

违约风险是指证券发行人无法按期支付利息或偿还本金的风险。一般而言，政府发行的证券违约风险较小，金融机构发行的证券次之，而企业证券的违约风险最大。造成企业证券违约的原因主要有以下几个方面：①政治、经济形势发生重大变动；②发生自然灾害，如水灾、火灾等；③企业经营管理不善、成本高、浪费大；④企业在市场竞争中失败，主要顾客消失；⑤企业财务管理失败，不能及时清偿到期债务。

2. 利率风险

由于利息率的变动而引起证券价格波动，进而使投资人遭受损失的风险叫利率风险。证券的价格将随利息率的变动而变动。一般而言，银行利率下降，则证券价格上升；银行利率上升，则证券价格下跌。不同期限的证券，其利率风险不一样。有价证券持有的期限越长，其利率风险就越大。

3. 购买力风险

购买力风险又称为通货膨胀风险，是指由于通货膨胀而使证券到期或出售时所获得的货币资金的购买力降低的风险。在通货膨胀期间，购买力风险对于投资者相当重要。一般来说，预期报酬率会上升的资产，其购买力风险会低于报酬率固定的资产。例如，房地产、普通股等投资受到的影响较小，而收益长期固定的债券受到的影响较大，前者更适合作为减少通货膨胀损失的避险工具。

4. 流动性风险

流动性风险又称为变现风险，是指投资者不能按一定的价格及时卖出有价证券收回现金而承担的风险。这就是说，如果投资人遇到另一个更好的投资机会，他想出售现有资产以便再投资，但短期内找不到愿意出合理价格的买主，要把价格降得很低才能找到买主，或者要花很长时间才能找到买主，他不是丧失新的机会就是蒙受折价损失。例如，某人买了一种冷门债券，当他想在短期内出售时，就只好折价。如果他当初买的是国库券，国库券有一个活跃的市场，就可以在极短的时间里以合理的市价格将其售出。

5. 期限性风险

由于证券期限长而给投资人带来的风险叫期限性风险，又称为到期风险。一项投资，到期日越长，投资人遭受的不确定因素就越多，承担的风险越大。例如，同一家企业发行的十年期债券要比一年期债券的风险大，这便是证券的期限性风险。

三、基金投资

基金投资是一种利益共享、风险共担的集合投资方式，即通过发行基金股份或受益凭证等有价证券聚集众多的不确定投资者的出资，交由专业投资机构经营运作，以规避投资风险并谋取投资收益。基金投资是以投资基金为运作对象的投资方式。

（一）基金的特点

投资基金是一种有价证券，但它与股票、债券不同，其特点主要表现在如下几个方面。

1. 发行的主体不同，体现的权利关系也不同

投资基金证券是由基金发起人发行的，投资基金证券投资人与发起人之间是一种契约关系，投资人与发起人都不参与基金的运营管理，而是委托基金管理人进行运营。受托的管理人根据“受人之托，代人理财，忠实服务，科学运营”的原则，按基金章程规定的投资限制对基金自主运用，以保证投资人有较丰厚的收益。发起人与管理人、托管人之间完全是一种信托契约关系，这种关系与股票、债券所体现的关系具有明显的区别。

2. 风险和收益不同

投资基金由投资专家组成的专门投资机构进行投资组合管理，具有一定的规模，这种组合以降低风险为出发点，其风险小于股票投资的风险，但仍属于冒险的投资项目，其风险大于债券投资。由于投资基金的风险不固定，其收益也是不固定的，一般小于股票投资，大于债券投资。

3. 存续时间不同

投资基金都规定有一定的存续时间，期满即终止，但是投资基金经持有人大会或基金公司董事会决定可以提前终止，也可以期满再延续。这一点与债券、股票也有明显的区别。

（二）投资基金的种类

1. 根据组织形态的不同分类

根据组织形态的不同，投资基金可分为契约型基金和公司型基金。

（1）契约型基金　契约型基金又称为单位信托基金，是指把受益人（投资者）、管理人、托管人三者作为基金的当事人，由管理人与托管人通过签订信托契约的形式发行受益凭证而设立的一种基金。契约型基金由基金管理人负责基金的管理操作；由基金托管人作为基金资产的名义持有人，负责基金资产的保管和处置，对基金管理人的运作实行监督。

（2）公司型基金　公司型基金是按照《公司法》以公司形态组成的，它以发行股份的方式募集资金。一般投资者购买该公司的股份即为认购基金，也就成为该公司的股东，凭其持有的基金份额依法享有投资收益。

（3）契约型基金与公司型基金的比较

① 资金的性质不同。契约型基金的资金是信托财产，公司型基金的资金为公司法人的资本。

② 投资者的地位不同。契约型基金的投资者购买受益凭证后成为基金契约的当事人之一，即受益人；公司型基金的投资者购买基金公司的股票后成为该公司的股东，以股息或红利形式取得收益。因此，契约型基金的投资者没有管理基金资产的权利，而公司型基金的股东通过股东大会和董事会享有管理基金公司的权利。

③ 基金的运营依据不同。契约型基金依据基金契约运营基金，公司型基金依据基金公司章程运营基金。

2. 根据变现方式的不同分类

根据变现方式的不同，投资基金可分为封闭式基金和开放式基金。

（1）封闭式基金　封闭式基金是指基金的发起人在设立基金时限定了基金单位的发行总额，筹集到这个总额后，基金即宣告成立，并进行封闭，在一定时期内不再接受新的投资。基金单位的流通采取在交易所上市的办法，通过二级市场进行竞价交易。

（2）开放式基金　开放式基金是指基金发起人在设立基金时，基金单位的总数是不固定的，可视经营策略和发展需要追加发行。投资者也可根据市场状况和各自的投资决策，或者要求发行机构按现期净资产值扣除手续费后赎回股份或受益凭证，或者再买入股份或受益凭证，增加基金单位份额的持有比例。

（3）封闭式基金与开放式基金的比较

① 期限不同。封闭式基金通常有固定的封闭期；开放式基金没有固定期限，投资者可随时向基金管理人赎回。

② 基金单位的发行规模要求不同。封闭式基金在招募说明书中列明其基金规模；开放

式基金没有发行规模限制。

③ 基金单位转让方式不同。封闭式基金的基金单位在封闭期限内不能要求基金公司赎回；开放式基金的投资者则可以在首次发行结束一段时间（多为3个月）后，随时向基金管理人或中介机构提出购买或赎回申请。

④ 基金单位的交易价格计算标准不同。封闭式基金的买卖价格受市场供求关系的影响，并不必然反映公司的净资产值；开放式基金的交易价格则取决于基金的每单位资产净值的大小，基本不受市场供求影响。

⑤ 投资策略不同。封闭式基金的基金单位数不变，资本不会减少，因此基金可进行长期投资；开放式基金因基金单位可随时赎回，为应付投资者随时赎回兑现，基金资产不能全部用来投资，更不能把全部资本用来进行长线投资，必须保持基金资产的流动性。

3. 根据投资标的不同分类

根据投资标的不同，投资基金可分为股票基金、债券基金、货币基金、期货基金、期权基金、认股权证基金、专门基金等。

(1) 股票基金　股票基金是所有基金品种中最为流行的一种类型，它是指投资于股票的投资基金，其投资对象通常包括普通股和优先股，其风险程度较个人投资股票市场要低得多，且具有较强的变现性和流动性，因此它也是一种比较受欢迎的基金类型。

(2) 债券基金　债券基金是指投资管理公司为稳健型投资者设计的投资于政府债券、市政公债、企业债券等各类债券品种的投资基金。债券基金一般情况下定期派息，其风险和收益水平通常较股票基金低。

(3) 货币基金　货币基金是指由货币存款构成投资组合，协助投资者参与外汇市场投资从而赚取较高利息的投资基金。其投资工具包括银行短期存款、国库券、政府公债、公司债券、银行承兑票据及商业票据等。这类基金的投资风险小，投资成本低，安全性和流动性较高，在整个基金市场上属于低风险的安全基金。

(4) 期货基金　期货基金是指投资于期货市场以获取较高投资回报的投资基金。由于期货市场具有高风险和高回报的特点，因此，投资期货基金既可能获得较高的投资收益，同时也面临着较大的投资风险。

(5) 期权基金　期权基金就是以期权作为主要投资对象的基金。期权交易就是期权购买者向期权出售者支付一定费用后，取得在规定时期内的任何时候以事先确定好的协定价格向期权出售者购买或出售一定数量的某种商品合约的权利的一种买卖。

(6) 认股权证基金　认股权证基金就是指以认股权证为主要投资对象的基金。认股权证是指由股份有限公司发行的能够按照特定的价格在特定的时间内购买一定数量该公司股票的选择权凭证。由于认股权证的价格是由公司的股份决定的，一般来说，认股权证的投资风险较通常的股票要大得多。因此，认股权证基金也属于高风险基金。

(7) 专门基金　专门基金由股票基金发展演化而成，属于分类行业股票基金或次级股票基金，它包括黄金基金、资源基金、科技基金、地产基金等，这类基金的投资风险较大，收益水平较易受到市场行情的影响。

（三）基金投资的优缺点

1. 基金投资的优点

基金投资的最大优点是能够在不承担太大风险的情况下获得较高收益。原因在于投资基金具有专家理财优势，具有资金规模优势。

2. 基金投资的缺点

① 无法获得很高的投资收益。投资基金在投资组合过程中，在降低风险的同时也丧失了获得巨大收益的机会。

② 在大盘整体大幅度下跌的情况下，投资人可能承担较大风险。

任务二 债券投资决策

一、债券投资

债券是发行者为筹集资金向债权人发行的，在约定时间支付一定比例的利息，并在到期时偿还本金的一种有价证券。由企业发行的债券称为企业债券或公司债券，由政府发行的债券称为国库券（一年以内）或国债（一年以上）。

企业进行债券投资的目的：短期债券投资的目的主要是为了配合企业对资金的需求，调节现金余额，使现金达到合理水平；长期债券投资的目的主要是为了获得稳定的收益。

（一）债券的价值

将债券投资未来收取的利息和收回的本金折为现值，即可得到债券的内在价值。债券的内在价值也称为债券的理论价格，只有债券价值大于其购买价格时，该债券才值得购买。影响债券价值的因素主要是债券的票面利率、债券期限日和所采用的贴现率等。

1. 债券面值

债券面值是指设定的票面金额。它代表发行者借入并且承诺于未来某一特定日期偿付给债券持有人的金额。债券面值是计算债券利息的依据。债券面值包括两方面的内容：票面币种和票面金额。

2. 票面利率

债券票面利率是指债券发行者预计一年内向投资者支付的利息占票面金额的比率，又称为名义利率。票面利率不同于实际利率。实际利率通常是指按复利计算的一年期的利率。债券的计息和付息方式有多种，可能按单利或复利计算，利息支付可能半年一次、一年一次或到期日一次总付，这使得票面利率可能不等于实际利率。

3. 债券期限

债券的到期日指偿还本金的日期。债券一般都规定到期日，以便到期归还本金。债券期限通常按照年计算。

4. 市场利率

债券利率一般采用投资时的市场利率或投资人要求的必要报酬率，也称为贴现率。

（二）债券估价

债券的内在价值是指债券未来收到的利息和本金按一定的贴现率折成的现值。

1. 债券估价基本模型

典型的债券是固定利率、每年计算并支付利息、到期归还本金。按照这种模式，债券价值计算的基本模型是：

$$\mathrm{PV}=\sum_{t=1}^{n}\frac{I_t}{(1+R_{\mathrm{d}})^t}+\frac{M}{(1+R_{\mathrm{d}})^n}$$

式中，PV为债券价值；I_t 为各期利息；M 为债券面值；R_d 为贴现率（表现为投资者投资于债券要求的预期必要报酬率）；n 为债券的期限。

【典型工作任务1】 中信公司于2017年10月1日购入达盛公司发行的面额为1 000元的债券，其票面利率为8%，每年10月1日计算并支付利息，并于5年后的9月30日到期，同等风险投资的必要报酬率为10%，计算债券的内在价值。

【职业能力操作】

$$PV=\sum_{t=1}^{n}\frac{I_t}{(1+R_d)^t}+\frac{M}{(1+R_d)^n}$$

$$=\sum_{t=1}^{5}\frac{80}{(1+10\%)^t}+\frac{1\,000}{(1+10\%)^5}$$

$$=80\times3.791+1\,000\times0.621=924.28\text{（元）}$$

2. 纯贴现债券估价模型

纯贴现债券是一种只支付终值的债券。投资者购买这种债券的收益包括两部分：一是自债券发行日起其价值逐渐升高而带来的增值；二是以低于面值的价格购买而到期时以面值被赎回时期间的差价。这种债券在到期日前购买人不能得到任何现金支付，因此也称为“零息债券”。其估价计算公式为：

$$PV=\frac{F}{(1+R_d)^n}$$

式中，F 为债券发行人最后支付的金额。

【典型工作任务2】 中信公司购入海达公司发行的一种面值为1 000元的10年期零息债券，华信公司要求的收益率为15%，计算其内在价值。

【职业能力操作】

$$PV=1\,000/(1+15\%)^{10}=247.2\text{（元）}$$

至于我国许多的到期一次还本付息的债券，实际上也是一种纯贴现债券，只不过到期日不是按票面额支付而是按本利和做单笔支付。如现有一种5年期国库券，面值1 000元，票面利率12%，单利计息，到期一次还本付息，必要报酬率为10%，则其价值为：

$$PV=\frac{1\,000+1\,000\times12\%\times5}{(1+10)^5}=993.48\text{（元）}$$

3. 平息债券估价模型

平息债券是指利息在到期时间内平均支付的债券。支付的频率可能是一年一次、半年一次或每季度一次等。平息债券价值的计算公式为：

$$PV=\sum_{t=1}^{mn}\frac{I/m}{(1+R_d/m)^t}+\frac{M}{(1+R_d/m)^{mn}}$$

式中，m 为年付息次数。

【典型工作任务3】 中信公司购入一种债券，面值1 000元，票面利率8%，半年付息一次，5年到期，必要报酬率为10%。计算债券的内在价值。

【职业能力操作】

按惯例，债券利率为按年计算的名义利率，每半年计息时按年利率的1/2计算，即按4%计息，每次支付40元。必要报酬率按同样方法处理，每半年期的贴现率按5%确定。则该债券的价值为：

$$\begin{aligned}PV &= (80/2)\times(P/A,10\%\div2,5\times2)+1000\times(P/F,10\%\div2,5\times2)\\ &=40\times7.7217+1\,000\times0.6139\\ &=922.77\ (元)\end{aligned}$$

该债券的价值比每年付息一次时的价值（924.28 元）降低了。债券价值随付息频率加快而下降的现象仅出现在折价出售的状态。如果债券溢价出售，则情况正好相反。

【典型工作任务 4】 中信公司购入一公司债券，债券面值为 1 000 元，5 年期，票面利率为 8%，每半年付息一次，必要报酬率为 6%，计算债券的内在价值。

【职业能力操作】

$$\begin{aligned}PV &= 40\times(P/A,6\%\div2,5\times2)+1\,000\times(P/F,6\%\div2,5\times2)\\ &=40\times8.5302+1\,000\times0.7441\\ &=1\,085.31\ (元)\end{aligned}$$

该债券每年付息一次时的价值为 1 084.29 元，每半年付息一次使其价值增加至 1 085.31元。

4. 永久性债券估价模型

永久性债券是指没有到期日，一直定期支付固定利息的债券。英国和美国都曾发行过这种公债。对于永久性公债，通常政府都保留了回购债券的权力。永久性债券的价值为：

$$PV=\sum_{t=1}^{\infty}\frac{I}{(1+R_d)^t}=I/R_d$$

永久性债券的现值可以简单地表示成每期的利息支付额除以给定的贴现率。

【典型工作任务 5】 假定投资者购买了一种永久性债券，该债券无限期每年向投资者支付 100 元，投资者投资于这种债券的必要报酬率为 12%，计算该债券的内在价值。

【职业能力操作】 PV＝100/0.12＝833.33（元）

二、债券投资收益

收益的高低是影响债券投资的主要因素。由于不同的有价证券有其不同的收益方式，因此，对证券投资收益的衡量需要结合具体不同的证券种类。证券投资的收益有绝对数和相对数两种表示方法，在财务管理中通常用相对数即收益率来表示，一般是计算一年内收入流量的证券收益率。

1. 短期债券收益率

短期债券收益率的计算一般比较简单，因为期限短，所以一般不用考虑时间价值因素，基本的计算公式为：

$$i=\frac{S_1-S_0+I}{S_0N}\times100\%$$

式中：i 为债券投资收益率；S_0 为债券买入价格；S_1 为债券卖出价格；I 为债券息收入；N 为债券持有年限（到期年限）。

【典型工作任务 6】 中信公司于 2014 年 6 月 1 日以 102 元的价格购进一张面值为 100 元、票面利率为 8.56%、每年 6 月 1 日支付一次利息的 2014 年发行的 3 年期国债，并持有到 2017 年 5 月 31 日到期。计算该债券的到期收益率为多少。

【职业能力操作】

$$i=\frac{100-102+100\times8.56\%}{100\times0.5}\times100\%=13.12\%$$

计算表明，该债券的到期收益率为13.12%。

2. 长期债券投资收益率

企业进行债券投资，一般每年能获得固定的利息，并在债券到期时收回本金或在中途出售而收回资金。

（1）债券收益率 可按下列公式计算：

$$V=\sum_{t=1}^{n}\frac{I}{(1+i)^t}+\frac{F}{(1+i)^n}$$
$$=I(P/A,i,n)+M(P/F,i,n)$$

式中，V为债券的购买价格；I为每年获得的固定利息；F为债券到期收回的本金或中途出售收回的资金；i为债券投资的收益率；n为投资期限。

（2）债券价值 可按下式计算：

$$V=I(P/A,i,n)+M(P/F,i,n)$$

已知i，求现值。

决策原则：价值V大于价格，购进债券；否则，不购进债券。

由于上式无法直接计算收益率，必须采用逐步测试法及内插法来计算，即先设定一个贴现率代入上式，如计算出的V正好等于债券买价，该贴现率即为收益率；如计算出的V与债券买价不等，则须继续测试，再用内插法求出收益率。

【职业思考】

公司2017年1月1日拟购进面值1 000元的债券，票面利率8%，市场利率6%，每年1月1日计算并且付息一次，5年期满后还本金。债券价格1 050元，该企业是否购进？

$$价值V=1\,000\times8\%(P/A,8\%,5)+1\,000(P/F,8\%,5)$$
$$=1\,084.29（元）$$

1 084.29大于1 050，可以购进。

公司2017年7月1日以1 105元购进面值1 000元的债券，票面利率8%，每年7月1日计算并且付息一次，5年期满后还本金。公司持有至到期日，计算到期收益率。

价值 $1\,105V=1\,000\times8\%(P/A,i,5)+1\,000(P/F,i,5)$

当$i=6\%$时，$V=1\,083.96$

当$i=4\%$时，$V=1\,178.16$

$R=4\%+(1\,178.16-1\,105)/(1\,178.16-1\,083.96)(6\%-4\%)=5.55\%$

（3）债券到期收益率

$$V=I(P/A,i,n)+M(P/F,i,n)$$

已知现值，求i。

用逐次测试法及内插法求出i。

【典型工作任务7】 新华公司2017年1月1日用平价购买一张面值为1 000元的债券，其票面利率为8%，每年1月1日计算并支付一次利息，该债券于2022年1月1日到期，按面值收回本金。计算其到期收益率。

【职业能力操作】

已知$I=1\,000\times8\%=80$（元），$F=1\,000$（元）

设收益率$i=8\%$，则：

$$V=80\times(P/A,8\%,5)+1\,000\times(P/F,8\%,5)=1000\text{（元）}$$

由上面计算可知，用8%计算出来的债券价值正好等于债券买价，所以该债券的收益率为8%。可见，平价发行的每年复利计息一次的债券，其到期收益率等于票利率。

如果该公司购买该债券的价格为1 100元，即高于面值，则该债券的收益率为多少？

要求算出收益率，必须使下式成立：

$$1\,100=80\times(P/A,i,5)+1\,000\times(P/F,i,5)$$

通过前面计算已知，$i=8\%$时，上式等式右边为1 000元。由于利率与现值呈反向变化，即现值越大，利率越小。而债券买价为1 100元，收益率一定低于8%，降低贴现率进一步试算。

① 用$i=6\%$试算：

$$\begin{aligned}V_1&=80\times(P/A,6\%,5)+1\,000\times(P/F,6\%,5)\\&=80\times4.212\,4+1\,000\times0.747\,3\\&=1\,084.29\text{（元）}\end{aligned}$$

由于贴现结果仍小于1 100元，还应进一步降低贴现率试算。

② 用$i=5\%$试算：

$$\begin{aligned}V_2&=80\times(P/A,5\%,5)+1\,000\times(P/F,5\%,5)\\&=80\times4.329\,5+1\,000\times0.783\,5\\&=1\,129.86\text{（元）}\end{aligned}$$

③ 用内插法计算：

$$K=5\%+\frac{1\,129.86-1\,100}{1\,129.86-1\,084.29}\times(6\%-5\%)=5.66\%$$

所以，如果债券的购买价格为1 100元时，债券的收益率为5.66%。

三、债券投资的优缺点

1. 债券投资的优点

（1）本金安全性高　与股票相比，债券投资风险较小。其中政府发行的债券（包括中央政府发行的国库券和地方政府发行的一般金融债券、收入债券等），因有政府财力做后盾，其本金的安全性非常高，通常被视为“金边债券”。企业债券的持有者拥有优先求偿权，即当企业破产时，优先于股东分得企业资产，因此其本金损失的可能性小。

（2）收入稳定性强　债券票面一般标有固定利息率，债券的发行人有按时支付利息的法定义务。因此，在正常情况下，投资债券都能获得比较稳定的收入。

（3）市场流动性好　许多债券都具有较好的流动性。政府及大企业发行的债券一般都可以在金融市场上迅速出售，流动性较好。

2. 债券投资的缺点

（1）购买力风险较大　由于债券面值和收入的固定性，利率上涨时，价格会下跌，对抗通货膨胀的能力较差。在通货膨胀时期，债券本金和利息的购买力会不同程度受到侵蚀，投资者名义上虽然有收益，但实际上却有损失。

（2）没有经营管理权　投资债券主要是为了获取收益，而无权对债券发行机构进行经营管理，不能对发行企业施加影响和控制。

任务三　股票投资决策

一、股票投资

股票是股份公司发给股东的所有权凭证，是股东们取得股利的一种有价证券。股票持有者即为该公司的股东，拥有对股份公司的重大决策权、盈利分配要求权、剩余财产求索权和股份转让权。

企业进行股票投资的目的主要有两个：一是获利，即作为一般的证券投资，获取股利收入和股票买卖价差；二是控股，即通过购买某一企业的大量股票达到控制该企业的目的。在第一种情况下，企业仅将某种股票作为证券组合的一个部分，不应冒险将大量资金投资于某一企业的股票上。而在第二种情况下，企业应集中资金投资于被控企业的股票上，这时企业考虑更多的不应是目前利益——股票投资收益的高低，而应是长远利益——占有多少股权才能达到控股的目的。

股票本身是没有价值的，仅是一种凭证。它之所以有价格，可以买卖，是因为它能给持有人定期带来收益。股票带给持有者的现金流入包括两部分：股利收入和出售时的资本利得。股票的内在价值由一系列的股利和将来出售股票时售价的现值所构成。这种价值与现行市价比较，视其低于、高于或等于市价，决定买入、卖出或继续持有股票。

1. 股利贴现基本模型

如果股东永远持有股票，他只获得股利，是一个永续的现金流入，这个现金流入的现值就是股票的价值。计算公式为：

$$V=\frac{D_1}{1+R_s}+\frac{D_2}{(1+R_s)^2}+\cdots+\frac{D_n}{(1+R_n)^n}$$

$$=\sum_{t=1}^{\infty}\frac{D_t}{(1+R_s)^t}$$

式中，V 为股票内在价值；D_t 为第 t 年的每股现金股利；R_s 为贴现率，即必要报酬率；t 为年度。

2. 短期持有、未来准备出售的股票股价模型

如果投资者不打算永久持有股票，而在一段时间后出售，这时股票带给投资者的未来现金流入包括股利收入和将来股票出售时的售价两个部分，于是其股票价值的计算公式可以修正为：

$$V=\frac{D_1}{1+R_s}+\frac{D_2}{(1+R_s)^2}+\cdots+\frac{D_T}{(1+R_n)^T}+\frac{P_T}{(1+R_s)^T}$$

$$=\sum_{t=1}^{T}\frac{D_t}{(1+R_s)^t}+\frac{P_T}{(1+R_s)^T}$$

式中，T 为股票持有的期限；P_T 为第 T 期末的股票每股售价。

上式表明，若投资者在第 T 期出售股票，则普通股的价值就等于第 1 期至第 T 期的每年股利的现值加上第 T 期股票售价的现值和。

【典型工作任务 8】 华信公司每股普通股的基年股利为 2.5 元，估计年股利增长率为

6%，期望的投资报酬率为15%，一年后进行股票转让，预计转让价格为12元。计算该普通股的内在价值。

【职业能力操作】

$$V=\frac{2.5\times(1+6\%)}{1+15\%}+\frac{12}{1+15\%}=12.74\ (\text{元})$$

3. 零增长模型

如果发行公司每年分配给股东固定的股利，也就是说，预期的股利增长率为零，那么这种股票就被称为零增长股票，其价值为：

$$V=\sum_{t=1}^{\infty}\frac{D}{(1+R_s)^t}=D/R_s$$

【典型工作任务9】 华信公司每股优先股的年股利额为7.8元，企业投资要求得到的收益率为12%，计算优先股的内在价值。

【职业能力操作】

$$V=\frac{7.8}{12\%}=65\ (\text{元})$$

若当时该股票的每股市价为60元，则说明这种股票的价值被低估，因此，可以考虑买进这种股票。

4. 固定增长模型

普通股的价值取决于股利收入及其风险水平，而股利收入又取决于公司的盈利水平和股利支付率。由于公司每年的盈利水平不尽相同，从而导致每年的股利收入也不完全一样，因此，在评价普通股的价值时，假定每年的股利固定不变是不现实的。实际上，对于大多数公司而言，收益与股利并非固定不变，而是呈不断增长之势。各公司的增长率不同，但整个平均水平应等于国民生产总值的增长率，或者说是真实的国民生产总值增长率加通货膨胀率。

假设某公司今年的股利为 D_0，其股利以固定增长率 g 增长，则有：

$$D_1=D_0(1+g)$$

$$D_2=D_1(1+g)=D_0(1+g)^2$$

…

$$D_t=D_{t-1}(1+g)=D_0(1+g)^t$$

代入股票价值（V）估价模型可得：

$$V=\sum_{t=1}^{\infty}\frac{D_t}{(1+R_s)^t}=\sum_{t=1}^{\infty}\frac{D_0(1+g)^t}{(1+R_s)^t}$$

由于假设 $R_s>g$，当 t 趋于无穷大时，上式可简化为：

$$V=\frac{D_0(1+g)}{R_s-g}=\frac{D_1}{R_s-g}$$

【典型工作任务10】 华信公司必要报酬率为16%，股利年固定增长率为12%，现时股利为2元，计算该公司每股股票的价值。

【职业能力操作】 $V=(2\times1.12)\div(16\%-12\%)=56$（元）

5. 分阶段增长模型

在前面的分析中，我们假设公司股利或固定不变或固定增长，处于非常理想的情况。而在现实生活中，大多数公司的股利既不是长期固定不变，也不是长期固定增长，而是随着企业生命周期的变化呈现出一定的阶段性。一般地，在发展初期，公司的增长率通常高于国民经济的增长率；中期，公司的增长率与国民经济的增长率持平；晚期，公司的增长率低于国民经济的增长率。这就使得公司的每股股利的增长率也处于变动之中，这种公司的股票为非固定增长股。对于这种股票，由于在不同时期有不同的增长率，只能分段计算，才能确定股票的价值。

在这种情况下，我们常采用下列步骤进行计算。

第一步，计算出非固定增长期间的股利现值。

第二步，找出非固定增长期间结束时的股价，然后再算出这一股价的现值。

在非固定增长期间结束时，公司的普通股已由非固定增长股转为固定增长股，所以可以利用固定增长股票的估价模型算出那时的股价，然后求其现值。

第三步，将上述两个步骤求得的现值加在一起，所得的和就是阶段性增长股票的价值。

【典型工作任务 11】 中信公司持有 B 公司股票，其要求的投资收益率为 15%。B 公司最近支付的股利为每股 2 元，预计 B 公司未来 5 年股利将高速增长，增长率为 10%，此后将转入稳定增长，年增长率为 3%。现计算 B 公司股票的价值。

【职业能力操作】

首先，计算高速增长阶段的股利现值，见表 5-1。

表 5-1　中信股份有限公司股利现值表

t	第 t 年股利	股利现值 $=D_t\times(P/F,15\%,t)$
1	$2\times(1+10\%)^1=2.2$	$2.2\times(P/F,15\%,1)=1.91$
2	$2\times(1+10\%)^2=2.42$	$2.42\times(P/F,15\%,2)=1.83$
3	$2\times(1+10\%)^3=2.66$	$2.66\times(P/F,15\%,3)=1.75$
4	$2\times(1+10\%)^4=2.93$	$2.93\times(P/F,15\%,4)=1.68$
5	$2\times(1+10\%)^5=3.22$	$3.22\times(P/F,15\%,5)=1.60$
合计		8.77

其次，计算第 3 年年末时股票价值：$V=\dfrac{D_4}{K-g}=\dfrac{D_3\ (1+3\%)}{15\%-3\%}=22.83$（元）

再次，将第 3 年年末股票价值折成现值：$22.83\times(P/F,15\%,3)=15.01$（元）

最后，求得 B 公司股票的价值：$V=15.01+5.49=20.5$（元）

【职业思考】

第 4 年年末、第 5 年年末的股票价值如何计算？

二、股票投资收益

一般情况下，企业进行股票投资可以取得股利，股票出售时也可收回一定资金，只是股利不同于债券利息，是经常变动的，股票投资的收益率是使各期股利及股票售价的复利现值等于股票买价时的贴现率。股票投资收益率可按下式计算：

$$V=\sum_{t=1}^{n}\frac{D_t}{(1+i)^t}+\frac{P}{(1+i)^n}$$

式中，V 为股票的购买价格；P 为股票的出售价格；D_t 为股票投资报酬（各年获得的股利）；i 为股票投资收益率；n 为投资期限。

【典型工作任务 12】 华信公司于 2014 年 6 月 1 日投资 600 万元购买某种股票 100 万股，

在 2015 年、2016 年和 2017 年的 5 月 31 日分得的每股现金股利分别为 0.6 元、0.8 元和 0.9 元，并于 2017 年 5 月 31 日以每股 8 元的价格将股票全部出售，试计算该项投资的收益率。

【职业能力操作】

用逐步测试法计算，先用 20%的收益率进行测算：

$$V = 60\div(1+20\%)+80\div(1+20\%)^2+890\div(1+20\%)^3$$
$$= 60\times0.8333+80\times0.6944+890\times0.5787$$
$$= 620.59\text{（万元）}$$

由于 620.59 万元比 600 万元大，再用 24%测算：

$$V = 60\div(1+24\%)+80\div(1+24\%)^2+890\div(1+24\%)^3$$
$$= 60\times0.8065+80\times0.6504+890\times0.5245$$
$$= 567.23\text{（万元）}$$

然后用内插法计算：

$$K = 20\%+\frac{620.59-600}{620.59-567.239}\times(24\%-20\%)$$
$$= 21.54\%$$

所以，如果股票的购买价格为 600 万元时，股票投资收益率为 21.54%。

三、股票投资的优缺点

1. 股票投资的优点

(1) 能获得较高的投资收益　普通股票的价格虽然变动频繁，但从长期来看，优质股票的价格总是上涨的居多。随着股份公司的发展，股东获得的股利也会不断增加。只要选择得当，都能取得优厚的投资收益。

(2) 能适当降低购买力风险　普通股的股利不固定，在通货膨胀比较高时，由于物价普遍上涨，股份公司盈利增加，股利的支付也随之增加。因此，与固定收益证券相比，普通股能有效地降低购买力风险。

(3) 流动性很强　上市股票的流动性很强，投资者有闲散资金可随时买入，需要资金时又可随时卖出。这既有利于增强资产的流动性，又有利于提高其收益水平。

(4) 拥有经营控制权　普通股股东属于股份公司的所有者，有权监督和控制企业的生产经营情况。因此，当投资者的投资额达到公司股本一定比例时，就能实现控制公司的目的。

2. 股票投资的缺点

股票投资的缺点主要是风险大，具体如下。

(1) 投资安全性差　高报酬、高风险，长期投资股票的平均年报酬率约为 10%～15%，报酬率比其他投资工具高。但是当股票大跌时，很有可能会因此被套牢，风险性也很高。

(2) 股票价格不稳定　政治因素、经济因素、投资人心理因素、企业的盈利情况、风险情况都会影响股票价格，这也使股票投资具有较高的风险。

(3) 投资收益不稳定　投资者进行股票投资，其普通股股利的多少视企业经营状况和财务状况而定。其有无、多寡均无法律上的保证，其收入的风险也远远大于固定收益证券。

(4) 按持股比例分配公司盈余　普通股对企业资产和盈利的求偿权居于最后。企业破产时，股东原来的投资可能得不到全额补偿，甚至一无所有。

任务四　证券投资组合决策

一、证券投资组合

证券投资组合又叫证券组合，是指在一定市场条件下，由不同类型和种类并以一定比例搭配的若干种证券所构成的一项资产。由于证券投资存在着较高的风险，而各种证券的风险大小又不相同，因此，企业在进行证券投资时不应将所有的资金都集中投资于一种证券，而应同时投资于多种证券。证券投资组合的目的在于将各种不同类型和种类的证券进行最有效的搭配，以保证在预期的收益率前提下使投资风险最小，或在既定的风险前提下使投资收益率最大。

1. 传统投资组合的思想（native diversification）

① 不要把所有的鸡蛋都放在一个篮子里面，否则“倾巢无完卵”。

② 组合中资产数量越多，分散风险越大。

2. 现代投资组合的思想（optimal portfolio）

（1）最优投资比例　组合的风险与组合中资产收益之间的关系有关。在一定条件下，存在一组使得组合风险最小的投资比例。

（2）最优组合规模　随着组合中资产种数增加，组合的风险下降，但是组合管理的成本提高。当组合中资产的种数达到一定数量后，风险无法继续下降。

3. 现代投资理论主要贡献者（pioneers）

现代投资理论的主要贡献者见表 5-2。

表 5-2　现代投资理论的主要贡献者

贡献者	简介	主要贡献	代表作(classic papers)
詹姆士·托宾(James Tobin)	1981 年诺贝尔经济学奖,哈佛博士,耶鲁教授	流动性偏好、托宾比率分析、分离定理	Liquidity Preference as Behavior toward Risk,RES,1958
哈利·马克维茨(Harry Markowitz)	1990 年诺贝尔经济学奖,曾在兰德工作	投资组合优化计算、有效疆界	Portfolio Selection,JOF,1952
威廉·夏普(William Sharp)	1990 年诺贝尔经济学奖,曾在兰德工作,UCLA博士,华盛顿大学、斯丹福大学教授	CAPM	Capital Asset Pricing: A Theory of Market Equilibrium Under Condition of Risk,JOF,1964
约翰·林特纳(John Lintner)	美国哈佛大学教授	CAPM	The Valuation of Risk Assets & Selection of Risky Investments in Stock Portfolio & Capital Budget,RE&S,1965

二、证券投资组合的风险与收益

1. 证券投资组合的风险

证券投资组合理论旨在通过有效的投资组合方法消除投资风险。证券投资组合的风险可以分为两种性质完全不同的风险，即系统性风险和非系统性风险。

当投资组合中各单个项目预期报酬存在正相关时，其组合可使其总体的风险趋近于1，不会产生任何风险分散效应，它们之间正相关的程度越小，则其组合可产生的风险分散效应越大；当投资组合中各单个项目预期报酬存在负相关时，其组合可使其总体的风险趋近于0，它们之间负相关的程度越小，则其组合可产生的风险分散效应越小。

对现实证券市场的研究表明，尽管各证券之间存在着一种正相关关系，但两种证券收益之间不可能达到完全的正相关。若我们随机抽取两种股票，则平均而言，其相关系数为0.6而且大部分成对股票之间的相关系数 r 在0.5～0.7之间，即部分正相关。在这种情况下，把两种股票组合成证券组合能在不降低投资者期望收益率的条件下，减少证券投资的风险，但不能全部消除。不过，如果股票种类较多，则能分散掉大部分风险，而当股票种类足够多时，几乎能把所有的非系统风险分散掉。

投资者进行证券的组合投资正是为了分散掉可分散风险。实践证明，只要科学地选择足够多的证券进行组合投资，就能基本分散掉大部分可分散风险。简言之，就是不要把全部资金都投资于一种证券，而应根据各种证券的具体情况和投资者本人对收益与风险的偏好选择若干种最理想的证券作为投资对象，形成一个投资组合。

2. 证券投资组合的收益

证券投资组合的收益是指投资者因承担风险而要求获得的超过资金时间价值的那部分额外收益。计算公式如下：

$$R_{\mathrm{p}}=\beta_{\mathrm{p}}(K_{\mathrm{m}}-R_{\mathrm{F}})$$

式中，R_{p} 为证券组合的风险收益率；β_{p} 为投资组合的 β 系数；K_{m} 为所有股票的平均收益率，是市场上所有股票组成的证券组合的收益率；R_{F} 为无风险报酬率，一般用政府债券利率表示。

投资组合中单项资产预期收益率的加权平均数通常用 β 表示，其计算公式为：

$$\beta_{\mathrm{p}}=\sum_{i=1}^{n}X_i\beta_i$$

式中，β_{p} 为投资组合的期望收益率；n 为投资组合中证券的种类数；β_i 为第 i 项证券在投资组合总体中所占比重；X_i 为第 i 项证券的期望收益率。

【典型工作任务13】 华信公司投资组合由甲、乙、丙三种证券构成，甲证券的期望报酬率为12%，乙证券的期望报酬率为15%，丙证券的期望报酬率为9%。甲、乙、丙的证券投资比例为5∶3∶2。股票的市场收益率为15%，无风险收益率为8%，试确定这种证券组合的风险收益率。

【职业能力操作】

投资组合的期望报酬率＝12%×50%＋15%×30%＋9%×20%＝12.3%

该证券组合的风险收益率＝12.3%×(15%－8%)＝8.61%

3. 资本资产定价模型（CAPM模型）

资本资产定价模型（capital asset pricing model，CAPM）是由美国学者威廉·夏普（William Sharpe）、约翰·林特纳（John Lintner）、杰克·特里诺（Jack Treynor）和简·莫辛（Jan Mossin）等人于1964年在资产组合理论和资本市场理论的基础上发展起来的，主要研究证券市场中资产的预期收益率与风险资产之间的关系，以及均衡价格是如何形成的，是现代金融市场价格理论的支柱，广泛应用于投资决策和公司理财领域。

资本资产定价模型假设所有投资者都按马克维茨的资产选择理论进行投资，对期望收益、方差和协方差等的估计完全相同，投资人可以自由借贷。基于这样的假设，资本资产定价模型研究的重点在于探求风险资产收益与风险的数量关系，即为了补偿某一特定程度的风险，投资者应该获得多少的报酬率。用公式表达如下：

$$K_i = R_F + \beta_i (K_m - R_F)$$

式中，K_i 为第 i 种证券组合的必要收益率；β_i 为第 i 种证券组合的 β 系数；K_m 为所有股票的平均收益率；R_F 为无风险报酬率，一般用政府债券利率表示。

(1) 资本资产定价模型的优点　最大的优点在于简单、明确。它把任何一种风险证券的价格都划分为三个因素，即无风险收益率、风险的价格和风险的计算单位，并把这三个因素有机结合在一起。另一个优点在于它的实用性。它使投资者可以根据绝对风险而不是总风险来对各种竞争报价的金融资产做出评价和选择。这种方法已经被金融市场上的投资者广为采纳，用来解决投资决策中的一般性问题。

(2) 资本资产定价模型的局限性　当然，CAPM 也不是尽善尽美的，它本身存在着一定的局限性。表现在以下几方面。

首先，CAPM 的假设前提是难以实现的。CAPM 的假设归纳为 6 个方面。假设之一是市场处于完善的竞争状态。但是，实际操作中完全竞争的市场是很难实现的，“做市”时有发生。假设之二是投资者的投资期限相同且不考虑投资计划期之后的情况。但是，市场上的投资者数目众多，他们的资产持有期间不可能完全相同，而且现在进行长期投资的投资者越来越多，所以假设二也就变得不那么现实了。假设之三是投资者可以不受限制地以固定的无风险利率借贷，这一点也是很难办到的。假设之四是市场无摩擦。但实际上，市场存在交易成本、税收和信息不对称等问题。假设之五、六是理性人假设和一致预期假设。显然，这两个假设也只是一种理想状态。

其次，CAPM 中的 β 系数难以确定。某些证券由于缺乏历史数据，其 β 值不易估计。此外，由于经济的不断发展变化，各种证券的 β 值也会发生相应的变化，因此，依靠历史数据估算出的 β 值对未来的指导作用也要打折扣。

总之，由于 CAPM 的上述局限性，金融市场学家仍在不断探求比 CAPM 更为准确的资本市场理论。目前，已经出现了另外一些颇具特色的资本市场理论（如套利定价模型），但尚无一种理论可与 CAPM 相匹敌。

三、证券投资组合策略

市场形势千变万化，外在现象纷繁复杂，但内在规律相对稳定和简单，依据规律制订操作计划能在一定程度上避免被变化万千的表面现象所迷惑和欺骗，从而达到防范风险的目的。策略是企业进行证券投资的核心和行动依据。

1. 保守型投资组合策略

保守型投资组合策略要求尽量模拟证券市场现状（包括证券的种类和各证券所占的比重），将尽可能多的证券包括进来，以便分散掉全部的非系统风险，从而得到与市场平均收益率相近的投资收益率。这种策略也称为跟随大市策略，投资者不需要具备高深的证券投资专业知识，证券投资的管理费用比较低。保守型投资组合策略认为，只要证券投资组合的数量达到充分多时，基本上能分散掉全部的非系统性风险，因此这种投资组合是一种比较典型的保守型投资组合策略，其所承担的风险与市场平均风险相近，但所得到的收益也不会高于证券市场的平均收益。

2. 冒险型投资组合策略

冒险型投资组合策略认为只要选择适当的投资组合就能击败市场或超越市场，取得远远高于平均水平的收益。该组合策略要求尽可能多地选择一些成长性较好的股票，而少选择低风险、低报酬的股票，这样就可以使投资组合的收益高于证券市场的平均收益。这种组合的收益高，风险也高于证券市场的平均风险。采用这种投资组合，如果做得好，可以取得远远超过市场平均报酬的投资收益；但如果失败，会带来较大的损失。

3. 适中型投资组合策略

适中型投资组合策略认为应选择一些风险不大、效益较好的公司的股票。这些股票虽然不是高成长的股票，但却能给投资者带来稳定的股利收益。证券的价格，特别是股票的价格，是由特定企业的经营业绩来决定的。市场上股票价格的一时沉浮并不重要，只要企业经营业绩好，股票一定会上升到其本来的价值水平。所以在进行股票投资时，要全面深入地进行证券投资分析，选择一些品质优良的股票组成投资组合。这种策略如果做得好，就可以获得较高的投资收益，而又不会承担太大的投资风险。但进行这种组合的人必须具备丰富的投资经验，拥有进行证券投资的各种专业知识。这种投资组合策略的风险不太大，收益却比较高，所以是一种最常见的投资组合策略，各种金融机构、投资基金和企事业单位在进行证券投资时一般都采用这种策略。

四、证券投资组合的方法

证券投资是一个充满风险的投资领域，由于风险的复杂性和多样性，投资者进行投资时必须防范风险，没有风险的证券投资是不存在的。而防范风险的最有效方法就是进行证券投资组合，以分散全部可分散风险。常用的证券投资组合方法主要有以下几种。

1. 投资组合三分法

比较流行的投资组合三分法是：1/3 的资金存入银行，以备不时之需；1/3 的资金投资于债券、股票等有价证券；1/3 的资金投资于房地产等不动产。同样，投资于有价证券的资金也要进行三分，即 1/3 投资于风险较大、有发展前景的成长性股票；1/3 投资于安全性较高的债券或优先股等有价证券；1/3 投资于中等风险的有价证券。这种方法是一种进可攻、退可守的组合法，虽不会获得太高的收益，但也不会承担巨大风险，是一种常见的组合方法。

2. 按风险等级和报酬高低进行投资组合

证券的风险大小可以分为不同的等级，收益也有高低之分。投资者可以测定出自己期望的投资收益率和所能承受的风险程度，然后在市场中选择相应风险和收益的证券作为投资组合。一般来说，在选择证券进行投资组合时，同等风险的证券应尽可能选择报酬高的，同等报酬的证券应尽可能选择风险低的，并且要选择一些风险呈负相关的证券进行投资组合。

3. 选择不同的行业、区域和市场的证券作为投资组合

这种投资组合的做法是：尽可能选择足够数量的证券进行投资组合，这样可以分散掉大部分可分散风险；选择证券的行业也应分散，不可集中投资于同一个行业的证券；选择证券的区域也应尽可能分散，这是为了避免因地区市场衰退而使投资遭受重大损失；将资金分散投资于不同的证券市场，这样可以防范同一证券市场的可分散风险。

4. 选择不同期限的投资进行组合

这种投资组合要求投资者根据未来的现金流量安排各种不同投资期限的证券，进行长、中、短期相结合的投资组合。同时，投资者可以根据可用资金的期限来安排投资，长期不用的资金可以进行长期投资，以获取较大的投资收益；近期可能要使用的资金，最好投资于风险较小、易于变现的有价证券。

此外，投资者还可以按照行业、企业的不同进行证券投资组合，按照资金投入时间不同进行投资的时间组合，以及通过购买投资基金（通过基金经理公司）进行证券投资组合等等。

【职业能力训练】

一、单项选择题

1. 证券的发行主体分类不包含的是（　　）。

A. 政府证券　　B. 金融证券　　C. 公司证券　　D. 银行本票

2. 金融市场按交割时间划分为（　　）。

A. 短期资金市场和长期资金市场　　B. 现货市场和期货市场

C. 发行市场和流通市场　　D. 股票市场和国债市场

3. （　　）是资金运动的前提。

A. 投资活动　　B. 筹资活动　　C. 利润分配活动　　D. 经营活动

4. 下列证券中，能够更好地避免证券投资购买力风险的是（　　）。

A. 普通股　　B. 优先股　　C. 公司债券　　D. 国库券

5. 下列因素引起的风险中，投资者可以通过证券投资组合予以消减的是（　　）。

A. 宏观经济状况变化　　B. 世界能源状况变化

C. 发生经济危机　　D. 被投资企业出现经营失误

6. 对证券持有人而言，证券发行人无法按期支付债券利息或偿付本金的风险是（　　）。

A. 流动性风险　　B. 系统风险　　C. 违约风险　　D. 购买力风险

7. 投资基金证券是由（　　）发行的。

A. 投资人　　B. 托管人　　C. 管理人　　D. 发起人

8. 股票投资与债券投资相比（　　）。

A. 风险高　　B. 收益小　　C. 价格波动小　　D. 变现能力差

二、多项选择题

1. 与股票投资相比，债券投资的主要缺点有（　　）。

A. 购买力风险大　　B. 流动性风险大

C. 没有经营管理权　　D. 投资收益不稳定

2. 根据证券投资的对象，可将证券分为（　　）。

A. 债券投资　　B. 组合投资　　C. 基金投资　　D. 股票投资

3. 由影响所有公司的因素引起的风险可称为（　　）。

A. 可分散风险　　B. 非系统风险　　C. 不可分散风险　　D. 系统风险

4. 债券投资的优点主要有（　　）。

A. 本金安全性高　　B. 收入稳定性强　　C. 投资收益较高　　D. 市场流动性好

5. 股票投资的缺点有（　　）。

A. 购买力风险高　　B. 求偿权居后　　C. 价格不稳定　　D. 收入稳定性强

三、简答题

1. 简述债券投资的优缺点。

2. 简述股票投资的优缺点。

3. 简述证券投资组合的目的和风险。

四、计算与分析题

1. 黎明公司计划利用一笔长期资金投资购买股票，现有A公司股票和B公司股票可供选择。黎明公司只准备投资一家公司股票。已知A公司股票现行市价为每股8元，上年每股利率为0.14元，预计以后每年以6%的增长率增长。B公司股票现行市价为6元，上年每股利率为0.5元，股利分配政策将一贯坚持固定股利政策。公司所要求的投资必要报酬率为8%。

要求：

(1) 利用股票估价模型，分别计算A、B公司股票价值。

(2) 为黎明公司做出股票投资决策。

2. 兴和公司于2017年1月5日以每张1 080元的价格购买Y公司发行的利随本清的公司债券。该债券的面值为1 000元，期限为3年，票面年利率为10%，不计复利。购买时年利率为8%，不考虑所得税。

要求：

(1) 利用债券估价模型评价兴和公司购买债券是否合算。

(2) 如果兴和公司于2018年1月5日将该债券以1 200元的市价出售，计算该债券的投资收益率。

3. 利华公司要进行证券投资，有以下方案备选。

(1) 购买A公司债券。A公司债券的面值为100元，期限为2年，票面利率为8%，每年付息一次，到期还本，当前的市场利率为10%，利华公司按A公司发行价格购买。

(2) 购买B公司股票。B公司股票现行市价为每股14元，基年每股股利为0.9元，预计以后每年以6%的固定增长率增长。

(3) 购买C公司股票。C公司股票现行市价为每股13元，基年每股股利为1.5元，预计股利分配将一直实行固定股利政策。

假设利华公司股票投资的期望报酬率为12%。

要求：

(1) 计算A公司债券的发行价格。

(2) 计算B公司股票的内在价值。

(3) 计算C公司股票的内在价值。

(4) 根据上述计算结果，分析利华公司是否应投资上述证券。

4. 华海公司购买面值10万元、票面利率5%、期限为10年的债券，每年1月1日付息，当时市场利率为7%。

要求：

(1) 计算该债券的价值。

(2) 若该债券市价是92 000元，判断是否值得购买该债券。

(3) 如果按债券价格买入了该债券，并一直持有至到期日，计算此时购买债券的到期收益率。

项目六 营运资金管理

【职业学习目标】

知识目标

1. 了解营运资金概念、计算方法；
2. 掌握货币资金持有成本；
3. 了解企业信用政策的基本内容；
4. 掌握存货管理的经济批量模型。

能力目标

1. 能够合理利用企业的货币资金的管理知识为企业创造收益；
2. 能够准确计量企业应收账款的相关成本；
3. 为企业合理规避营运资金使用风险，减少资金浪费；
4. 能够加强企业存货管理，节约企业成本，提升经济效益。

素质目标

1. 重视团队精神，爱岗敬业；
2. 具备数据处理能力，合理使用资金；
3. 培养学生的大局意识、社会责任意识。

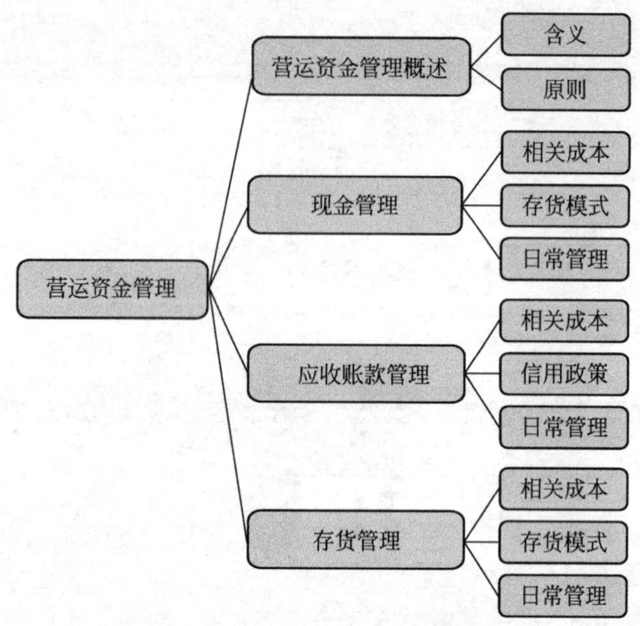

经典案例

某房产企业营运资金管理案例

近几年来，房地产行业发展迅速、储备土地在为房地产企业进行资源储备的同时，也影响到其资金的周转效率。A地产作为房地产行业的龙头，2006年以来一改前期“现金为王”的策略，开始大规模储备土地。

红火的市场需求固然喜人，可是大规模储备土地引发的高比率的存货又会给A带来怎样的影响？利润的激增表明了企业迅速成长，可是公司是否有足够的融资能力满足经营活动对现金流的需求？在高成长性的背后，A的营运资金管理状况究竟如何？

【情境引例】

中信化工股份有限公司生产的甲产品销售市场前景很好，企业领导计划将现有收账天数30天进行调整，适当延长收款时间。

如果延长收款期，将扩大销售，带来企业新的客户。但资金短期无法回笼，并存在收账成本、坏账可能等风险，张丽是中信化工股份有限公司资金管理部门的新入职人员，部门领导要求其在了解企业营运资金基本情况的基础上，协助部门领导制订出科学合理的货币资金政策。

采用现金折扣政策，可以适当增加回收资金的安全性和效益性，结合企业新制订的信用政策、收账天数，应该如何进行相应调整？

【项目引言】

一个企业要维持正常的运转，就必须拥有适量的营运资金，因此，营运资金管理是企业财务管理的重要组成部分。据调查，公司财务经理有60%的时间都用于营运资金管理，且必须解决好营运资金管理。营运资金管理的核心内容就是对资金运用和资金筹措的管理。本项目的学习，目的是加强流动资产管理，加速流动资产周转，从而减少流动资产占用，这样就能促进生产经营的发展，提高生产经营管理水平，避免因缺乏流动资产而造成企业活动的中断，对提高整个企业的经营管理水平、提高企业的资产适用效率、改善企业的财务状况具有重要意义。

任务一　营运资金管理概述

一、营运资金及其管理的含义

营运资金又称为营运资本，是指企业在生产经营活动中占用在流动资产上的资金。广义的营运资金是指流动资产总额；狭义的营运资金是流动资产与流动负债的差额。营运资金管理就是对企业流动资产和流动负债的管理。它既要保证有足够的资金满足生产经营的需要，又要保证能按时按量偿还各种到期债务。

本项目的营运资金管理包括现金管理、应收账款管理、存货管理。

管理的基本要求：合理确定并控制流动资金的需要量；合理确定流动资金的来源构成；加快资金周转，提高资金效益。

二、营运资金的特点及管理原则

1. 营运资金的特点

营运资金具有如下特点：①来源具有灵活多样性；②数量具有波动性；③周转具有短期性；④实物形态具有变动性和易变现性。

2. 营运资金的管理原则

（1）保证合理的资金需求　保证合理的资金需要量并控制流动资金的需要量是进行营运资金管理的首要任务。

（2）提高资金使用效率　提高资金使用效率的关键是采取有效措施缩短企业营业周期，加速变现过程，加快营运资金周转。

（3）节约资金使用成本　营运资金管理中，必须正确处理保证生产经营需要和节约资金使用成本二者之间的关系。

（4）保持足够的短期偿债能力　合理安排流动资产和流动负债的比例关系，保持流动资产结构与流动负债结构的适配性，保证企业有足够的短期偿债能力是营运资金管理的重要原则之一。

三、流动资产投资

1. 流动资产投资的特点

流动资产投资有如下特点：①流动资产投资的占用形态经常变动；②流动资产投资周转速度快、变现能力强；③流动资产投资的活力与投资风险密切相关；④流动资产投资的数量波动很大。

2. 流动资产投资的分类

① 按流动资产在经营过程中的占用形态可分为现金、短期有价证券、应收及预付账款、存货等。

② 按流动资产流动性的强弱可分为速动资产和非速动资产。

③ 按流动资产是否具有直接盈利能力可分为收益性流动资产和非收益性流动资产。

3. 流动资产投资的程序

流动资产投资的程序为：①根据企业生产经营特点及财务能力提出投资计划；②分析投资的成本与收益，做出决策；③搞好投资信息反馈，为继续投资打下基础。

任务二 现金管理

一、现金的含义

现金是指广义的现金，即货币资金，是指企业在生产经营过程中暂时停留在货币形态的资金，包括库存现金、银行存款、其他货币资金。

资产中，货币资金的流动性和变现能力最强，但货币资金盈利性最弱。现金是非盈利性的资产，银行存款虽有利息生成但利益太小。企业因种种需要必须置存货币资金，但应合理安排货币资金的持有量，减少货币资金的闲置，提高货币资金的使用效果。

二、企业现金管理

1. 现金的持有动机

(1) 交易动机 即为了满足企业日常生产经营的需要，企业需保持一定数量的现金。一般说来，企业为满足交易动机所持有的现金余额主要取决于企业销售水平和回收应收账款的能力。企业的销售扩大，销售额增加，所需的现金数量也相应增加。

(2) 预防动机 即企业为应付紧急情况而需要保持一定数额的现金。在日常管理中，由于市场行情的瞬息万变和其他各种不确定因素的存在，企业不得不留存一定的现金余额预防紧急情况。企业为应付紧急情况所持有的现金余额主要取决于3个方面：一是企业愿意承担风险的程度；二是企业临时举债能力的强弱；三是企业对现金流量预测的可靠程度。

(3) 投机动机 即企业为了抓住各种瞬息即逝的市场机会，获取较大利益而准备的现金，如遇到价格较低的原材料供应机会，或者适当时机以有利价格购买短期有价证券。投机动机是为了增加企业受益，其持有量的大小往往与企业在金融市场的投资机会及企业对待风险的态度有关。

企业除了以上三种原因持有现金外，也会基于满足未来某一特定要求或者为银行维持补偿性余额等其他原因而持有现金。企业在确定现金余额时，一般应考虑各方面的持有动机。但要注意的是，由于各种动机所需的现金可以调节使用，企业持有的现金总额并不等于各种动机所需现金余额的简单相加，前者通常小于后者。另外，上述各种动机所需保持的现金并不要求必须是货币形态，也可以是随时能够变现的有价证券以及能够随时转换成现金的其他存在形态，如可随时借入的银行信贷资金等。

2. 现金管理的目的

现金管理对于企业的生存和发展十分重要，管理的目的是要保证企业生产经营所需的现金，同时节约使用资金，并从闲置的现金中获得最多的利息收入。现金管理是企业现金的循环和周转过程，在保证流动性的基础上追求效益的最大化。一方面需要加强企业的财务控制，节约企业资金成本；另一方面，在市场竞争压力下，要有效管理现金，避免企业经营风险和财务风险。

3. 现金管理的内容

① 编制现金收支计划，以便合理估计未来的现金需求。

② 对日常的现金收支进行控制，力求加速收款、延缓付款。

③ 用特定的方法确定最佳现金余额，当企业实际现金余额与最佳现金余额不一致时，采用短期融资策略或归还借款和投资于有价证券策略来达到理想状况。

现金管理的内容：编制现金收支计划，确定企业现金收支数额→进行现金日常控制→确定最佳现金余额→当现金短缺时采用短期融资策略→当现金多余时采用还款或有价证券投资策略。

4. 现金的成本

（1）持有成本　也称为机会成本，是指因置存货币资金而丧失的投资收益，这是一项机会成本，它与置存货币资金的数量有关，货币资金置存越多，持有成本越大。

持有成本＝现金持有量×有价证券利率或报酬率

（2）管理成本　即企业因持有一定数量的现金而发生的管理费用，如管理人员的工资支出、安全防盗设施的建造费用等。管理成本是一种固定成本，在一定范围内与现金持有量无明显关系。

（3）短缺成本　是指因现金持有量不足，又无法通过有价证券变现加以补充而给企业造成的损失，包括直接损失和间接损失。如因无钱购买原材料造成停工损失、失去现金折扣、不能及时支付而造成信誉损失等。短缺成本随企业现金持有量的增加而下降，随现金持有量的减少而上升，与现金持有量呈负相关。

（4）转换成本　是指企业购入有价证券以及转让有价证券换取现金时相互转换所发生的交易费用，如委托买卖佣金、委托手续费、证券过户费、交割手续费等。转换成本中如委托买卖佣金、印花税，按照委托成交金额确定，属于变动转换费用；而委托手续费、过户费与证券交易次数有关，与委托交易金额无关，属于固定性转换成本。转换成本与证券变现次数呈线性关系。现金管理中仅指与交易金额无关而与交易次数相关的交易费用，这是我们决策中的相关成本。

三、最佳货币资金持有量的确定

最佳货币资金持有量就是总成本之和最低的货币资金持有数额，它的确定主要有成本分析模式和存货分析模式两种方法。

1. 成本分析模式

成本分析模式是通过分析企业持有货币资金的各相关成本，测算各相关成本之和最小时的货币资金持有量的一种方法。

在成本分析模式下不存在转换成本，只考虑机会成本（持有成本）、管理成本、短缺成本。机会成本随着货币资金持有量的增大而增大，一般可按年货币资金持有量平均值的某一百分比计算，这个百分比是该企业的机会性投资的收益率，一般可用有价证券利息率代替。

计算公式为：机会成本＝货币资金平均持有量×有价证券利息率

成本分析模式下的最佳货币资金持有量可用图解法确定（图 6-1）。从图中可以看出，在直角坐标平面内，以横轴表示货币资金持有量，以纵轴表示成本，画出各项成本的线条。一般说，机会成本是一条由原点出发向右上方的射线，管理成本是一条水平线，短缺成本是一条由左上方向右下方的直线或上凹的曲线，它与横轴相交，表示货币资金持有相当大的一笔数额时不再存在短缺成本。总成本线由各项目成本线纵坐标相加后得到，它是一条上凹的曲线，呈抛物线形，抛物线的最低点即为成本最低点，该点所对应的现金持有量便是最佳现金持有量，同时总成本最低。

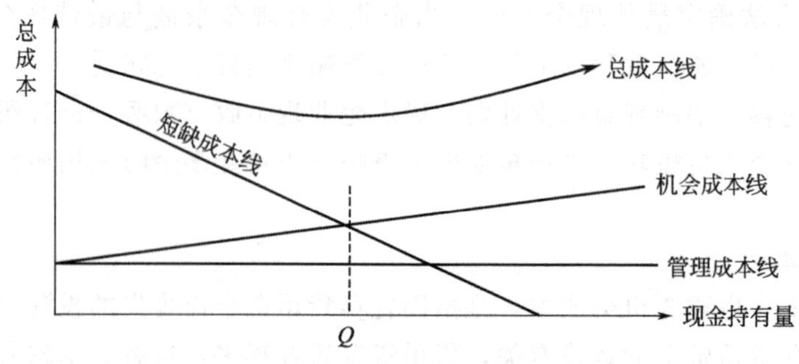

图 6-1　成本分析模式

【典型工作任务 1】 企业现有 A、B、C、D 四种现金持有方案如表 6-1 所列。

表 6-1　现金持有量备选方案表

项目	项目 A	项目 B	项目 C	项目 D
现金持有量/元	100 000	200 000	300 000	400 000
机会成本率	10%	10%	10%	10%
短缺成本/元	48 000	25 000	10 000	5 000

根据表 6-1 采用成本分析模式编制该企业最佳现金持有量测算表，数据如表 6-2 所列。

【职业能力操作】

表 6-2　最佳现金持有量测算表　　单位：元

方案及现金持有量	机会成本	短缺成本	相关总成本
A(100 000)	10 000	48 000	58 000
B(200 000)	20 000	25 000	45 000
C(300 000)	30 000	10 000	40 000
D(400 000)	40 000	5 000	45 000

通过比较分析上表中各方案的总成本，由于 C 方案的相关总成本最低，因此，企业选择持有 300 000 元现金，即最佳现金持有量为 300 000 元。

2. 存货分析模式

存货模式是指 1952 年由美国经济学家威廉·鲍莫（William J. Baumol）首先提出的，将存货经济进货批量模型原理用于确定目标现金持有量，其着眼点也是现金相关总成本最低。他认为企业的现金持有量在许多方面与存货批量类似，因此，可用存货批量模型来确定企业最佳现金持有量。

该模型假定一定时期内企业的现金总需求量可以预测出来，并且企业每天的现金需求量（即现金流入量减去现金流出量）稳定不变，当现金余额为零时，可通过出售有价证券获取现金，使现金余额重新达到应有的水平。在此假定条件下，现金余额随时间推移所呈现的规律如图 6-2 所示，期初现金余额为 Q 元，此后现金余额逐渐减少，当现金余额降至零时，通过出售有价证券使现金余额重新回升至 Q 元，并不断重复上述过程。存货模式的着眼点也是现金有关成本最低，即能使现金管理成本最低的现金持有量就是最佳现金持有量。

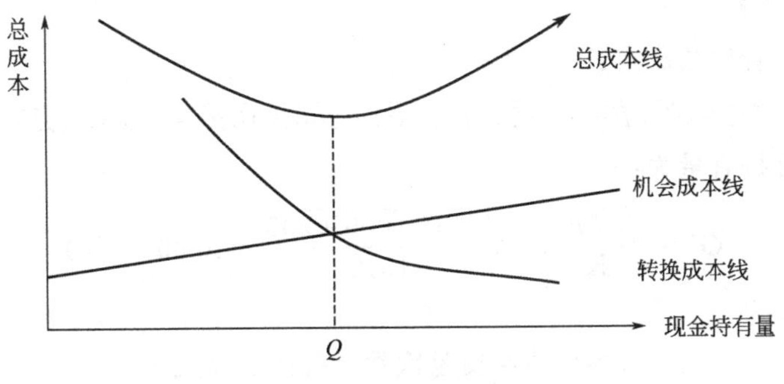

图 6-2　存货分析模式

存货模型的着眼点也是寻找使持有现金的相关总成本最低的现金持有量，只不过存货模型是将企业的现金持有量与有价证券联系起来，将现金的持有成本与转换有价证券的转换交易成本进行权衡。这时，与现金持有量相关的成本主要包括以下几种。

① 持有现金的机会成本，即企业持有现金所放弃的收益。通常按有价证券的利息率计算，它与现金持有量成正比例变化。现金持有量越大，现有现金的机会成本就越高，但可以减少现金转换有价证券的转换交易成本。

② 有价证券转换现金的转换交易成本，如经纪人费用、税金及其他管理成本。假设这些成本只与交易次数有关，则交易次数越多，转换成本越高。

③ 最佳现金持有量就是使得以上成本之和最小的现金持有量，用公式表示为：

$$\mathrm{TC}=\frac{Q}{2}\times K+\frac{T}{Q}\times F$$

式中，TC 为总成本；Q 为现金持有量（每次有价证券变现的数量）；K 为持有现金的机会成本（有价证券利息率）；T 为一个周期内现金总需求量；F 为每次转换有价证券的固定成本。设上式中的 Q 为变量，TC 为 Q 的函数，然后对该式求一阶导数，并令倒数等于零，这种模式下的最佳现金持有量是持有现金的机会成本与证券变现的交易成本相等时的现金持有量。即可得到最佳现金持有量 Q' 的计算公式：

最佳货币资金持有量 $Q'=\sqrt{\dfrac{2TF}{K}}$

最低现金管理相关总成本（TC）$=\sqrt{2TFK}$

机会成本＝平均现金持有量×有价证券利息率$=\dfrac{Q}{2}\times K$

转换成本＝交易次数×每次交易成本$=\dfrac{T}{Q}\times F$

有价证券转换次数$=\dfrac{T}{Q}$

【典型工作任务 2】 某企业每月的平均现金需要量为 10 万元，有价证券的月利率为 10%，现金与有价证券的转换成本为每次 200 元。

要求：(1) 计算最佳现金管理总成本。

(2) 计算最佳现金持有量。

(3) 计算转换成本。

(4) 计算最佳有价证券交易间隔期。

【职业能力操作】

(1) 最佳现金管理总成本：

$$TC=\sqrt{2TFK}=\sqrt{2\times 100\ 000\times 200\times 10\%}=2\ 000\ (元)$$

(2) 最佳现金持有量为：

$$Q'=\sqrt{\frac{2TF}{K}}=\sqrt{\frac{2\times 100\ 000\times 200}{10\%}}=20\ 000\ (元)$$

(3) 转换成本为：

$$转换成本=交易次数\times 每次交易成本$$

$$=\frac{T}{Q}\times F=\frac{100\ 000}{20\ 000}\times 200=1\ 000\ (元)$$

(4) 最佳有价证券交易间隔期：

$$最佳有价证券交易次数=\frac{100\ 000}{20\ 000}=5\ (次)$$

$$最佳有价证券交易间隔期=\frac{360}{5}=72\ (天)$$

存货模型是一种简单、直观的模型。它的缺点是假设现金流出量稳定不变，即每次转换数量一定，不存在淡旺季现金需求量变动的影响。

四、货币资金的日常管理

1. 货币资金收入的管理

货币资金收入管理应尽量缩短收取款项这一过程的时间，使应收款项尽早进入本企业的银行账户。

2. 货币资金支出的管理

货币资金支出的管理重在推迟付款日期。当企业购买原材料等发生应付款项时，如何合理合法地推迟付款日期是最为重要的，因为该付的钱推迟支付等于在推迟期间筹措到一笔可用资金。在诸多结算付款方式中如有可能则优先考虑用汇票结算，在异地结算中应选用有利的结算手段。

3. 闲置货币资金的管理

由于企业开出支票到开户银行实际划出这笔款项总会有一定的时间间隔，导致企业货币资金账户余额与银行账户上的存款余额有一定差额，我们称之为货币资金“浮游量”。只要把握准时间，“浮游量”是可以利用的。

任务三　应收账款管理

一、应收账款

应收账款是企业由于对外赊销产品、材料或提供劳务等，应向购货单位或接受劳务单位及其他单位收取的款项。主要包括应收销售款、其他应收款和应收票据。

【职业思考】　应收账款管理的意义?

在2016年以前，中信股份有限公司一直可以顺利地将存货与应收账款转换成现金，并在每年12月31日还款期限截止前还清全部的银行贷款。而在2016年和2017年这两个会计年度，中信股份有限公司却无法如期还款。

中信股份有限公司在2017年秋季销售结束后，尚有相当多的存货，结果，截至2017年12月31日，中信股份有限公司仅能偿还432万元银行贷款中的一小部分，即40万元。同时，中信股份有限公司在支付应收账款方面也出现困难。CEO张浩认为，由于公司无法设计出迎合潮流的新款秋装，才使得销售旺季远不如前，以至于出现这些财务问题。

1. 应收账款的功能

应收账款的功能是指它在企业生产经营中所具有的作用，主要有以下两个方面。

(1) 促进销售　在激烈的市场竞争中，赊销是一种促进销售的重要方式，企业的销售分为现销和赊销两种方式，现销会尽快将资金收回，进行再次增值，是一种理想的方式。但是在激烈的市场竞争中，向顾客提供商品的同时，提供一些优惠条件的商业信用，受到越来越多企业的青睐。赊销是一种重要的促销手段，对于企业扩大产品销售、开拓并占领市场、增强企业竞争力都具有重要意义。

(2) 减少存货　赊销可以加速产品销售的实现，加快产品向销售收入的转化速度，从而降低存货中产成品数额。这有利于缩短产成品的库存时间，降低产成品存货的管理费用、仓储费用和保险费用等各方面支出。因此，当产成品存货较多时，可以采用较为优惠的信用条件进行赊销，尽快实现将存货转化为销售收入，降低企业的存货成本，节约企业的存货支出。

2. 应收账款的成本

企业在采取赊销进行销售的同时，会因持有应收账款而付出一定的代价，就是应收账款的相关成本，包括机会成本、管理成本、坏账成本和折扣成本。

(1) 机会成本　是指企业的资金被应收账款占用所丧失的潜在收益，它与应收账款的数额有关，与应收账款占用时间有关，也与参照利率有关。

$$\text{应收账款机会成本}=\text{维持赊销业务所需资金}\times\text{资金成本率}$$

$$\text{维持赊销业务所需资金}=\text{应收账款平均余额}\times\text{变动成本率}$$

$$\text{应收账款平均余额}=\frac{\text{年赊销额}}{360}\times\text{平均收账天数}$$

上式中，资金成本率一般按照短期有价证券利息率计算。

【典型工作任务3】 假使某企业预测的年度赊销收入净额为3 000 000元，应收账款周转期为60天，变动成本率为60%，资金成本率为10%，计算应收账款的机会成本。

【职业能力操作】

应收账款周转率为：360÷60=6（次）

应收账款平均余额为：3 000 000÷6=500 000（元）

维持赊销业务所需资金为：500 000×60%=300 000（元）

应收账款的机会成本为：300 000×10%=30 000（元）

(2) 管理成本　即企业对应收账款进行管理而耗费的开支，是应收账款成本的重要组成部分，包括：客户的资信调查费、应收账款账簿记录费用、收账费用和其他费用等。

(3) 坏账成本　是指应收账款因故不能收回而发生的损失。坏账成本一般与应收账款的数额大小有关，与应收账款的拖欠时间有关。为了避免发生坏账给企业生产经营稳定性带来的不利影响，企业可以按照应收账款余额的一定比率提取坏账准备金。

$$坏账成本=年赊销额\times坏账损失率$$

(4) 折扣成本　是指企业为督促客户早日付款，开出提前付款有现金折扣的信用条件后，客户享受了现金折扣，而导致企业未收回的款项。折扣成本实际上是企业为及早收回货款所付出的代价，是一种潜在损失。

二、企业信用政策的制订

信用政策是应收账款的管理政策，是企业对应收账款进行规划和控制的基本原则和行为规范。制订合理的信用政策，是加强应收账款管理、提高应收账款投资效益的重要前提。企业信用政策主要包括信用标准、信用条件和收账政策三部分。

1. 信用标准

信用标准是客户获得企业商业信用所应具备的最低条件，如客户达不到信用标准，则本企业将不给信用优惠，或只给较低的信用优惠。信用标准通常以预期的坏账损失率表示。

企业在确定信用标准时往往面临着两难的选择。如果企业信用标准过严过高，将使许多客户因信用品质达不到所设定的标准而被拒于企业商业信用之外，尽管这有利于降低违约风险及收账费用，减少应收账款（机会成本），但会影响企业市场竞争能力的提高和销售收入的扩大。相反，如果企业采取较低的信用标准，虽然有利于扩大销售、提高市场竞争力和市场占有率，但同时需要冒较大的坏账损失风险，支付较高的收账费用，增加应收账款的机会成本。因此，企业在设定某一顾客的信用标准时，往往先要评估其赖账的可能性，这可以通过“5C”系统评估法来进行。

“5C”系统评估法认为客户的资信程度通常取决于 5 个方面，即客户信用品质（character）、偿付能力（capacity）、资本（capital）、抵押品（collateral）、条件（condition），简称“5C”系统。

(1) 客户信用品质　即客户的信誉，是指客户履行偿债义务或赖账的可能性，是决定是否给予客户信用的首要因素。这主要通过了解客户以往信用风险的付款履约记录进行评价。

(2) 偿付能力　即客户的偿债能力。偿付能力的高低主要取决于企业的资产，特别是流动资产的数量、变现能力及其与流动负债的关系。一般而言，企业流动资产的数量越多，流动比率越大，其偿付能力就越强；反之，则偿债能力就越差。当然，对客户偿债能力的判断还要注意对资产质量的分析，即对资产的变现能力以及负债的流动性进行分析。资产的变现能力越强，企业的偿债能力就越强；相反，负债的流动性越大，企业的偿债能力就越小。

(3) 资本　是指客户的经济实力与财务状况，是客户偿付债务的最终保证。资本实力雄厚的企业一般偿付债务的能力强。

(4) 抵押品　是指客户为获取商业信用而向企业提供的作为担保的资产，企业一旦收不到这些顾客的款项，便以抵押品抵补。因此，要求能够作为抵押品的资产必须是客户实际所拥有并且变现能力较强的资产，这对客户拒付款时企业采取的收账策略和措施。

(5) 条件　制订信用标准的定量依据是估量客户的信用等级和坏账损失率。坏账损失会随着收账费用的增加而减少；但随着收账费用的不断增加，坏账损失的递减速度下降；当收账费用达到一定数量时，坏账损失就不再减少。企业在制订收账政策时，应充分考虑应收账款的机会成本和坏账损失与收账费用之间的这种此消彼长的关系，权衡收账过程的成本与收益后再做决定。信用标准定得过高，会使销售减少，并影响企业的市场竞争力；信用标准定得过低，会增加坏账风险和收账费用。

2. 信用条件

信用条件是企业评价客户等级，决定给予或拒绝客户信用的依据。信用条件包括：信用期限、折扣期限和现金折扣。

现金折扣：企业为了既能扩大销售，又能及早收回款项，往往在给客户信用期限的同时推出现金折扣条款，进行信用条件分析，考虑现金折扣在内的信用成本合计，比较扣除信用成本后的收益。基本表现方式为“2/10，N/30”。

【典型工作任务4】 中信股份有限公司预测年度赊销收入净额2 000万元，其信用条件是：n/30，变动成本率为60%，资金成本率为20%。假设企业收账政策不变，固定成本不变，该企业准备了3个信用条件的备选方案：A方案，维持原信用条件；B方案，信用条件为n/60；C方案，信用条件为n/90。

各方案的赊销水平、坏账损失及收账费用如表6-3所列。

表6-3　信用条件备选方案表

项目	A方案(n/30)	B方案(n/60)	C方案(n/90)
年赊销额/万元	2 100	2 310	2 520
应收账款平均余额/万元	175	385	630
维持赊销业务所需资金/万元	105	231	378
坏账损失率/%	2	3	5
坏账损失/万元	42	69.3	126
收账费用/万元	20	38	52

【职业能力操作】

信用条件分析评价表见表6-4。

表6-4　信用条件分析评价表

项目	A方案(n/30)	B方案(n/60)	C方案(n/90)
年赊销额/万元	2 100	2 310	2 520
应收账款平均余额/万元	175	385	630
变动成本/万元	1 260	1 386	1 512
机会成本/万元	21	46.2	75.6
维持赊销业务所需资金/万元	105	231	378
坏账损失率/%	2	3	5
坏账损失/万元	42	69.3	126
收账费用/万元	20	38	52
信用成本合计/万元	83	153.5	253.6
信用成本后收益/万元	757	770.5	754.4

通过进行信用条件分析，B方案的收益最高，所以选择B方案。

公司为了加速应收账款的收回，决定在B方案的基础上将信用条件改为：2/10，1/20，

$n/60$（D方案）。估计有60%的客户（按赊销额计算）会利用2%的折扣；20%的客户会利用1%的折扣。坏账损失率降为1.5%，收账费用降为30万元，则：

应收账款平均余额=(2 310×60%÷360)×10+(2 310×20%÷360)×20+(2 310×20%÷360)×60
=141.17（万元）

维持赊销业务所需资金=141.17×60%=84.7（万元）

机会成本=84.7×20%=16.94（万元）

坏账损失=2 310×1.5%=34.65（万元）

现金折扣=2 310×(2%×60%+1%×20%)=32.34（万元）

新方案下的信用条件分析评价表见表6-5。

表6-5　新方案下的信用条件分析评价表　　单位：万元

项目	A方案(n/30)	B方案(n/60)	C方案(n/90)	D方案(2/10,1/20,n/60)
年赊销额	2 100	2 310	2 520	2 310
变动成本	1 260	1 386	1 512	1 386
信用成本前收益	840	924	1 008	924
应收账款机会成本	21	46.2	75.6	46.2
坏账损失	42	69.3	126	34.65
收账费用	20	38	52	30
现金折扣成本				32.34
信用成本合计	83	153.5	253.6	193.19
信用成本后收益	757	770.5	754.4	780.81

计算结果表明，通过改变信用政策，增加现金折扣，可以增加企业收益。所以选择D方案（2/10，1/20，n/60）为最佳方案。

3. 收账政策

收账政策是指客户违反信用条件，拖欠甚至拒付账款时企业应采取的策略。

首先，企业应投入一定的收账费用以减少坏账的发生。一般地，随着收账费用的增加，坏账损失会逐渐减少，但收账费用不是越多越好，因为收账费用增加到一定数额后，坏账损失不再减少，说明在市场经济条件下不可能绝对避免坏账。收账费用投入多少为好要在权衡增加的收账费用和减少的坏账损失后做出决定。

其次，企业对客户欠款的催收应做到有理、有利、有节。对超过信用期限不多的客户宜采用电话、发信息等方式“提醒”对方付款。对久拖不还的欠款，应具体调查分析客户欠款不还的原因，采取适当催收货款的措施。

三、应收账款的日常管理

1. 应收账款的事前管理

（1）做好客户资信调查　企业在赊销前对客户进行资信调查，就是要解决几个问题：能否和该客户进行商品交易；做多大量，每次信用额控制在多少为宜；采用什么样的交易方式、付款期限和保障措施。

一般来说，客户的资信程度通常取决于“5C”系统。财务报表是信用分析最理想的信息来源之一，但需注意报表的真实性，最好是取得经过审计后的财务报表。通过计算一些比率，特别是对资产的流动性和准时付款能力的比率进行分析，来评价企业能力、资本、条件的好坏，以利于企业提高应收账款投资的决策效果。

① 信用评级报告或向有关国家机构核查。银行和其他金融机构或社会媒体定时都会向社会公布一些客户的信用等级资料，可以从相关报刊资料中进行搜集，也可向客户所在地的工商部门、企业管理部门、税务部门、开户银行的信用部门咨询，了解该企业的资金注册情况，生产经营的历史、现状与趋势，销货与盈利能力及税金缴纳情况等，通过查看有无不良历史记录来评价企业的品德等。

② 商业交往信息。企业的每一客户都会同时拥有多个供货单位，所以企业可以通过与同一客户有关的各供货企业交换信用资料，如往来时期的长短、提供的信用条件以及客户支付货款的及时程度。

(2) 建立客户档案　除客户的基本资料如姓名、电话、住址等以外，还需着重记录客户的财务状况、资本实力以及历史往来记录等，并对每一客户确定相应的信用等级。但需注意的是，信用等级并非一成不变，最好能每年做一次全面审核，以便能与客户的最新变化保持一致。对于不同信用等级的客户，企业在销售时就要采取不同的销售策略及结算方式。一般地，企业在规定信用期限的同时，往往会附有现金折扣条件，即客户若在规定期限内付款的话，可享受一定的折扣优惠，无非是希望客户能尽早支付货款，但要注意把握好度，即提供折扣应以取得的收益大于现金折扣的成本为宜。掌握客户已过信用期限的债务，密切监控客户已到期债务的增减动态，以便及时采取措施与客户联系，提醒其尽快付款。

2. 应收账款的事中管理

(1) 设置应收账款明细分类账　企业为加强对应收账款的管理，在总分类账的基础上，又按信用客户的名称设置明细分类账，来详细地、序时地记载与各信用客户的往来情况。

(2) 编制账龄分析表　检查应收账款的实际占用天数，企业对其收回的监督可通过编制账龄分析表进行。据此了解，有多少欠款尚在信用期内，应及时监督；有多少欠款已超过信用期，计算出超时长短的款项各占多少百分比，估计有多少欠款会造成坏账，如有大部分超期，企业应检查其信用政策。

(3) 建立坏账准备制度　企业要遵循谨慎性原则，对坏账损失的可能性进行预先估计，建立弥补坏账损失制度，提取坏账准备金。赊销企业有必要在收款之前对该项应收账款的运行进行追踪分析，重点要放在赊销商品的变现方面。企业要对赊购者的信用品质、偿付能力进行深入调查，分析客户现金的持有量与调剂程度能否满足兑现的需要。应将那些挂账金额大、信用品质差的客户的欠款作为考察的重点，以防患于未然。

(4) 实行严格的内审和内部控制制度　应收账款收回数额及期限是否如实关系到企业流动资金的状况、企业生产的决策、信用客户的形象和内部控制对贪污及挪用企业款项的抵制等。因此，为维护资金的安全运行，对应收账款应实行严格的内审和内部控制制度。

3. 应收账款的事后管理

对于逾期拖欠的应收账款应进行账龄分析，并加紧催收，因为账款最忌讳不及时追讨。据美国收账者协会统计，超过半年的账款回收成功率为57.8%，超过1年的账款回收成功率为26.6%，超过2年的账款只有13.6%可以收回。收账管理包括如下几部分工作。

(1) 确定合理的收账程序　催收账款的程序一般为：信函通知、电报电话传真催收、派人面谈、诉诸法律。在采取法律行动前应考虑成本效益原则，遇以下几种情况则不必起诉：

诉讼费用超过债务求偿额；客户抵押品折现可冲销债务；客户的债款额不大，起诉可能使企业运行受到损害；起诉后收回账款的可能性有限。

（2）确定合理的讨债方法　若客户确实遇到暂时的困难，经努力可东山再起，企业帮助其渡过难关，以便收回账款，一般做法为进行应收账款债权重组。如客户已达到破产界限的情况，则应及时向法院起诉，以期在客户破产清算时得到部分清偿。针对故意拖欠的讨债，可供选择的方法有：讲理法、疲劳战法、激将法、软硬兼施法等。

（3）准确地使用法律武器　企业的经济活动受法律的约束，同时，法律也会保护企业合法的经济活动。销售部门应会同财务部门、生产部门和法律部门共同制订销售合同，完善合同的内容，明确各方的责任和义务，尤其是违约条款的相关规定等，以避免日后纠纷。对于信用级别较低的客户，可以采用有担保销售和不赊销。其次，定期对账催账后要取得具有法律效力的书面文件，避免口头承诺。最后，对于陷入债务危机的客户，如其没有发展潜力，应及时启动债权人申请破产程序，以减少损失；如其有发展潜力，应合理有效地利用债务重组等方式，以挽救自己的损失。

任务四　存货管理

一、存货功能与成本

存货是指企业在生产经营过程中为销售或者耗用而储备的物资，包括材料、燃料、低值易耗品，如产品、半成品、产成品、协作件、商品等。

存货在企业的流动资产中占很大比重，但它又是一种变现能力较差的流动资产项目。对存货的管理重点在于提高存货效益和力求控制降低存货资金的比重两个方面。

（一）存货的功能

存货的功能是指存货在企业生产经营过程中所具有的作用，主要表现在以下两个方面。

1. 保证生产或销售的经营需要

企业主要是通过产品或商品的不断流转而获得利润的，如果这种流转过程不顺畅，那么会给企业造成经济损失。实际上，企业很少能做到随时购入生产或销售所需的各种物资，即使是市场供应量充足的物资也是如此。这不仅因为不时会出现某种材料的市场断货，还因为企业距供货点较远而需要必要的途中运输及可能出现的运输故障。一旦生产或销售所需物资短缺，生产经营将被迫停止，从而造成损失。为了避免或减少出现停工待料、停业待货等事故，企业需要储存合理的存货。

2. 降低进货成本

零购物资的价格往往较高，而整批购买在价格上常有优惠。许多企业为了鼓励客户购买其产品，往往给购货方提供较优惠的商业折扣。所以，企业采取大批量的集中进货时，就可以降低单位物资的买价。出自价格的考虑，企业应选择批量进货；同时，由于采购总量一定，采购批量较大时，采购次数就会减少，从而可以降低采购费用的支出。此外，由于市场上存货价格往往会发生波动，企业可以趁价格降低时大量进货，以获取降价带来的差价收益。

企业为了生产或销售的需要和降低进货成本而储备一定的存货，但是，过多的存货要占用较多的资金，并且会增加包括仓储费、保险费、维护费、管理人员工资在内的各项开支。存货占用资金是有成本的，占用过多会使利息支出增加并导致利润的损失，各项开支的增加更直接使成本上升。进行存货管理就是要尽力在各种存货成本与存货效益之间做出权衡，达到两者的最佳结合。因此，存货管理的目标就是要在充分发挥存货作用的前提下，不断降低存货成本，以最低的存货成本保障企业生产经营的顺利进行。

（二）存货成本

为充分发挥存货的固有功能，企业必须储备一定的存货。但企业持有存货，必然会发生一定的成本支出。存货的成本主要有进货成本、储存成本和缺货成本。

1. 进货成本

进货成本（acquisition cost）是指存货的取得成本，用 TC_a 表示，主要由存货进价和进货费用构成。

存货进价是指存货本身的价值，等于存货进货数量 D 与单价 P 的乘积，更称为采购成本。在一定时期内，在进货总量既定、物价不变且无采购数量折扣成本的条件下，无论企业采购次数如何变动，存货的进价成本通常是保持相对稳定的。

进货费用又称订货成本，是指企业为组织进货而开支的费用，如存货采购有关的办公费、差旅费、邮资、电报电话费、运输费、检验费、人工搬运费等支出。订货成本有一部分与订货次数无关，用字母 F_1 表示。如常设采购机构的基本开支等，称为订货的固定成本，这类固定性进货费用属于决策的无关成本；另一部分与订货次数有关，如差旅费、邮资、通信费等，与进货次数成正比例变动，这类变动性进货费用属于决策的相关成本。通过公式 $\frac{D}{Q}\times K$ 求得，D 为年需要量，Q 为每次进货批量，K 为每次订货的变动成本。

$$TC_{a}=PD+\frac{D}{Q}\times K+F_1$$

2. 储存成本

储存成本（holding cost）是指企业为持有存货而发生的费用，用字母 TC_c 表示。它主要包括存货占用资金所应计的利息（即机会成本：若企业用现有资金购买存货，便失去了现金存放银行或投资于证券本应取得的利息，为“放弃利息”；若企业借款购买存货，便要支付利息费用，为“付出利息”）、仓库费用、存货破损变质损失、存货的保险费用等。

储存成本按照与储存数额的关系也分为固定成本和变动成本。固定成本与存货数量的多少无关，如仓库折旧、仓库职工的固定月工资等，用 F_2 表示，是决策无关成本；变动成本则与存货的数量有关，如存货资金的应计利息、存货的破损和变质损失、存货的保险费用等，属于决策的相关成本。通过公式 $\frac{Q}{2}\times K_c$ 求得，K_c 表示单位储存变动成本。

$$TC_c=\frac{Q}{2}\times K_c+F_2$$

3. 缺货成本

缺货成本（stock-out cost）是指因存货不足而给企业造成损失，用字母 TC_s 表示。它主要包括材料供应中断造成的停工损失、产成品库存缺货造成的拖欠发货损失和丧失销售机会的损失，还应包括需要主观估计的商誉损失等无形的损失。如果生产企业以紧急采购代用材料解决库存材料中断之急，那么缺货成本表现为紧急额外购入成本，而紧急额外购入的开支会大于正常采购的开支。缺货成本能否作为决策的相关成本，应视企业是否允许出现存货短缺而定。若允许缺货，则缺货成本便与存货数量反向相关。

$$TC = TC_a + TC_c + TC_s$$

$$= PD + \frac{D}{Q} \times K + F_1 + \frac{Q}{2} \times K_c + F_2 + TC_s$$

二、存货控制的基本假设

经济订货批量的基本模型（存货控制）的建立需要以以下基本假设为前提。

① 企业能够随时补充缺货。

② 存货价格稳定，不存在数量折扣。

③ 存货量降至 0 时，下一批存货马上到位。

④ 一次性到货，而不是陆续入库。

⑤ 企业存货供应充足，不允许出现缺货。

⑥ 一定时期的需求量确定。

⑦ 企业现金充足，不会因为现金短缺而影响进货。

三、经济订货批量模型

经济订货批量模型的示意图见图 6-3。

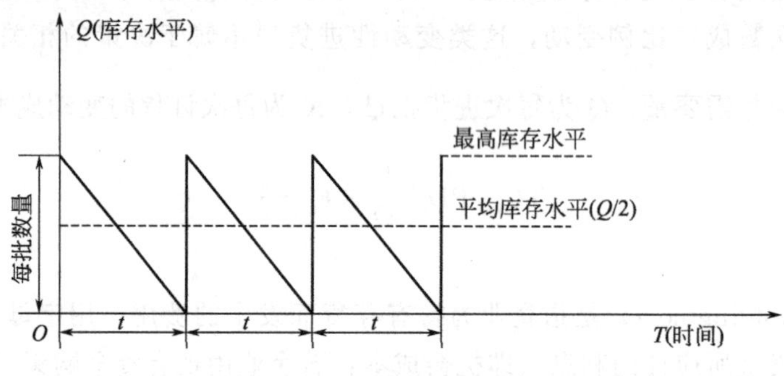

图 6-3　经济订货批量模型

最优订货批量出现在变动性订货成本和变动性储存成本之和最小（也即变动性订货成本和变动性储存成本相等）时。

相关计算指标包括：①经济订货批量；②最小相关总成本；③最佳订货次数；④最佳订货周期；⑤最佳存货资金占用额。

根据上述假设，与经济订货量有关的成本仅为变动订货成本与变动储存成本。

$$变动订货成本 = \frac{D}{Q} \times K；变动储存成本 = \frac{Q}{2} \times K_c$$

通过一阶求导，得：

$$Q' = \sqrt{\frac{2KD}{K_c}}$$

$$TC' = \sqrt{2KDK_c}$$

式中，Q'为经济订货量；D 为年需求量；K 为每次订货成本；K_c 为单位储存成本。

【典型工作任务 5】 中信股份公司本年度需耗用乙材料 36 000kg，该材料的采购成本为

200 元/kg，年度储存成本为 16 元/kg，平均每次进货费用为 20 元。

要求：(1) 计算本年度乙材料的经济进货批量。

(2) 计算本年度乙材料在经济进货批量下的相关总成本。

(3) 计算本年度乙材料在经济进货批量下的平均资金占用额。

(4) 计算本年度乙材料的最佳进货批次。

【职业能力操作】

(1) 本年度乙材料的经济进货批量$=\sqrt{2\times36\ 000\times20/16}=300$ (kg)

(2) 本年度乙材料经济进货批量下的相关总成本$=\sqrt{2\times36\ 000\times20\times16}=4\ 800$ (元)

(3) 本年度乙材料经济进货批量下的平均资金占用额$=300\times200\div2=30\ 000$ (元)

(4) 本年度乙材料最佳进货批次$=36\ 000\div300=120$ (次)

四、经济批量扩展模型

1. 陆续到货模型

经济批量模型中，我们做了六项基本假设，其中有一项是“订货能一次性到达”。然而这一项假设实际未必如此，因此我们分析讨论存货陆续到达情况下的最优决策。

本模型下，存货储存情况应如图 6-4 所示。图中时间段 AC 是一订货周期，这一周期分成两部分：在 AB 段陆续到货又陆续耗用，在 BC 段只耗用。

$$TC=Pn=PD/Q$$

式中，D 为存货年需用量；Q 为每次订货量；P 为每次订货的变动性订货成本；n 为全年订货次数。

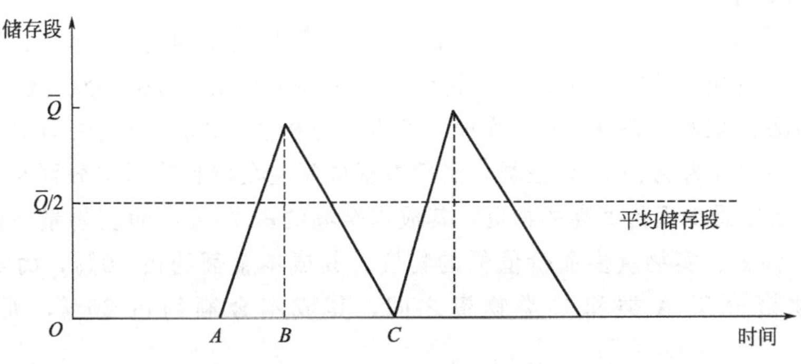

图 6-4　陆续到货模型

2. 商业折扣模型

经济批量模型中的“存货单价不变”假设也有可能与实际不符，因此我们分析讨论存在商业折扣情况下的最优决策。

设采购单价为 P，采购成本为 TC_k，这时采购成本随采购批量的大小而变动，是决策的一项相关成本。相关总成本 TC 为：$TC=PD+\frac{D}{Q}\times K+\frac{Q}{2}\cdot K_c$（字母含义与前面模型相同）

本模型可按下述步骤求最优解。

① 按经济批量模型求出订货批量。

② 按商业折扣条款查出与步骤①求得的批量对应的采购单价及相关总成本。

③ 按商业折扣条款中采购单价低于步骤②求得的单价的各档次的最低批量计算对应的相关总成本。

④ 比较各相关总成本，最低的为最优解。

【典型工作任务 6】 假设某工厂全年需用甲零件 10 000 件。每次变动性订货成本为 50 元，每件甲零件年平均变动性储存成本为 4 元。当采购量小于 600 件时，单价为 10 元；当采购量大于或等于 600 件，但小于 1 000 件时，单价为 9 元；当采购量大于或等于 1 000 件时，单价为 8 元。

要求：计算最优采购批量及全年最小相关总成本。

【职业能力操作】

计算经济批量：

$$Q_1=\sqrt{\frac{2\times50\times10\ 000}{4}}=500\text{（件）}$$

此时价格为 10 元，相关总成本 $TC_1=10\times10\ 000+\sqrt{2\times50\times10\ 000\times4}=102\ 000$（元）

当单价为 9 元、$Q_2=600$ 件时，$TC_2=9\times10\ 000+50\times\frac{10\ 000}{600}+4\times\frac{600}{2}\approx92\ 033.33$（元）

当单价为 8 元、$Q_3=1\ 000$ 件时，$TC_3=8\times10\ 000+50\times\frac{10\ 000}{1\ 000}+4\times\frac{1\ 000}{2}\approx82\ 500$（元）

本例最优采购批量 1 000 件，全年最少相关总成本为 82 500 元。

五、存货管理方法

1. ABC 控制法

ABC 控制法（activity based classification）的全称应为 ABC 分类库存控制法。又称帕累托分析法或巴雷托分析法、柏拉图分析法、主次因分析法、ABC 分析法、分类管理法、物资重点管理法、ABC 管理法、abc 管理、巴雷特分析法。ABC 控制法即把企业的存货物资按其金额大小划分为 A、B、C 三类，然后根据重要性在控制管理中分别对待。A 类物资是指品种少、实物量少而价值高的物资，其成本金额约占 70%，而实物量不超过 20%。C 类物资是指品种多、实物量多而价值低的物资，其成本金额约占 10%，而实物量不低于 50%。B 类物资介于 A 类和 C 类物资之间，其成本金额约占 20%，而实物量不超过 30%。

ABC 控制法的步骤如下。

第一步，计算每一种材料的金额。

第二步，将金额由大到小排序并列成表格。

第三步，计算每一种材料的金额占库存总金额的比率。

第四步，计算累计比率。

第五步，分类。累计比率在 0～60%之间的，为最重要的 A 类材料；累计比率在60%～85%之间的，为次重要的 B 类材料；累计比率在 85%～100%之间的，为不重要的 C 类材料。

对于 A 类物资，应经常检查库存，严格管理，科学地制订其资金定额，并按经济批量模型合理进货。对于 C 类物资，不必严加控制，一次进货可适当多些，待发现存量不多时再次进货即可。对于 B 类物资，采取比较严格的管理，视具体情况部分参照 A 类、部分参照C类控制。

当企业存货品种繁多、单价高低悬殊、存量多寡不一时，使用ABC控制法可以分清主次、抓住重点、区别对待，使存货控制更方便有效。

2. 适时制管理（JIT）

JIT（just-in-time）为适时管理法或即时管理法，是指企业在生产经营过程中努力实现经营需求与存货供应同步，存货传送与存货消耗同步，使存货库存最小化。适时性管理能有效地降低存货资金的占用，提高流动资金的使用效率。

适时管理法在20世纪中期被美国工程师提出，产生初期并未得到重视。20世纪60年代初，日本丰田汽车公司将适时制的观念引入并全面实行，经过十几年不断发展和完善，使其市场占有率不断提高，竞争力增强，JIT因此受到关注。目前，适时管理法广泛应用于各制造业、服务业，或者以企业改良的形式存在。

JIT是指在机械自动化、生产电算化的情况下，企业通过使从购进原材料到完成产品、再到销售的每个环节都紧密衔接来简化生产和销售过程。JIT企业的三大目标：在最短时间内满足客户需求；全面提高产品质量和劳动生产率；最大限度地降低整体成本，减少库存，消除浪费和无增值生产活动。

3. 分级归口控制

分级归口控制是指按照使用资金和管理资金相结合、物资管理和资金管理相结合的原则，将存货资金定额按各职能部门所涉及的业务归口管理，各职能部门再将资金定额按计划层层分解落实到车间、班组乃至个人，实行分级管理。

【职业能力训练】

一、单项选择题

1. 下列关于营运资金管理的说法中不正确的是（　　）。

A. 营运资金的管理既包括流动资产的管理，也包括流动负债的管理

B. 流动资产是指可以在一年以内或超过一年的一个营业周期内变现或运用的资产

C. 流动资产的数量会随着企业内外条件的变化而变化，时高时低，波动很大

D. 企业占用在流动资产上的资金，会在一年内收回

2. 某企业按照“3/10，$n/50$”的信用条件购进一批商品。若企业放弃现金折扣，在信用期内付款，则放弃现金折扣的机会成本为（　　）。

A. 20.41%　　B. 24.65%　　C. 27.84%　　D. 20%

3. ABC控制法中A类产品的资金比重为（　　）。

A. 10%　　B. 20%　　C. 30%　　D. 70%

4. ABC控制法中C类产品的数量比重为（　　）。

A. 10%　　B. 20%　　C. 30%　　D. 70%

5. 在集团企业资金集中管理模式中，有利于企业集团实现全面收支平衡，提高资金的周转效率，减少资金沉淀，监控现金收支，降低资金成本的是（　　）。

A. 统收统支模式　　B. 拨付备用金模式　　C. 结算中心模式　　D. 财务公司模式

6. 某企业年销售收入为1 000万元，信用条件为“1/10，$n/50$”时，预计有20%的客户选择享受现金折扣，其余客户在信用期付款，变动成本率为60%，资金成本率为8%，则应收账款的机会成本为（　　）元（1年按360天计算）。

A. 78 000　　B. 65 000　　C. 56 000　　D. 93 333. 33

7. 在应收账款管理中，下列说法中不正确的是（　　）。

A. 应收账款的主要功能是增加销售和减少存货

B. 应收账款的成本主要包括机会成本、管理成本和坏账成本

C. 监管逾期账款和催收坏账的成本会影响公司的利润

D. 信用期的确定主要是分析改变现行信用期对成本的影响

8. 甲企业使用5C信用评价系统，其中对客户的流动比率和现金流预测特别关注。这说明其特别关注客户的（　　）。

A. 品质　　B. 资本　　C. 抵押　　D. 能力

9. 下列关于应收账款日常管理的表述中，错误的是（　　）。

A. 应收账款的日常管理工作包括对客户的信用调查和分析评价、应收账款的催收工作等

B. 企业对顾客进行信用调查的主要方法是直接调查法和间接调查法

C. 应收账款的保理可以分为有追索权保理、无追索权保理、明保理和暗保理

D. 到期保理是指保理商并不提供预付账款融资，而是在赊销到期时才支付，届时不管货款是否收到，保理商都必须向销售商支付货款

10. A公司的现金最低持有量为2 500元，现金回归线为10 000元。公司现有现金24 000元，根据现金持有量的随机模型，此时应当投资于有价证券的金额为（　　）元。

A. 21 500　　B. 14 000　　C. 12 000　　D. 0

二、多项选择题

1. 在现金管理中，下列说法正确的有（　　）。

A. 拥有足够的现金对于降低风险、增强企业资产的流动性和债务的可清偿性有着重要的意义

B. 企业持有现金的目的只是应付日常的业务活动

C. 一个希望尽可能减少风险的企业倾向于保留大量的现金余额，以应付其交易性需求和大部分预防性资金需求

D. 除了交易性需求、预防性需求和投机性需求外，许多公司持有现金是作为补偿性余额

2. 下列关于商业信用筹资特点的说法正确的有（　　）。

A. 商业信用容易获得　　B. 企业一般不用提供担保

C. 商业信用筹资成本较低　　D. 容易恶化企业的信用水平

3. 信用条件是指销货企业要求赊购客户支付货款的条件，其构成要素包括（　　）。

A. 信用期限　　B. 信用标准　　C. 现金折扣　　D. 信用期间

4. 对于企业而言，应收账款保理的理财作用主要表现在（　　）。

A. 融资功能　　B. 使企业应收账款的管理负担加重

C. 减少坏账损失，降低经营风险　　D. 改善企业的财务结构

5. 现金折扣是企业对顾客在商品价格上的扣减。向顾客提供这种价格上的优惠，可以达到的目的有（　　）。

A. 缩短企业的平均收款期　　B. 扩大销售量

C. 增加收益　　D. 减少成本

6. 经济订货模型是建立在一系列严格假设基础之上的，这些假设包括（　　）。

A. 存货总需求量是已知常数

B. 订货提前期是常数

C. 货物是一次性入库

D. 单位货物成本为常数，批量折扣率是已知常数

7. 现金支出管理的主要任务是尽可能延缓现金的支出时间，下列属于延缓现金支出时间的方法有（　　）。

A. 使用零余额账户　　B. 透支

C. 使用现金账户结算　　D. 推迟应付款的支付

8. 下列关于信用政策的说法中，正确的有（　　）。

A. 如果企业执行的信用标准过于严格，可能会限制公司的销售机会

B. 如果企业执行的信用标准过于宽松，可能会增加随后还款的风险并增加坏账费用

C. 公司的信用条件决定了其应收账款的水平

D. 企业现金折扣的确定要与信用期间结合起来考虑

9. 下列各项中，影响企业流动资产投资战略选择的是（　　）。

A. 企业对风险和收益的权衡

B. 影响企业政策的决策者

C. 产业因素

D. 利率在短期、中期、长期负债之间的差异的影响

10. 下列关于营运资金管理原则的说法，不正确的有（　　）。

A. 营运资金的管理必须把提高资金使用效率作为首要任务

B. 加速资金周转是提高资金使用效率的主要手段之一

C. 企业要千方百计加速存货、应收账款等流动资产的周转

D. 保持足够的偿债能力是营运资金的管理原则之一

11. 某企业每年耗用某种原材料 36 000kg，该材料的单位成本为 20 元，单位材料年持有成本为 2 元，一次订货成本为 150 元，则下列说法正确的是（　　）。

A. 经济订货批量为 2 533.59kg　　B. 经济订货批量为 2 323.79kg

C. 相关总成本为 4 647.58 元　　D. 相关总成本为 3 595.36 元

12. 在存货管理中，与持有存货有关的成本包括（　　）。

A. 取得成本　　B. 储存成本　　C. 缺货成本　　D. 短缺成本

三、判断题

1. 在存货管理中，与持有存货有关的成本包括取得成本和储存成本。（　　）

2. 如果企业信誉恶化，即使在信贷额度内，企业也可能得不到借款，此时，银行不会承担法律责任。（　　）

3. 在 5C 信用评价系统中，能力是指如果企业或个人当前的现金流不足以还债，他们在短期和长期内可供使用的财务资源。（　　）

4. 在流动资产管理中，包括对货币资金、应收账款、存货方面的管理。（　　）

5. 如果某企业的存货周转期为 40 天，应收账款周转期为 30 天，应付账款周转期为 35 天，则现金周转期＝40＋30－35＝35（天）。（　　）

6. 应收账款具有增加销售和减少存货的功能。（　　）

7. “收支两条线”是政府为了加强财政管理和整顿财政秩序对财政资金采取的一种管理模式，不适合企业对资金的管理。(　　)

8. 应收账款管理中，信用政策必须明确地规定信用标准、信用期间和折扣条件。(　　)

四、计算与分析题

1. 某公司目前采用30天按发票金额付款的信用条件，实现的销售额为3 000万元，平均收账期为40天，坏账损失率估计为2%，收账费用为20万元。为了刺激销售，该公司拟将信用期限放宽到60天。如果采用这种信用条件，预计销售额会增加10%，坏账损失率将提高到3%，收账费用将增加到25万元。信用条件变化后，预计其平均收账期为90天，新老客户的付款习惯无差别。产品的变动成本率为60%，该公司对应收账款投资所要求的报酬率为15%。该公司是否应该延长信用期。

要求：(1) 计算应收账款机会成本。

(2) 计算维持赊销业务所需要的资金。

(3) 计算应收账款平均余额。

2. 东风有限公司每年需要耗用甲种原材料10 816kg，单位材料年储存成本为10元，平均每次订货费用为500元，该材料全年平均单价为1 000元。假设不存在数量折扣，不会出现陆续到货和缺货的现象。

要求（计算结果保留整数）：(1) 计算甲材料的经济订货批量。(2) 计算甲材料的年度订货批数。(3) 计算甲材料的相关储存成本。(4) 计算甲材料的相关订货成本。(5) 计算甲材料的经济订货批量平均占用资金。(6) 计算经济订货量相关总成本。

3. 华强股份有限公司欲购进原材料1 000t，已知每吨价格为1 000元。已知该公司有以下方案解决本次购货所需资金问题。

(1) 与客户商定的付款条件为（1/10，50）。

(2) 从A银行贷款，利率为8%，银行要求保留10%的补偿性余额。

(3) 从B银行贷款，利率为7%，银行要求按贴现法付息。

要求：通过计算确定华强股份有限公司应选择哪个方案。

五、综合业务题

1. 某企业2017年销售收入为4 500万元，总成本为3 300万元，其中固定成本为600万元。2018年该企业有甲、乙两种信用政策可供选用，两种方案下预计销售收入均为5 400万元。甲方案下平均收账天数为40天，其机会成本、坏账损失、收账费用合计为130万元，无现金折扣；乙方案的信用政策为（2/20，n/60），将有40%的货款于第20天收到，60%的货款于第60天收到，其中第60天收到的款项有1%的坏账损失率，收账费用为20万元。2018年变动成本率保持不变，固定成本保持2017年的水平，企业的资金成本率为8%，一年按360天计算。

要求：(1) 计算该企业2018年的变动成本率。

(2) 计算乙方案的下列指标。

① 应收账款平均收账天数。

② 应收账款平均余额。

③ 应收账款机会成本。

④ 坏账损失。

⑤ 现金折扣。

(3) 分析并判断该企业该采取哪种信用政策。

2. 某公司每年需要某种原材料 360 000kg，已经得到经济订货批量为 90 000kg，材料单价为 15 元，单位材料年持有成本为 2 元，单位缺货成本为 8 元。到货期及其概率分布如下：

天数	8	9	10	11	12
概率	0.1	0.2	0.4	0.2	0.1

要求：确定企业合理的保险储备和再订货点（以 1 000kg 为间隔，一年按 360 天计算）。

天数	8	9	10	11	12
耗用量/kg	8×1 000＝8 000	9 000	10 000	11 000	12 000
概率	0.1	0.2	0.4	0.2	0.1

项目七 利润分配管理

【职业学习目标】

知识目标

1. 掌握利润计算方法；
2. 掌握利润分配程序；
3. 理解股利分配政策；
4. 掌握现金股利、股票股利的内容。

能力目标

1. 能够利用数学模型计算利润分配；
2. 能够准确计量企业现金股利；
3. 能够准确计量企业股票股利；
4. 能够进行企业利润分配管理。

素质目标

1. 利润分配中，为企业节约成本，合理避税；
2. 培养学生严谨、规范的职业素养；
3. 树立诚实守信的职业道德。

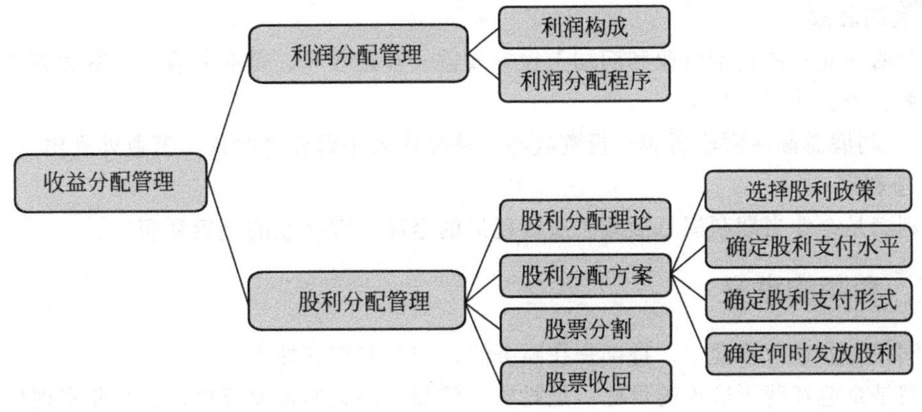

经典案例

随着年报披露接近尾声，不少公司成了投资者的“真爱”，只因这些上市公司十分豪爽地拿出真金白银回报投资者。根据东方财富数据显示，2017 年 4 月 26 日，上海、深圳两市共有超过 2100 家公司提出了包括现金分红在内的利润分配方案，其中，已有 24 家公司提出每股现金分红超 1 元的利润分配方案。

那时，现金分红金额最高的企业是贵州茅台，拟对公司全体股东每 10 股派发现金红利 67.87 元（含税）。从业绩方面来看，2016 年，该公司实现营业收入 388.62 亿元，同比增长 18.99%；实现营业利润 242.66 亿元，同比增长 9.51%；实现归属于母公司所有者的净利润 167.18 亿元，同比增长 7.84%。

【情境引例】

某公司自上市后，一直维持了较高的利润水平。但是，这样一支绩优股，在 2014 年高派现后，就只采用送红股的方式分配股利，或者干脆不分配（2015 年和 2016 年均未分配）。上市公司股东获取回报主要有两种方式：经由上市公司分配股利以及所持有股票价格上涨的资本利得。理论上，一个业绩优良的上市公司所能给股东的回报既包括稳定的股利分配，也包括股票价格的稳定增长。中信公司在 2017 年的分配方案中，也采用了高派现的方法，每 10 股派现 12.5 元，扣税后实际每 10 股派现 10 元。这种方式是否是合理的利润分配政策？

任务一　利润分配管理概述

一、利润及其构成

利润是指企业在一定会计期间的经营成果，包括营业利润、利润总额和净利润。

1. 营业利润

营业利润是企业利润的主要来源，等于主营业务利润加上其他业务利润，再减去营业费用、管理费用和财务费用后的金额，用公式表示如下：

营业利润＝主营业务利润＋其他业务利润－营业费用－管理费用－财务费用

2. 利润总额

企业的利润总额是指营业利润加上投资收益、补贴收入、营业外收入，减去营业外支出后的余额。用公式表示如下：

利润总额＝营业利润＋投资收益＋补贴收入＋营业外收入－营业外支出

3. 净利润

净利润是企业当期利润总额减去所得税后的金额，即企业的税后利润。

二、利润的意义

利润在企业经营管理中，特别是在财务管理中具有广泛的意义。

利润是企业经营所追求的目标；是投资、信贷、决策的重要依据；是企业实现自身积累的主要途径；是企业分配的基础；是改善职工生活福利的必要条件。

三、利润分配的原则

企业的利润分配必须遵守国家财政法规，兼顾国家、所有者和企业及职工等方面的利益，使利润分配机制发挥利益激励与约束功能以及对生产的调节功能，充分调动各方面的积极性，为企业再生产创造良好的条件。

利润分配要遵守以下原则：①依法分配原则；②分配与积累并重原则；③兼顾各方面利益原则；④投资与收益对等原则。

四、利润分配的程序

利润分配是企业根据国家有关法律法规和企业章程的规定，对企业缴纳所得税后的净利润进行分配的行为。利润分配的过程和结果不仅关系到股东的合法权益，而且关系到企业能否长期、稳定和健康地发展。

企业当期实现的净利润，在提取盈余公积金之后，加上年初未分配利润为可供分配的利润，可以直接进行利润分配。如以前年度有未弥补的亏损则应当按以下顺序进行分配。

第一步，本年度利润总额首先弥补以前年度亏损（5年之内的亏损）。

根据《中华人民共和国企业所得税法》的有关规定："企业发生的年度亏损可以用下一年度的税前利润弥补，下一年度利润不足弥补的可以在5年内延续弥补。5年内不足弥补的，改用企业的税后利润弥补，也可以用以前年度提取的法定盈余公积金弥补。企业以前年度亏损未弥补完，不得提取法定盈余公积金。在提取法定盈余公积金前，不得向股东分配利润。"

第二步，弥补亏损后的利润总额缴纳企业所得税。

第三步，用净利润弥补以前年度亏损（5年之外的亏损）。

第四步，提取法定盈余公积金。法定盈余公积金按照本年企业实现净利润（扣除5年之外的亏损）的一定比例提取，股份制企业按照10%的比例提取，其他企业可以根据需要确定提取比例，但至少应按10%提取。法定盈余公积金已达注册资本的50%时可不再提取。

第五步，支付应付的优先股股利（在我国现阶段，所有上市公司的股本结构中都没有优先股）。

第六步，提取任意盈余公积金。

第七步，企业董事会制订利润分配预案，经股东大会决议批准后对外公布并支付普通股股利，包括分配给普通股股东的现金股利和股票股利。

第八步，剩余利润转作未分配利润，可在下期分配。

任务二 股利分配政策

一、股利分配政策的理论

在股利分配对公司价值的影响这一问题上，存在不同的观点，主要有以下几种。

1. 股利重要论

(1)“一鸟在手”理论 又称“在手之鸟”理论，这一理论认为，用留存收益再投资给投资者带来的收益具有较大的不确定性，并且投资的风险随着时间的推移会进一步增大，因此，投资者更喜欢现金股利，而不愿意将收益留存在公司内部，从而去承担未来的投资风险。

(2) 信号传递理论 信号传递理论认为，在信息不对称的情况下，公司可以通过股利政策向市场传递有关公司未来盈利能力的信息，从而会影响公司的股价。一般来说，预期未来盈利能力强的公司往往愿意通过相对较高的股利支付水平，把自己同预期盈利能力差的公司区别开来，以吸引更多的投资者。信号传递理论得以成立的基础是信息在各个市场中参与者之间的概率分布不同，即信息不对称。股利政策所产生的信息效应会影响股票的价格。

(3) 所得税差异理论 所得税差异理论认为，由于普遍存在的税率的差异及纳税时间的差异，资本利得收入比股利收入更有助于实现收益最大化目标，企业应当采用低股利政策。

(4) 客户效应理论 客户效应理论是对所得税差异理论的进一步扩展，研究处于不同税收等级的投资者对待股利分配态度的差异。

(5) 代理理论 代理理论认为，股利政策有助于减缓管理者与股东之间的代理冲突，股利政策是协调股东与管理者之间代理关系的一种约束机制。

2. 股利无关论

股利无关论是由美国经济学家弗兰科·莫迪利安尼（Franco Modigliani）和财务学家默顿·米勒（Merton Miller）（简称莫米）于1961年提出的。莫米立足于完善的资本市场，从不确定性角度提出了股利政策和企业价值不相关理论，这是因为公司的盈利和价值的增加与否完全视其投资政策而定，企业的市场价值与它的资本结构无关，而是取决于它所在行业的平均资本成本及其未来的期望报酬，在公司投资政策给定的条件下，股利政策不会对企业价值产生任何影响。进而得出，企业的权益资本成本为其资本结构的线性递增函数。在此基础上，莫米又创立了投资理论，即企业的投资决策不受筹资方式的影响，只有在投资报酬大于或等于企业平均资本成本时才会进行投资。

二、股利政策的类型

（一）剩余股利政策

剩余股利政策是指在企业有良好投资机会时，根据目标资本结构测算出投资所需的权益资本，先从盈余当中留用，然后将剩余的盈余作为股利予以分配。基本步骤如下。

① 确定股权资本与债务资本的比例。

② 确定目标资本结构下投资必需的股权资本以及与现有股权资本之间的差额。

③ 最大限度地使用税后利润，以满足投资及资本结构调整对股权资本追加的需要。

④ 剩余的税后利润作为股利发放给股东。

采用剩余股利政策，有利于公司保持理想的资本结构，使综合资金成本降至最低，并保证投资项目的资金需求。但是采用此股利政策，会造成各年股利发放额不固定（忽高忽低）的后果。

（二）固定股利政策

1. 固定或稳定增长股利政策的内容和政策依据

这种股利政策是将每年发放的股利固定在一个固定的水平上并在较长的时期内不变，只有当公司认为未来盈余将会显著地、不可逆转地增长时，才提高年度的股利发放额。

采用该政策的理由如下。

① 稳定的股利向市场传递公司正常发展的信息，有利于树立公司良好的形象，增强投资者对公司的信心，稳定股票的价格。

② 有利于投资者安排股利收入和支出。

③ 稳定的股利政策可能会不符合剩余股利理论，但为了将股利维持在稳定的水平上，即使推迟某些投资方案或暂时偏离目标资本结构，也可能要比降低股利或降低股利增长率更为有利。

该股利政策的缺点在于股利支付与盈余脱节，当盈利较低时仍要支付较高的股利，容易引起公司资金短缺、财务状况恶化。

2. 固定股利支付率政策的内容和政策依据

该政策是公司确定一个股利占盈余的比率，长期按此比率支付股利的政策。采用该政策的理由是，这样做能使股利与公司盈余紧密地配合，以体现多盈多分、少盈少分、无盈不分的原则。但是，在这种政策下各年的利率变动较大，极易造成公司不稳定的感觉，对稳定股票价格不利。

3. 低正常股利加额外股利政策的内容和政策依据

该股利政策是公司一般情况下每年只支付一个固定的、数额较低的股利，在盈余较多的年份，再根据实际情况向股东发放额外股利。但额外股利并不固定化，不意味着公司永久地提高了规定的股利率。

采用该政策的理由是：具有较大灵活性；使一些依靠股利度日的股东每年至少可以得到虽然较低但比较稳定的股利收入，从而吸引住这部分股东。

【典型工作任务1】 某公司2017年实现的税后净利为1 000万元，法定盈余公积金、公益金的提取比率为15%，若2018年的投资计划所需资金800万元，公司的目标资金结构为自有资金占60%。

要求：(1) 若公司采用剩余股利政策，则2017年末可发放多少股利?

(2) 若公司发行在外的股数为1 000万股，计算每股利润及每股股利。

(3) 若2018年公司决定将股利政策改为逐年稳定增长的股利政策，设股利的逐年增长率为2%，投资者要求的必要报酬率为12%，计算该股票的价值。

【职业能力操作】

(1) 提取公积金、公益金额＝1 000×15%＝150（万元） 可供分配利润＝1 000－150＝850（万元）

投资所需自有资金＝800×60％＝480（万元）　向投资者分配额＝850－480＝370（万元）

（2）每股利润＝1 000÷1 000＝1（元/股）　每股股利＝370÷1 000＝0.37（元/股）

（3）该股票的价值为：0.37×(1＋2％)÷(12％－2％)＝3.77（元）

【典型工作任务 2】 A 公司目前发行在外的股数为 1 000 万股，该公司的产品销路稳定，拟投资 1 200 万元，扩大生产能力 50％。该公司想要维持目前 50％的负债比率，并想继续执行 10％的固定股利支付率政策。该公司在 2016 年的税后利润为 500 万元。

要求：该公司 2017 年为扩充上述生产能力必须从外部筹措多少权益资本？

【职业能力操作】 保留利润＝500×(1－10％)＝450（万元）

项目所需权益融资需要＝1 200×(1－50％)＝600（万元）

外部权益融资＝600－450＝150（万元）

三、利润分配方案

企业在确定股利分配方案时需要重点考虑股利分配政策。股利分配政策不仅直接影响企业的资本结构和融资活动，而且影响企业的正常运营以及未来的发展，因此，制订适合的股利政策就显得十分重要。对于上市公司而言，由于股利支付情况透露了企业的重要信息，其意义显得尤为重大。基于各股利政策存在着各自的利弊，企业在进行股利分配政策决策时，要根据企业所处的发展环境，综合考虑企业面临的各种具体影响因素，以保证企业总体战略目标的实现。

企业在不同成长与发展环境中可以选用的股利政策可参见表 7-1。

表 7-1　企业在不同成长与发展环境中可以选用的股利政策

企业发展阶段	特点	使用股利政策
初创阶段	经营风险高，有很强的投资需求，但融资能力差	剩余股利政策
快速发展阶段	企业发展快，需要大规模投资	低正常股利加额外投利政策
稳定增长阶段	企业业务量稳定增长，市场竞争力强，行业地位已巩固，投资需求减少，净现金流入量稳步增长，每股收益呈上升态势	固定或稳定增长股利政策
成熟阶段	产品市场趋于饱和，企业盈利水平保持稳定，通常已积累了相当的盈余和资金	固定支付率股利政策
衰退阶段	企业业务量逐渐减少，获利能力、现金获取能力和股利支付能力逐渐下降	剩余股利政策

【典型工作任务 3】 假定 A 公司去年的净利润为 500 万元，今年由于经济不景气，净利润为 475 万元，目前公司发行在外的普通股为 100 万股。该公司对未来仍有信心，决定投资 400 万元设立新厂，其资金 60％将来自举债，40％来自权益资金。此外，该公司去年每股股利为 3 元。

要求：（1）若该公司维持固定股利支付率政策，则今年应支付每股股利多少元？

（2）若采用剩余股利政策，则今年应支付每股股利多少元？

【职业能力操作】

（1）去年每股收益＝500÷100＝5（元/股）

股利支付率＝3÷5×100％＝60％

今年每股盈余＝475÷100＝4.75（元）

今年每股股利＝4.75×60％＝2.85（元）

（2）采用剩余股利政策，公司先以保留盈余满足扩充所需权益资金后，有剩余的再分配股利。

扩充所需权益资金＝400×40％＝160（万元）

可分配盈余＝475－160＝315（万元）

每股股利＝315÷100＝3.15（元/股）

四、影响股利政策的因素

1. 法律因素

（1）资本保全约束　即股本不能用于分配股利。

（2）资本积累约束　即必须从净利润中提取一定比例的公积金，亏损时不能分配股利。

（3）偿债能力约束　即股利的发放不能降低企业的偿债能力。

（4）超额累积利润约束　因为股利的个人所得税大于资本利得的个人所得税，故公司少发股利，多累积利润，推动股价上升，股东获得更多资本利得。

为防止公司通过超额累积利润帮助股东避税，国家法律规定：公司留存收益超过法律认可的水平时，将被加征额外税款。

2. 股东因素

（1）稳定的收入和避税　一些股东的主要收入来源是股利，他们往往要求公司支付稳定的股利。他们认为通过保留盈余引起股价上涨而获得资本利得是有风险的。若公司留存较多的利润，将受到这部分股东的反对。另外，一些股利收入较多的股东出于避税的考虑（股利收入的所得税高于股票交易的资本利得税），往往反对公司发放较多的股利。

（2）控制权的稀释　公司支付较高的股利就会导致留存盈余减少，这意味着将来发行新股的可能性加大，而发行新股必然稀释公司的控制权，这是公司拥有控制权的股东们所不愿看到的局面。因此，若他们拿不出更多的资金购买新股，宁肯不分配股利。

3. 公司因素

（1）盈余的稳定性　公司是否能获得长期稳定的盈余是其股利决策的重要基础。盈余相对稳定的公司相对于盈余相对不稳定的公司而言具有较高的股利支付能力，因为盈余稳定的公司对保持较高股利支付率更有信心。收益稳定的公司面临的经营风险和财务风险较小，筹资能力较强，这些都是其股利支付能力的保证。

（2）资产的流动性　较多地支付现金股利会减少公司的现金持有量，使资产的流动性降低，而保持一定的资产流动性是公司经营所必需的。

（3）举债能力　具有较强举债能力（与公司资产的流动性有关）的公司因为能够及时地筹措到所需的现金，有可能采取高股利政策；而举债能力弱的公司则不得不多滞留盈余，因此往往采取低股利政策。

（4）投资机会　有着良好投资机会的公司需要有强大的资金支持，因此往往少发放股利，将大部分盈余用于投资。缺乏良好投资机会的公司保留大量现金，因此造成资金的闲置，于是倾向于支付较高的股利。正因为如此，处于成长中的公司多采取低股利政策，处于经营收缩中的公司多采取高股利政策。

（5）资本成本　与发行新股相比，保留盈余不需花费筹资费用，是一种比较经济的筹资渠道。所以，从资本成本角度考虑，如果公司有扩大资金的需要，也应当采取低股利政策。

(6) 债务需要　具有较高债务偿还需要的公司，可以通过举借新债、发行新股来筹集资金以偿还债务，也可直接用经营积累偿还债务。如果公司认为后者适当的话（比如，前者资本成本高或受其他限制难以进入资本市场），将会减少股利的支付。

4. 其他限制

(1) 债务合同约束　公司的债务合同，特别是长期债务合同，往往有限制公司现金支付程度的条款，这使公司只得采取低股利政策。

(2) 通货膨胀　在通货膨胀的情况下，公司折旧基金的购买力水平下降，会导致没有足够的资金来源重置固定资产，这时盈余会被当作弥补折旧基金购买力水平下降的资金来源。因此，在通货膨胀时期，公司股利政策往往偏紧。

任务三　企业股利发放

一、股利的支付形式

常见的股利支付形式有以下 4 种，股份有限公司在选择股利支付形式时应充分考虑自身财务目标的实现。

1. 现金股利

现金股利（cash dividend）是以现金形式支付的股利，是股利支付最常见的形式。

企业采用现金股利的支付形式时，必须具备两个基本条件：第一，企业要有足够未指明用途的可分配利润；第二，企业要有足够的现金，即企业除了要有累计盈余（特殊情况下可用弥补亏损后的盈余公积金支付）外，还需要在支付现金股利前筹备充足的现金。

表 7-2 为 A 公司 2016 年和 2017 年度的现金股利支付情况。

表 7-2　A 公司 2016 年和 2017 年度的现金股利支付情况

公告日期	分红方案(每 10 股派现金股利数)
2017 年 04 月 21 日	3
2016 年 05 月 31 日	5

2. 股票股利

股票股利（stock dividend）是指企业以增发股票的方式所支付的股利。我国股票市场俗称其为“送股”。对企业来说，股票股利并没有现金流出，也不会导致企业的财产减少，而只是将企业的留存收益转化为股本。股票股利会增加流通在外的股票数量，同时降低股票的每股价值，它不会改变企业所有者权益的总额，但会改变所有者权益的构成。

企业发放股票股利的优点主要有以下几个。

① 发放股票股利只是需要在会计账务上进行相应的科目调整，不需要向股东支付现金，因此，不会减少企业的货币资金。

② 发放股票股利以后增加了企业股票的总数，同时可以降低企业股票的市场价格。当一些企业的股票价格较高、缺少流动性、不利于股票交易和流通时，企业可以通过发放股票股利来适当降低股价水平，以此提高股票的流动性。

③ 发放股票股利之后，由于降低了企业的股价水平，所以可以传递企业未来发展前景

良好的信息，增强股东的投资信心。

表 7-3 为某公司 2017 年度的股票股利支付情况。

表 7-3　某公司 2017 年度的股票股利支付情况

公告日期	分红方案(每 10 股送股票股利数)
2017 年 05 月 28 日	1

3. 财产股利

财产股利（property dividend）是指以企业拥有的货币资金以外的其他财产支付的股利。其他财产包括企业所拥有的政府债券、其他企业的债券和其他企业的股票等有价证券。

财产股利可解决企业需要支付股利与现金不足的矛盾，而用于分配收利的有价证券流通性强，易于变现，也能被大多数股东所接受。

4. 负债股利

负债股利（liability dividend）是指以应付票据和应付债券等负债形式向股东发放的股利。负债股利适用于那些有盈利但现金不足的企业，实际上企业只有在万不得已的情况下才采用这种方式。

在我国股票市场的实务中，股利支付运用最广泛的形式是现金股利和股票股利。财产股利和负债股利实际上都是现金股利的替代方式，目前这两种股利方式在我国股票市场的操作中还没有使用过，但并非法律所禁止。

二、股利的发放

企业分配股利必须遵循法定的程序，先由董事会提出分配的预案，然后提交股东大会决议，即派发股利的决策最终由股东大会所决定。股东大会决议通过分配预案之后，向全体股东宣布发放股利的方案。方案包括股权登记日、除息（除权）日和股利发放日等详细信息。当一项股利发放的方案被股东大会所宣告之时，它就变成企业的义务且不能被取消。在宣告后的一段时间，就要在股利发放日将股利分配给所有股东。

企业在选择了适合自身的股利政策和确定了股利支付水平方式后，应当及时发布股利发放的信息，并及时进行股利的发放。企业股利的发放必须遵循相关的要求，按照日程安排来进行。一般而言，股利的支付需要按照下列日程来进行。以下以我国上市公司的股利发放时间来进行相应的说明。

1. 预案公布日

上市公司分派股利时，首先要由公司董事会制订利润分配预案，然后以公告的方式向社会公开发布包括本次拟分配的数量、股利分配的方式及股东大会审议的时间、地点和表决方式等在内的预案信息。

2. 股东大会审议日

董事会制订的分红预案必须经过股东大会讨论，并经过所有与会的股东进行投票表决。

3. 股利宣布日

利润分配预案经股东大会投票表决通过之后，由董事会以正式股利分配实施公告的形式公布。股利分配实施公告的内容包括经股东大会确定的利润分配形式、分配数额和以下实施的三项具体时间（股权登记日、除权日、股利发放日）。

4. 股权登记日

股权登记日是在上市公司分派股利时规定一个日期，在此日期当天收盘后股东持有的股票为含权股票（股票股利）或含息股票（现金股利），即有权领取股利的股东资格登记截止日期。只有在股权登记日当天收盘之后，在上市公司股东名册上登记的股东，才有权分享股利，在此日之后取得股票的股东则无权享受已宣布发放的股利。

5. 除权（息）日

因发放股票股利，从而导致股本增加而形成的剔除权利行为称为除权。在除息日，股票的所有权和领取现金股利的权利分离，现金股利权利不再从属于股票，所以在这一天购入上市公司股票的股东不能享有已宣布发放的股利。另外，由于失去了附息的权利，除息日的股价会下跌，下跌的幅度约等于每股分派的现金股利。

股权登记日后的第一个交易日就是除权日或除息日。这一天或以后购入该上市公司股票的股东，不再享有该上市公司此次宣布发放的股票股利和现金股利。

6. 股利发放日

股利发放日是上市公司按公布的股利分配方案向股权登记日在册的股东实际支付股票股利和现金股利的日期。

【典型工作任务 4】 中信公司发放股票股利前所有者权益情况见表 7-4。

表 7-4　中信公司发放股票股利前所有者权益情况表

项目	金额	项目	金额
上年未分配利润/万元	1 000	盈余公积/万元	400
本年实现的净利润/万元	2 000	所有者权益合计/万元	4 000
股本(500 万股，每股 1 元)/万元	500	每股市价/万元	0.004
资本公积/万元	100		

该公司决定，本年度按规定比例 10%提取法定盈余公积金，发放股票股利 10%（10 股送 1 股，即股东每持有 10 股可得 1 股），并且按发放股票股利后的股数派发现金股利，每股 0.1 元（10 股派 1 元，即股东每持有 10 股可得 1 元）。假设股本市价与每股账面价值成正比例关系，计算利润分配后的未分配利润、盈余公积金、资本公积、流通股数和预计每股市价。

【职业能力操作】

（1）本年提取盈余公积金＝2 000×10%＝200（万元）

本年盈余公积余额＝400＋200＝600（万元）

（2）流通股数＝500×(1＋10%)＝550（万股）

（3）本年股本余额＝1×550＝550（万元）

本年发放股票股利＝40×500×10%＝2 000（万元）

本年资本公积余额＝100＋(2 000－500×10%)＝2 050（万元）

（4）本年现金股利＝550×0.1＝55（万元）

本年未分配利润余额＝1 000＋2 000－200－2000－55＝745（万元）

（5）分配前每股账面价值＝4 000÷500＝8（元）

分配前每股市价与账面价值的比值＝40÷8＝5

分配后每股账面价值＝(550＋2 050＋600＋745)÷550＝7.17（元/股）

预计分配后每股市价＝7.17×5＝35.85（元/股）

【职业能力训练】

一、单项选择题

1. 以下股利政策中，有利于稳定股票价格，从而树立公司良好的形象，但股利的支付与收益相脱节的是（　　）。

A. 剩余股利政策　　B. 固定股利政策

C. 固定股利比例政策　　D. 正常股利加额外股利政策

2. 按照剩余股利政策，假定某公司的资金结构是30%的负债资金，70%的股权资金，明年计划投资600万元，今年年末股利分配时，应从税后净利中保留（　　）用于投资需要。

A. 180万元　　B. 240万元　　C. 360万元　　D. 420万元

3. 股份有限公司当年无利润但用公积金弥补其亏损后，经股东大会特别决议，可按照不超过股票面值（　　）的比例用公积金分派股利。

A. 5%　　B. 6%　　C. 10%　　D. 25%

4. 除息日开始，（　　）。

A. 股利权从属于股票　　B. 股利宣告发放

C. 股利权与股票相分离　　D. 持有股票者享有领取股利的权利

5. 企业在分配收益时，必须按一定比例和基数提取各种公积金，这一要求体现的是（　　）。

A. 资本保全约束　　B. 资本积累约束　　C. 偿债能力约束　　D. 超额累积利润约束

6. 对收益经常波动的企业最不适宜选择的股利政策是（　　）。

A. 剩余政策　　B. 固定股利政策

C. 固定股利比例政策　　D. 正常股利加额外股利政策

7. 某公司现有发行在外的普通股1 000 000股，每股面额1元，资本公积3 000 000元，未分配利润8 000 000元，股票市价20元，若按10%的比例发放股票股利并按市价折算，公司资本公积的报表列示将为（　　）。

A. 1 000 000元　　B. 2 900 000元　　C. 4 900 000元　　D. 3 000 000元

8. 影响股利政策的法律因素不包括（　　）。

A. 资本保全约束　　B. 控制权约束　　C. 资本积累约束　　D. 超额累积利润约束

9.（　　）之后的股票交易，其交易价格可能有所下降。

A. 股利宣告日　　B. 除息日　　C. 股权登记日　　D. 股利支付日

10. 在影响收益分配政策的法律因素中，目前，我国相关法律尚未做出规定的是（　　）。

A. 资本保全约束　　B. 资本积累约束　　C. 偿债能力约束　　D. 超额累积利润约束

二、多项选择题

1. 关于收益分配政策，下列说法正确的是（　　）。

A. 剩余政策能充分利用筹资成本最低的资金资源保持理想的资金结构

B. 固定股利政策有利于公司股票价格的稳定

C. 固定股利比例政策体现了风险投资与风险收益的对等

D. 正常股利加额外股利政策有利于股价的稳定

2. 下列表述正确的是（ ）。

A. 在除息日前，股利权从属于股票

B. 除息日前，持有股票者不享有领取股利的权利

C. 在除息日前，股利权不从属于股票

D. 从除息日开始，新购入股票的投资者不能分享最近一期股利

3. 公司的经营需要对股利分配常常会产生影响，下列叙述正确的是（ ）。

A. 为保持一定的资产流动性，公司不愿支付过多的现金股利

B. 保留盈余因无需筹资费用，故从资金成本角度考虑，公司也愿意采取低股利政策

C. 成长型公司多采取高股利政策，而处于收缩期的公司多采用低股利政策

D. 举债能力强的公司有能力及时筹措到所需现金，可能采取较宽松的股利政策

4. 对核实清楚的资产损失，企业可区别以下情况后进行处理（ ）。

A. 生产经营的损失计入本期损益

B. 清算期间的损失计入清算费用

C. 公司制改建中的损失可以冲减所有者权益

D. 公司制改建中的损失计入营业外支出

5. 发放股票股利会产生下列影响（ ）。

A. 引起每股利润下降　　B. 使公司留存大量现金

C. 股东权益各项目的比例发生变化　　D. 股东权益总额发生变化

6. 公司采取剩余股利政策意味着（ ）。

A. 公司接受了股利无关理论

B. 公司可以保持理想的资金结构

C. 公司统筹考虑了资本预算、资金结构和股利政策等财务预算的基本问题

D. 兼顾了各类股东、债权人的利益

7. 在下列收益分配政策中，企业普遍采用并为广大投资者所认可的基本政策有（ ）。

A. 剩余股利政策　　B. 固定股利政策

C. 固定股利比例政策　　D. 正常股利加额外股利政策

8. 以下属于利润分配原则的有（ ）。

A. 依法分配的原则　　B. 分配与积累并重的原则

C. 成本与效益原则　　D. 投资与收益对等原则

9. 收益分配的剩余股利政策的优点包括（ ）。

A. 保持理想的资金结构　　B. 充分利用资金成本最低的资金来源

C. 收益分配稳定　　D. 有利于公司股票价格的稳定

10. 股东在决定公司收益分配政策时，通常考虑的主要因素有（ ）。

A. 规避风险　　B. 稳定股利收入

C. 防止公司控制权旁落　　D. 避税

三、判断题

1. 公司奉行剩余股利政策的目的是保持理想的资金结构；采用固定股利政策主要是为了维持股价；固定股利比例政策将股利支付与公司当年经营业绩紧密相连，以缓解股利支付

压力；正常股利加额外股利政策使公司在股利支付中较具灵活性。(　)

2. 固定股利政策的一个主要缺点是当企业盈余较少甚至亏损时，仍须支付固定数额的股利，可能导致企业财务状况恶化。(　　)

3. 在收益分配实践中，固定股利政策和正常股利加额外股利政策为最常见的两种股利政策。(　　)

4. 企业发生的年度经营亏损依法用以后年度实现的利润弥补。连续 5 年不足弥补的，用税后利润弥补，或者经企业董事会或经理办公会审议后，依次用企业盈余公积、资本公积弥补。(　　)

5. 处于成长中的公司多采取低股利政策；陷于经营收缩的公司多采取高股利政策。(　　)

6. 某公司目前的普通股 100 万股（每股面值 1 元，市价 25 元），资本公积 400 万元，未分配利润 500 万元。发放 10%的股票股利后，公司的未分配利润将减少 250 万元，股本增加 250 万元。(　　)

7. 一般情况下，公司通过发放股票股利增加普通股股本，资金成本不变。(　)

8. 固定股利比例分配政策的主要缺点在于公司股利支付与其盈利能力相脱节，当盈利较低时仍要支付较高的股利，容易引起公司资金短缺、财务状况恶化。(　　)

四、计算分析题

1. 公司原股东权益结构见下表。

项　　目	金额/元
股本(面值 2 元,发行 300 000 股)	600 000
资本公积	300 000
未分配利润	1 900 000
股东权益合计	280 000

本年度公司因现金不足，决定发放 8%的股票股利。已知当时市价为 24 元，本年净利润为540 000元。

计算：(1) 发放股票股利前后股东权益各项目有何变化？

(2) 发放股票股利前后公司每股利润各为多少？

2. 某公司年终利润分配前的有关资料见下表。

项　　目	金　　额
上年未分配利润	1 000 万元
本年度税后利润	2 000 万元
股本(500 万股,每股 1 元)	500 万元
资本公积	100 万元
盈余公积	400 万元(含公益金)
所有者权益合计	4 000 万元
每股市价	40 元

该公司决定：本年按规定比例 15%提取盈余公积（含公益金），发放股票股利 10%（即股东每持 10 股可得 1 股），并且按发放股票股利后的股数派发现金股利，每股 0.1 元。

要求：假设股票每股市价与每股账面价值成正比例关系，计算利润分配后的未分配利润、盈余公积、资本公积、流通股数和预计每股市价。

3. 某企业 2017 年实现销售收入 2 480 万元，全年固定成本 570 万元，变动成本率 55%，所得税率33%。2015年度用税后利润弥补2011年度尚未弥补亏损40万元，按10%提取盈余公积金，按5%提取公益金，向投资者分配利润的比率为可供分配利润的40%。

要求：计算2017年的税后利润，提取的盈余公积金、公益金和未分配利润。

4. 某公司2017年资产总额2 000万元，权益乘数为2时，其权益资本均为普通股，每股净资产为10元，负债的年平均利率为10%。该公司2003年年初未分配利润为−258万元(超过税法规定的税前弥补期限)，当年实现营业收入8 000万元，固定成本700万元，变动成本率60%，所得税率33%。该公司按10%和5%提取法定盈余公积金和法定公益金。

要求：(1) 计算该公司2017年年末的普通股股数和年末权益资本。

(2) 计算该公司2017年的税后利润。

五、综合业务题

某上市公司本年度每股支付现金股利2元。预计该公司净收益第1年增长8%，第2年增长10%，第3年及以后年度其净收益可能为：①将保持第2年的净收益水平；②将保持第2年的净收益增长率水平。

该公司一直采用固定股利比例政策，并打算今后继续实行该政策。该公司没有增发普通股和发行优先股的计划。

要求：假设投资者要求的报酬率为20%，计算上述两种情形下该股票的价值。

项目八 财务预算

【职业学习目标】

知识目标

1. 掌握财务预算编制方法；
2. 掌握日常业务预算编制方法；
3. 掌握特种决策预算编制方法。

能力目标

1. 能够正确编制企业日常业务预算；
2. 能够正确编制企业现金预算；
3. 能够编制企业预算执行报告并做出合理分析。

素质目标

1. 树立资金意识，节约企业现金支出；
2. 提升现代化财务数据处理能力；
3. 具备团队协作精神，良好地处理企业内部业务往来关系。

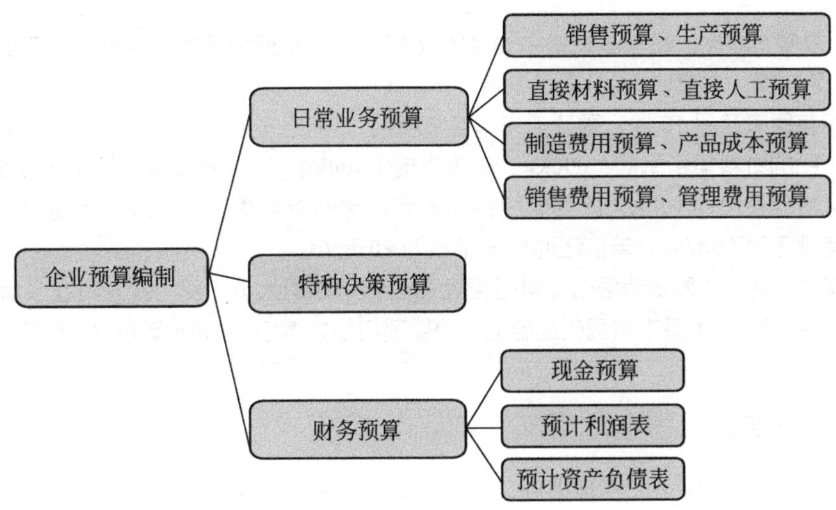

经典案例

财务预算管理在中石化的应用

2000 年 10 月，中国石油化工集团公司（简称中石化）经过重组分别在中国香港、美国纽约、英国伦敦成功上市，2001 年在我国上海证券交易所上市。上市以后，对中石化对外信息披露和内部管理强化提出了新的挑战，这就要求中石化必须以全新的经营理念、经营机制、管理模式、运作方式进行操作，逐步与国际接轨。作为企业管理的核心，如何进一步提升财务管理的水平也面临更高的要求。因此，中石化开始进行信息化建设的实践，与咨询公司进行 ERP 建设的规划。具体到财务部门而言，中石化为了实现建立成本控制体系的目标，主要做了以下工作：一是对成本核算进行统一和规范；二是将收入、成本（费用）的预算落在实处，并选择了 Hyperion Planning 软件，完成损益预算后，又实施了资金预算。

事实上，中石化在很早之前便有财务预算管理的意识。成功上市后，企业不仅需要每年向外界披露财务报表，而且要实现内部管理从行业管理的模式向企业管理的模式转变。而在上市之初，中石化没有统一的内部会计制度和统一的核算成本办法，多种财务信息系统平台造成了汇总、合并处理的困难。在这种情况下，中石化在启动 ERP 项目建设的同时，2000 年开始实施财务管理信息系统，同年推广完成账务和报表系统；2001 年推广炼化企业成本核算和固定资产系统，然后逐步向企业应用靠拢，并与 ERP 的应用结合。

中石化选择了预算管理作为突破口，在进行成本控制体系的规划时，选用财务预算管理解决方案 Hyperion Planning。中石化以前的财务预算比较粗放，现在财务预算可以做得更细致，大大缩短了中石化预算编制周期，将年度与月度、损益与资金都纳入预算管理中，这在过去是难以实现的。新的全面的预算解决方案不仅有预算编制的结果，而且可跟踪预算编制的过程，更有利于分析预算偏差的原因和症结所在，明确相关责任，以便及时加以改进。有效的财务预算使企业更好地实现财务管理目标，准确开展财务活动，提高企业经济效益。

【情境引例】

中信化工股份有限公司生产的尿素产品销售市场前景很好，尿素产品单位售价为 200 元。根据销售合同预测 2018 年销售量为 1 000 件，其中第一季度 200 件，二季度 350 件，三季度

300件，四季度150件。每季度销售中，当季收60%，其余资金下季度收回。上年的应收账款余额6 200元在第一季度收回。

期初库存尿素产品10件，预计期末留存20件。其他各季度存货为下季度销售量的10%。生产尿素产品的材料期初库存1 000kg，年末存量1 400kg，其余各季度存量是下季度的20%，单位产品材料用量每件10kg，计划单价每件5元。材料款当季支付70%，其余下季度结清。单位产品定额工时10h/件，单位工时标准工资为20元/h。

张丽作为中信化工股份有限公司财务管理部门的新入职人员，部门要求其在了解企业尿素产品2017年生产、销售基本情况的基础上，协助部门领导编制出2018年科学合理的财务预算。

【项目引言】

常言道："凡事预则立，不预则废。"全面预算管理已经成为现代化企业不可或缺的重要管理模式，它通过业务、资金、信息、人才的整合，明确适度的分权授权和战略驱动的业绩评价等来实现企业的资源合理配置，并真实地反映出企业的实际需要，进而对作业协同、战略贯彻、经营现状与价值增长等方面的最终决策提供支持。就像美国著名管理学家戴维·奥利所指出的那样：全面预算管理是为数不多的几个能把组织的所有关键问题融合于一个体系之中的管理控制方法之一。

任务一　认识企业预算

一、预算的含义及职能

1. 预算的含义

预算（budget）是指企业或个人在未来一定时期内经营、资本、财务等各方面的收入、支出、现金流的总体计划，它将各种经济活动用货币的形式表现出来。每一个责任中心都有一个预算，它是为执行本中心的任务和完成财务目标所制订的各种资财的财务计划。

预算包含的内容不仅仅是预测，它还涉及有计划地巧妙处理所有变量，这些变量决定着公司未来努力达到某一有利地位的绩效。

2. 预算的职能

（1）规划功能　预算是企业目标的具体化，能够使管理层、各部门更清楚地了解本部门的职责，从而指导和控制日常工作。预算将企业的经营目标分解为一系列具体的经济指标，使生产经营目标进一步具体化，并落实到企业的各个部门，这样企业的董事会和全体员工就有了共同努力的方向。

（2）沟通和协调功能　预算中纳入了企业内部协作单位的配合关系，使整个企业各方面的工作严密组织，从而实现协调、平衡。

（3）资源外配功能　由于企业的资源有限，按照经济原则，通过财务预算可将有限的资源分配给获利能力相对较高的部门、项目或产品，实现资源的最有效利用。

（4）控制功能　预算以数量化的方式来表明管理工作标准，控制时以确定的管理工作标准对行动进行度量和纠正偏差。所以预算管理是过程中的控制，即事前控制、事中控制、事后控制。事前控制是投资项目或生产经营的规划、预算的编制，详细地描述了为实现计划目标而要进行的工作标准。事中控制是一种协调、限制差异的行动，保证预期目标的实现。事后控制是鉴别偏差，纠正不利的影响。

(5) 绩效评估功能 通过预算建立绩效评估体系。通过预算的执行情况与预算的对比，可帮助各部门管理者分析、比较、评价业绩，做好绩效评估工作。

正是由于预算管理具备以上优势，它才能在大企业中得以广泛应用，并取得了好的效果。企业预算管理是在企业战略目标的指引下，通过预算编制、执行、控制、考评与激励等一系列活动，全面提高企业管理水平和经营效率，实现企业价值最大化。

二、企业预算体系及编制程序

1. 全面预算体系

企业总预算一般分为业务预算、资本支出预算、财务预算三种。

业务预算指的是与企业基本生产经营活动相关的预算，主要包括销售预算、生产预算、材料预算、人工预算、费用预算（制造费用预算、期间费用预算）等。

资本支出预算是指企业不经常发生的、一次性的重要决策预算，是企业长期投资项目的预算（如固定资产购建、扩建、资本支出预算等）。

财务预算指有关现金收支、经营成果、财务状况的预算，包括现金预算、预计利润表、预计资产负债表。

2. 预算的编制程序

企业编制预算要按照“上下结合、分级编制、逐级汇总”的程序进行。

(1) 下达目标 企业董事会或经理办公会根据企业发展战略和预算期经济形势做出初步预测，在决策的基础上，一般于每年9月底以前提出下一年度的企业财务预算目标，包括销售或营业目标、成本费用目标、利润目标，并确定财务预算的编制程序，由财务预算委员会下达给预算执行单位。

(2) 编制上报各个预算 执行单位按照企业财务预算委员会下达的财务预算目标和政策，结合自身特点以及预测的执行条件，提出详细的本单位财务预算方案，于10月底以前上报企业财务管理部门。

(3) 审查平衡 企业财务管理部门对各预算执行单位上报的财务预算方案进行审查、汇总，提出综合平衡的建议。在审查平衡的过程中，财务预算委员会应当充分进行协调，对发现的问题给出初步调整的意见，并反馈给有关预算执行单位予以修正。

(4) 审议批准 企业财务管理部门在有关预算执行单位修正调整的基础上编制出企业财务预算方案，报财务预算委员会讨论。对于不符合企业发展战略或财务预算目标的事项，企业财务预算委员会应当责成有关预算执行单位进行进一步修订、调整。在讨论、调整的基础上，企业财务管理部门正式编制企业年度财务预算草案，提交董事会或经理办公会审议批准。

(5) 下达执行 企业财务管理部门对董事会或经理办公会审议批准的年度总预算，一般在次年3月底以前分解成一系列的指标体系，由财务预算委员会逐级下达给预算执行单位。

三、财务预算

财务预算是一系列专门反映企业未来一定期限内预计财务状况、经营成果以及现金收支等价值指标的各种预算的总称。

财务预算是反映某一方面财务活动的预算，如反映现金收支活动的现金预算；反映销售收入的销售预算；反映成本、费用支出的生产费用预算（又包括直接材料预算、直接人工预算、制造费用预算）、期间费用预算；反映资本支出活动的资本预算等。财务预算使决策目标具体化、系统化和定量化；财务预算是总预算，其余预算是辅助预算；财务预算有助于财务目标的顺利实现。

财务预算在企业经营管理和实现目标利润中发挥着以下重要作用。

（1）明确工作目标　财务预算是以各项业务预算和专门决策预算为基础、以价值尺度为指标编制的综合性预算，规定了企业一定时期的总目标以及各部门的具体财务目标。各部门根据自身的具体目标安排各自的经济活动，设想达到各目标拟采取的办法和措施，从而也就明确了自己的职责和努力的方向，同时也了解了本部门的经济活动与整个企业经营目标之间的关系。各部门如果都完成了自己的具体目标，企业的总体目标也就自然得以实现。

（2）协调各部门之间的关系　企业内部各部门因其职责不同，对各自经济活动的考虑可能会带有片面性，甚至会出现相互冲突的现象。例如，销售部门根据市场预测提出了一个很可观的销售计划，生产部门可能没有那么大的生产能力；生产部门根据自己的条件编制了一个充分发挥生产能力的计划，但销售部门却可能无法将这些产品推销出去。克服片面、避免冲突的最佳办法是进行经济活动的综合平衡。财务预算具有高度的综合能力，编制财务预算的过程也是企业内部各部门之间经济活动密切配合、相互协调、统筹兼顾、全面安排、搞好综合平衡的过程。例如，编制生产预算必须要以销售预算为依据，编制材料、人工、费用预算必须与生产预算相衔接，各指标之间应保持必需的平衡等等，而这一切最终都体现为企业现金的收支，可以通过现金预算来综合平衡。

各部门日常活动的财务预算在使企业员工们明确工作目标的同时，也为日常工作提供了控制依据。预算进入实施阶段以后，各部门管理工作的重心也自然进入了日常控制，即设法使经济活动按预算进行。要求各部门以各项预算为标准，通过计量对比，及时提供实际偏离预算的差异数，并分析原因，以便采取有效措施，进而保证预算目标的顺利实现。财务预算是考核各部门工作业绩和企业管理的有效手段，是有效的责任制。企业财务预算的编制是企业内部公开的、全面的、总体的目标控制过程，不仅明确了各部门的具体工作目标，也明确了具体目标与总体目标之间的关系，各部门只有保质保量完成自己的预算目标，才能真正实现企业的整体目标。在各部门业绩评价时要考核预算完成情况，分析预算的偏离程度和原因，奖优罚劣，促使各部门为实现预算目标而努力工作。

四、企业预算的编制方法

1. 固定预算法

预算期内编制财务预算所依据的成本费用和利润信息都只是在一个预定的业务量水平的基础上确定的。

显然，根据未来固定不变的业务水平所编制的预算赖以存在的前提条件必须是预计业务量与实际业务量相一致（或相差很小），才比较适合。但是，在实际工作中，当预计业务量与实际水平相差比较远时，各费用项目的实际数与预算数就失去了可比的基础，此时，实际成本脱离预算成本的差异包括了因业务量增长而增加的成本差异，而业务量差异对成本分析来说是毫无意义的，而且不利于开展控制与考核。

2. 弹性预算法

弹性预算与固定预算相反，它的关键在于把所有的成本按其性态划分为变动成本与固定成本两大部分。

在编制预算时，变动成本随业务量的变动而增减，固定成本则在相关的业务量范围内稳定不变。弹性预算即分别按一系列可能达到的预计业务量水平编制的能适应企业在预算期内任何生产经营水平的预算。由于这种预算是随着业务量的变动而调整的，适用面广，具有弹性，故称为弹性预算或变动预算。

制造费用的弹性预算是按照生产业务量（生产量、机器工作小时等）来编制的；销售及管理费用的弹性预算是按照销售业务量（销售量、销售收入）来编制的。

由于未来业务量的变动会影响到成本费用和利润等各个方面，因此，弹性预算从理论上来说适用于全面预算中与业务量有关的各种预算。但从实用角度看，弹性预算主要用于编制制造费用、销售及管理费用等半变动成本（费用）的预算和利润预算。

成本的弹性预算编制出来以后，就可以编制利润的弹性预算。它是以预算的各种销售收入为出发点，按照业务量、成本和利润之间的依存关系，从而反映企业预算期内各种业务量水平上应该获得的利润指标。

3. 增量预算法

增量预算法是指在基期成本费用水平的基础上，结合预算期业务量水平及有关降低成本的措施，通过调整有关原有成本费用项目而编制预算的方法。

这种预算方法比较简单，但它是以过去的水平为基础，实际上就是承认过去是合理的，无需改进，因此，往往不加分析地保留或接受原有成本项目，或按主观臆断平均削减，或只增不减，这样容易造成预算的不足，或者是安于现状造成预算不合理的开支。

4. 零基预算法

零基预算法又称零底预算法，是指在编制预算时，对于所有的预算支出均以零点为基础，不考虑其以往情况如何，从实际需要与可能出发，研究分析各项预算费用开支是否必要合理，进行综合平衡，从而确定预算费用。这种预算不以历史为基础进而修修补补，而是以零为出发点，一切推倒重来，零基预算即因此而得名。

零基预算法能压缩资金开支，调动各部门人员的积极性和创造性，量力而行，合理使用资金，提高效益。但由于一切支出均以零为起点进行分析、研究，势必带来繁重的工作量，有时甚至得不偿失，难以突出重点。为了弥补零基预算这一缺点，企业不是每年都按零基预算来编制预算，而是每隔若干年进行一次零基预算，以后几年内略做适当调整，这样既减轻了预算编制的工作量，又能适当控制费用。

5. 定期预算法

定期预算的方法简称定期预算，也称为阶段性预算，是指在编制预算时以不变的会计期间（如日历年度）作为预算期的一种编制预算的方法。

定期预算法的唯一优点是能够使预算期间与会计年度相配合，便于考核和评价预算的执行结果。

定期预算法主要有以下缺点。

(1) 盲目性　由于定期预算往往是在年初甚至提前两三个月编制的，对于整个预算年度的生产经营活动很难做出准确的预算，尤其是对预算后期的预算只能进行笼统的估算，数据笼统含糊，缺乏远期指导性，给预算的执行带来很多困难，不利于对生产经营活动的考核与评价。

(2) 滞后性　由于定期预算不能随情况的变化及时调整，当预算中所规划的各种活动在预算期内发生重大变化时（如预算期临时中途转产），就会造成预算滞后过时，使之成为虚假预算。

(3) 间断性　由于受预算期间的限制，经营管理者们的决策视野局限于本期规划的经营活动，通常不考虑下期。例如，一些企业提前完成本期预算后，以为可以松一口气，其他事等来年再说，形成人为的预算间断。因此，按固定预算方法编制的预算不能适应连续不断的经营过程，从而不利于企业的长远发展。为了克服定期预算的缺点，在实践中可采用滚动预算的方法编制预算。

6. 滚动预算法

滚动预算法又称连续预算或永续预算，是指按照“近细远粗”的原则，根据上一期的预算完成情况调整和具体编制下一期预算，并将编制预算的时期逐期连续滚动向前推移，使预算总是保持一定的时间幅度。简单地说，滚动预算法就是根据上一期的预算指标完成情况调整和具体编制下一期预算，并将预算期连续滚动向前推移的一种预算编制方法。这种方法不将预算期与会计年度挂钩，而是始终保持 12 个月，每过去一个月，就根据新的情况进行调整和修订后几个月的预算，并在原预算基础上增补下一个月的预算，从而逐期向后滚动，连续不断地以预算形式规划未来的经营活动。

滚动预算可以保持预算的连续性和完整性。企业的生产经营活动是连续不断的，因此，企业的预算也应该全面地反映这一延续不断的过程，使预算方法与生产经营过程相适应。同时，企业的生产经营活动是复杂的，而滚动预算便于随时修订预算，确保企业经营管理工作秩序的稳定性，充分发挥预算的指导与控制作用。滚动预算能克服传统定期预算的盲目性、滞后性和间断性，从这个意义上说，编制预算已不再仅仅是每年末才开展的工作了，而是与日常管理密切结合的一项措施。当然，滚动预算采用按月滚动的方法来进行，预算编制工作比较繁重，所以，也可以采用按季度滚动的方法来编制预算。

滚动预算法适用于规模较大、时间较长的工程类或大型设备采购项目。

任务二　编制业务预算

企业的全面预算应以企业的战略目标为出发点，并把确定下来的目标利润作为编制预算的前提条件。根据已经确定的目标利润，进行市场调查，通过销售预测编制销售预算。在销售预算的基础上，编制生产预算、成本费用预算和现金收支等方面的预算，最后汇总为综合性的现金预算和预计财务报表。业务预算和特种决策预算是财务预算的基础，财务预算依赖于业务预算和特种决策预算的编制，是整个全面预算体系的主体。

全面预算的主要步骤如下：①根据销售预测编制销售预算；②根据销售预算确定预计销售量，结合期初期末结存量编制生产预算；③根据生产预算确定的预计生产量，分别编制直接材料预算、直接人工预算和制造费用预算，然后汇总编制产品成本预算；④根据销售预算等编制销售费用预算、管理费用及财务费用预算；⑤根据以上各项预算所产生的现金流量编制现金预算。综合以上各项预算进行预算平衡，编制预计财务报表。

一、销售预算的编制

销售预算（sales budget）是指为规划一定预算期内因组织销售活动而引起的预计销售收入而编制的一种日常业务预算。其主要内容是销售量、单价和销售收入。

销售预算一般是企业生产经营全面预算的编制起点，生产、材料采购、存货费用等方面的预算都要以销售预算为基础。销售预算把费用与销售目标的实现联系起来。销售预算是一个财务计划，它包括完成销售计划的每一个目标所需要的费用，以保证公司销售利润的实现。销售预算是在销售预测完成之后才进行的，销售目标被分解为多个层次的子目标，一旦这些子目标确定后，其相应的销售费用也被确定下来。

销售预算以销售预测为基础，预测的主要依据是各种产品历史销售量的分析，结合市场预测中各种产品的发展前景等资料，先按产品、地区、顾客和其他项目分别加以编制，然后加以归并汇总。根据销售预测确定未来期间预计的销售量和销售单价后，求出预计的收入：

预计销售收入＝预计销售量×预计销售单价

企业的生产经营要以市场为导向，以销定产，合理有效地运用资源。所以，企业的全面预算应以销售预算为基础。销售预算是编制全面预算的关键和起点。

1. 销售预算编制的工作任务和要求

① 按季度、按产品品种编制销售预算。

② 按季度编制经营现金预算。

2. 销售预算编制的依据和资料

① 通过市场预测得到的各种产品的销售量和销售单价。

② 年初应收账款余额。

③ 销售收入首期和二期收现比率。

④ 企业适用的增值税税率。

3. 销售预算编制的具体程序

步骤一，预计预算期销售收入总额：

销售收入总额＝产品预计销售量×该产品预计单价

步骤二，预计预算期发生的与销售收入有关的增值税销项税额：

某期增值税的销项税额＝该期预计销售收入总额×适用的增值税税率

步骤三，预计预算期含税销售收入：

某期含税销售收入＝该期预计销售收入＋该期预计销项税额

步骤四，预计预算期的经营现金收入：

经营现金收入＝本期现销含税收入＋本期回收以前各期的应收账款

本期现销含税收入＝本期含税销售收入×本期预计现销率

本期回收以前各期应收账款＝本期期初应收账款×本期预计应收账款回收率

现销率是指现销含税收入占含税销售收入的百分比；应收账款回收率为以前各期应收账款在本期回收的现金额占应收账款的百分比。在全面预算中，这两个指标通常为已知的经验数据。

步骤五，计算预算期期末的应收账款余额：

预算期期末应收账款余额＝预算期期初应收账款余额＋本期含税销售收入－本期经营现金收入

4. 实际业务操作

【典型工作任务1】 中信股份有限公司的主营产品为甲产品，单位销售价格200元，预计2017年销售1000件，其中第一季度销售200件，第二季度销售350件，第三季度销售300件，第四季度销售150件。2017年年初收回上年末应收账款16000元，企业每季度收回本季度销售收入的60%，剩余40%下季度收回。年末未收回部分结转下一年。各季度预测的销售价格及销售量等资料如表8-1所列。

表8-1 中信股份有限公司预测的2017年各季度的销售资料

季度	一	二	三	四	全年
预计销售量/件	200	350	300	150	1000
预计单位销售价/元	200	200	200	200	200

要求：根据资料编制中信股份有限公司2018年度的销售预算和经营现金收入预算（表8-2）。

【职业能力操作】

表8-2 中信股份有限公司2018年度的销售预算和经营现金收入预算

季度		一	二	三	四	全年
预计销售量/件		200	350	300	150	1000
预计单位销售价/元		200	200	200	200	200
销售收入/元		40000	70000	60000	30000	200000
预计现金收入	上年应收账款/元	16000	—	—	—	16000
	第一季度(销货40000元)/元	24000	16000	—	—	40000
	第二季度(销货70000元)/元	—	42000	28000	—	70000
	第三季度(销货60000元)/元	—	—	36000	24000	60000
	第四季度(销货30000元)/元		—	—	18000	18000
	现金收入合计	40000	58000	64000	42000	204000

为便于编制企业现金预算，销售预算中增加“预计现金收入”一栏。

二、生产预算的编制

生产预算（production budget）是指在一定预算期内预计生产量水平而编制的一种日常业务预算。生产预算是所有日常业务预算中唯一使用实物数量计量单位的预算，虽然不直接涉及现金预算，但与其他预算密切相关，尤其是成本和费用预算需要以生产预算为依据。

1. 生产预算编制的工作任务和要求

企业需要按照产品品种分别编制生产预算。

2. 生产预算编制的依据和资料

① 销售预算。

② 预计期初期末存货量。

3. 生产预算编制的具体程序

（1）预计期末存货量　预计期末存货量应根据企业长期销售趋势来确定，一般是按照事先估计的期末存货量占下期销售量的百分比进行估算。

编制预算时，必须注意生产量、销售量、存货量之间合理的比例关系，避免发生储备不足、产销脱节或者存货积压的问题。

(2) 预计预算期产品生产量

产品预计生产量＝预计销售量＋预计期末存货量－预计期初存货量

4. 实际业务操作

【典型工作任务 2】 中信股份有限公司期初的甲产品存货为 10 件，预计期末存货 20 件，其他各季度存货按照下一季度预计销售量的 10%确定。

要求：根据资料编制中信股份有限公司 2018 年度的生产预算（表 8-3）。

【职业能力操作】

表 8-3　中信股份有限公司 2018 年度的生产预算表　　单位：件

季度	一	二	三	四	全年
预计销售量	200	350	300	150	1 000
加：预计期末存货	35	30	15	20	100
合计	235	380	315	170	1 100
减：预计期初存货	10	35	30	15	90
预计生产量	225	345	285	155	1 010

预计期初存货数量除第一季度外，其余数据取自上一季度期末数。

三、直接材料预算的编制

直接材料预算（direct material budget）是指为规划一定预算期内直接材料消耗情况和材料采购活动而编制的，用于反映预算期直接材料的单位产品用量、生产需用量、期初和期末存量等信息的一种经营预算。

1. 直接材料预算编制的工作任务和要求

① 按季度、按材料品种编制直接材料需用量预算。

② 按季度、按材料品种编制直接材料采购预算。

③ 按季度编制直接材料采购现金支出预算。

2. 直接材料预算编制的依据和材料

① 生产预算。

② 材料消耗定额。

③ 预计材料采购单价。

④ 预计期初、期末材料存货水平。

3. 直接材料预算编制的具体程序

(1) 直接材料需用量的编制

预算期某种直接材料需用量＝某种产品预计生产量×该种产品耗用该材料的消耗定额

(2) 直接材料采购预算的编制

步骤一，预计各种直接材料的采购量：

某种直接材料的预计采购量＝该种材料的预计需用量＋该种材料的预计期末库存量－该种材料的预计期初库存量

式中，预计期末库存量通常按下期预计需用量的经验数据确定，实践中，可按下期预计需用量的一定比例估算；预计期初库存量等于上期期末库存量。

步骤二，确定预算期直接材料采购总成本：

总成本＝Σ(某种材料单价×预算期企业对该种材料的预计采购量)

步骤三，计算在预算期发生的与直接材料采购成本相关的增值税进项税额：

某期增值税进项税额＝预算期直接材料采购总成本×适用的增值税税率

步骤四，计算预算期预计采购金额：

预算期预计采购金额＝预算期直接材料采购总成本＋该期预计增值税进项税额

步骤五，预计材料采购现金支出：

本期材料采购现金支出＝本期现购材料现金支出＋本期支付期初应付账款

本期现购材料现金支出＝本期预计采购金额×本期预计付现率

本期支付期初应付账款＝本期期初应付账款×本期预计应付账款支付率

步骤六，预计期末应付账款余额：

期末应付账款余额＝预算期期初应付账款余额＋本期预计采购金额－本期采购现金支出

4. 业务实际操作

【典型工作任务3】 中信股份有限公司的甲产品，2018年度期初预计存量为1 000kg，年末预计材料存量为1 400kg，其他各季度存货按照下一季度预计生产量的20%确定，单位产品材料用量为10kg/件，计划单价5元/件。企业材料采购制度规定：每季度的购料款当季度仅支付70%，剩余款项下一季度支付。年初需要支付上年第四季度结欠款项5 000元。

要求：根据资料编制中信股份有限公司2018年度直接材料预算（表8-4）。

【职业能力操作】

表8-4 中信股份有限公司2018年度直接材料预算表

季度		一	二	三	四	全年
预计生产量第一季度/件		225	345	285	155	1 010
单位产品材料用量/(kg/件)		10	10	10	10	10
材料需用量/kg		2 250	3 450	2 850	1 550	10 100
加:预计期末存量/kg		690	570	310	1 400	0
合计/kg		2 940	4 020	3 160	2 950	
减:预计期初存量/kg		1 000	690	570	310	
预计材料采购量/kg		1 940	3 330	2 590	2 640	10 500
单价/(元/件)		5	5	5	5	5
预计采购金额/元		9 700	16 650	12 950	13 200	52 500
预计现金支出	上年应付账款/元	5 000	—	—	—	5 000
	第一季度/元	6 790	2 910	—	—	9 700
	第二季度/元	—	11 655	4 995	—	16 650
	第三季度/元	—	—	9 065	3 885	12 950
	第四季度/元	—	—	—	9 240	9 240
	合计/元	11 790	14 565	14 060	13 125	53 540

四、直接人工预算的编制

直接人工预算（direct labor budget）的编制是指为规划一定预算期内人工工时的消耗水平和人工成本水平而编制的一种经营预算。其主要内容有预计生产量、单位产品工时、人工总工时、每小时人工成本和人工总成本。

1. 直接人工预算编制的工作任务和要求

按季度、按产品品种编制直接人工预算和直接人工现金支出预算。

2. 直接人工预算编制的依据和资料

① 生产预算。

② 标准工资率、标准单位直接人工工时。

③ 其他直接费用的具体标准。

3. 直接人工预算编制的具体程序

步骤一，预计某种产品的直接人工工时总数：

某种产品的直接人工工时总数＝产品单位工时定额×预计该产品生产量

步骤二，预计某种产品耗用的直接工资：

某种产品耗用的直接工资＝单位工时工资率×该种产品的直接人工工时总数

步骤三，预计某种产品计提的其他直接费用：

某种产品计提的其他直接费用＝预计某种产品耗用直接工资×其他直接费用计提标准

公式中，其他直接费用计提标准应该是应付福利费的计提率，新的会计准则中没有规定计提比率，但明确了开支范围。《中华人民共和国企业所得税法实施条例》第 40 条规定的所得税前扣除比例：企业发生的职工福利费支出，不超过工资薪金总额的 14％的部分，准予扣除。所以职工应付福利费计提比例为 14％。

步骤四，计算预算期某种产品的预计直接人工成本：

某种产品的预计直接人工成本＝该产品耗用直接工资＋该产品计提其他费用

步骤五，预计预算期直接人工成本合计：

预计预算期直接人工成本合计＝Σ 预计某种产品直接人工成本

步骤六，预计直接人工成本现金支出。各期直接人工成本中的直接工资一般由现金开支，由其他直接费用形成的应付福利费则不一定在提取的当期用现金开支，应当进行适当调整，以反映企业预计的福利费开支情况。

直接人工成本现金支出＝该期直接工资总额＋该期福利费用支出

4. 业务实际操作

【典型工作任务 4】 中信股份有限公司甲产品的单位产品工时定额为 10h/件，单位工时的标准工资率为 20 元/h。

要求：根据资料编制中信股份有限公司 2018 年度直接人工预算（表 8-5）。

【职业能力操作】

表 8-5　中信股份有限公司 2018 年度直接人工预算表

季度	一	二	三	四	全年
预计产量/件	225	345	285	155	1 010
单位产品工时/h	10	10	10	10	10

续表

季度	一	二	三	四	全年
人工总工时/h	2 250	3 450	2 850	1 550	10 100
每小时人工成本/元	20	20	20	20	20
人工总成本/元	45 000	69 000	57 000	31 000	202 000

本题尚未涉及福利费，如果涉及，按照一定的经验比率确定计算。

五、制造费用预算的编制

制造费用预算（manufacturing expense budget）是指为规划一定预算期内除直接材料和直接人工预算以外预计发生的其他生产费用水平而编制的一种日常业务预算。制造费用可按变动制造费用和固定制造费用两部分内容分别编制。

制造费用预算在日常工作中一般是以变动成本法为基础编制的，编制时，首先需要按照成本习性，把制造费用分为变动性制造费用和固定性制造费用两部分，分别进行编制。

1. 制造费用预算编制的工作任务和要求

① 编制制造费用预算。

② 按季度编制制造费用现金支出预算。

2. 制造费用预算编制的依据和资料

① 生产预算。

② 直接人工预算。

③ 变动性制造费用预算分配率。

④ 其他相关资料。

3. 制造费用预算编制的具体程序

步骤一，预计变动性制造费用：

变动性制造费用＝单位产品变动性制造费用预算分配率×预计生产量

变动性制造费用预算分配率＝变动性制造费用总额÷分配标准预算总数

其中相关分配标准可以选择预算生产量或预算直接人工工时总数。

步骤二，预计固定性制造费用：固定性制造费用在上一年的基础上，根据预算期变动情况加以适当修正进行预计，并作为期间成本直接列入利润表，作为收入的抵减项目予以扣除。

步骤三，预计制造费用现金支出：

预计制造费用现金支出＝变动性制造费用现金支出＋固定性制造费用现金支出

变动性制造费用支出＝Σ(变动性制造费用分配率×该季度某种产品预计直接人工工时)

固定性制造费用现金支出＝(该年度预计固定性制造费用－预计年折旧费）÷4

由于固定资产折旧是非付现成本项目，计算时应予以扣除。

4. 业务实际操作

【典型工作任务5】 编制中信股份有限公司2018年度制造费用预算（表8-6）。

【职业能力操作】

变动制造费用分配率$=\frac{5\ 050}{10\ 100}=0.5$（元/h）

$$固定制造费用分配率=\frac{15\ 150}{10\ 100}=1.5\ (元/h)$$

表 8-6　中信股份有限公司 2018 年度制造费用预算表　　单位：元

季度	一	二	三	四	全年
变动制造费用					
直接人工	225	345	285	155	1 010
间接材料	225	345	285	155	1 010
修理费	610	710	596	474	2 390
水电费	105	155	198	182	640
小计	1 165	1 555	1 364	966	5 050
固定制造费用					
修理费	1 000	1 140	900	900	3 940
折旧	1 000	1 000	1 000	1 000	4 000
管理人员工资	1 590	1 590	1 590	1 590	6 360
保险费	75	75	110	190	450
财产税	100	100	100	100	400
小计	3 765	3 905	3 700	3 780	15 150
合计	4 930	5 460	5 064	4 746	20 200
减：折旧	1 000	1 000	1 000	1 000	4 000
现金支出的费用	3 930	4 460	4 064	3 746	16 200

六、产品成本预算的编制

产品成本预算（product cost budget）是为规划一定预算期内各种产品的单位产品成本、生产成本、销售成本等内容而编制的一种日常业务预算。

它是生产预算、直接材料预算、直接人工预算、制造费用预算的汇总。其主要内容是产品的单位成本和总成本。

1. 产品成本预算编制的工作任务和要求

按产品品种编制产品成本预算。

2. 产品成本预算编制的依据和资料

① 生产预算、直接材料预算、直接人工预算和制造费用预算。

② 成本计算方法（此处采用变动成本法）。

③ 在产品、产成品期初期末存货余额及存货计价方法（此处采用先进先出法）。

3. 产品成本预算编制的具体程序

步骤一，预计各种产品的单位成本：

某种产品单位生产成本＝单位直接材料成本＋单位直接人工成本＋单位变动性制造费用

步骤二，预计各种产品的当期生产成本：

某种产品当期发生的生产成本＝该产品当期直接材料成本＋该产品当期直接人工成本＋该产品当期变动性制造费用

步骤三，预计各种产品预算期的预计产品生产成本：

某种产品某期预计产品生产成本＝该产品同期预计发生产品生产成本＋该产品在产品成本期初余额－该产品在产品成本期末余额

步骤四，预计各种产品预算期预计的产品销售成本：

本期预计产品销售成本＝本期预计产品生产成本＋产成品成本期初余额－产成品成本期末余额

4. 业务实际操作

【典型工作任务 6】 中信股份有限公司 2018 年度的年初产成品资料、生产预算、直接材料采购预算、直接人工预算和制造费用预算见以前各例。

要求：根据资料，编制中信股份有限公司 2018 年度产品成本预算。

【职业能力操作】 根据资料编制甲产品成本预算，见表 8-7。

表 8-7　中信股份有限公司 2018 年度甲产品成本预算表

成本项目	单位成本			生产成本/元	期末存货/件	销货成本/元
	每千克或小时/元	投入量/件	成本/元	640	20	630
直接材料	5	10	50	32 000	1 000	31 500
直接人工	2	10	20	12 800	400	12 600
变动制造费用	0.5	10	5	3 200	100	3 150
固定制造费用	1.5	10	15	9 600	300	9 450
合计			90	57 600	1 800	56 700

多品种且需要消耗多种材料时，需要按照产品将消耗材料明细列出进行编制。

七、销售费用预算的编制

销售费用预算（marketing expense budget）是为规划一定预算期内企业在销售阶段组织产品销售预期发生各项费用水平而编制的一种日常业务预算。销售费用预算的编制也要按照成本习性将销售费用划分为变动性销售费用和固定性销售费用两部分。对于变动性销售费用只需要反映各个项目的单位产品费用分配额即可；对于固定性销售费用则需要按项目反映全年预计水平。同时，销售费用预算也要编制相应的现金支出预算。

【典型工作任务 7】 根据前述任务资料编制中信股份有限公司 2018 年度销售费用预算（表 8-8）。

【职业能力操作】

表 8-8　中信股份有限公司 2018 年度销售费用预算表

项　目	变动费用率	第一季度	第二季度	第三季度	第四季度	全年
预计销售收入/元		40 000	70 000	60 000	30 000	200 000
变动销售费用						
销售佣金/元	10%	4 000	7 000	6 000	3 000	20 000
运输费/元	11.6%	4 640	8 120	6 960	3 480	23 200
广告费/元	15%	6 000	10 500	9 000	4 500	30 000
小计/元	36.6%	14 640	25 620	21 960	10 980	73 200

续表

项 目	变动费用率	第一季度	第二季度	第三季度	第四季度	全年
固定销售费用						
专设机构费/元		5 000	5 000	5 000	5 000	20 000
保险费/元		4 500	4 500	4 500	4 500	18 000
杂项/元		3 500	3 500	3 500	3 500	14 000
小计/元		13 000	13 000	13 000	13 000	52 000
现金支出合计/元		27 640	38 620	34 960	23 980	125 200

八、管理费用预算的编制

管理费用预算（administrative expense budget）是为规划一定预算期内因管理企业预计发生的各项费用水平而编制的一种日常业务预算。该预算编制可采用两种方法：一种是按项目反映全年预计水平，因为管理费用大多是固定费用，直接以上年实际水平为基础，考虑预算年度的变化，调整全年总数，再计算出各季度数据；另一种类似于制造费用预算或销售费用预算的编制方法，把管理费用按照成本习性分为固定性管理费用和变动性管理费用两部分，对变动性管理费用按预算期的分配率和预计的业务量进行测算。通常采用第一种方法进行编制。此外，管理费用总额预算及其现金支出预算可以合并编制。

【典型工作任务 8】 根据前述任务资料编制中信股份有限公司 2018 年度管理费用预算（表 8-9）。

【职业能力操作】

表 8-9 中信股份有限公司 2018 年度管理费用预算表

项目		金额/元	项目	金额/元
管理费用	管理人员工资	40 000	职工培训费	800
	福利费	6 400	其他	1 200
	保险费	3 600	合计	55 200
折旧		1 000	减：折旧	1 000
办公费		1 400	现金支出	54 200
工会经费		800	每季度支付现金	13 300

九、财务费用预算的编制

财务费用预算（financial expense budget）是反映预算期内因筹措和使用资金而发生财务费用水平的一种预算。

预计财务费用＝应计并支付短期借款利息＋应计并支付长期借款利息＋公司债券利息－资本化利息

【典型工作任务 9】 根据前述任务资料编制中信股份有限公司 2018 年度财务费用预算（表 8-10）。

【职业能力操作】

表 8-10 中信股份有限公司 2018 年度财务费用预算表 单位：元

季度	一	二	三	四	全年
短期借款利息	1 980	3 000	1 020		6 000
长期借款利息					
公司债券利息					
减:资本化利息					
预计财务费用	1 980	3 000	1 000		6 000

十、特种决策预算的编制

特种决策预算（special decision-making budget）又称为资本支出预算，通常是指与项目投资决策有关的投资决策预算。应当根据企业有关投资决策资料和年度固定资产投资计划编制。由于该类预算涉及长期建设项目的资金投放与筹措，并经常跨年度，因此，除个别项目外，一般不纳入日常业务预算，但需要计入与此相关的现金预算与资产负债表。特种决策预算包括购置固定资产和资本性现金支出。

【典型工作任务 10】 根据前述任务资料编制中信股份有限公司 2018 年度特种决策预算（表 8-11）。

【职业能力操作】

表 8-11 中信股份有限公司 2018 年度特种决策预算表 单位：元

项目	第一季度	第二季度	第三季度	第四季度	全年
购置固定资产	132 000	68 000			200 000
资本性现金支出	132 000	68 000			200 000

任务三 编制现金预算

一、现金预算的含义

现金预算是指以日常业务预算和专门决策预算为基础所编制的反映企业预算期间现金收支情况的预算，它的编制要以其他各项预算为基础。

二、现金预算的编制

现金预算包括现金收入、现金支出、现金溢余或短缺、资金的筹集与应用四个部分，根据前面的业务预算进行编制。

（1）现金收入 包括期初的现金结算数、预算期内发生的现金收入，如销售收入、收回应收账款、应收票据到期兑现和票据贴现收入。

（2）现金支出 即数据预算期内预计发生的现金支出，如采购材料支付货款、工资、制造费用、销售费用、管理费用、财务费用、偿还应付款项、缴纳税款、支付利润及资本性之外的有关费用。

（3）现金余缺 即列支现金收入与现金支出合计的差额。现金收入大于现金支出时，差额为正，现金多余；现金收入小于现金支出时，差额为负，现金不足。

（4）资金的筹集与应用 即根据预算期现金收支的差额和有关资金管理的各项政策确定所需资金数额。若资金不足，通过银行借款和发放短期商业票据筹集；如果资金多余，可以用来偿还借款以及进行短期投资。

【典型工作任务11】 根据相关资料以及前期预算资料编制中信股份有限公司2018年度现金预算（表8-12）。

企业要求必须保留10 000元现金余额，因资金余额不足需要向银行借款，而且借款金额是1 000的倍数。银行借款年利率为6%。按期偿还利息，资金多余且能够满足最低现金余额时，及时偿还银行借款本金。所得税按照以往数据，暂估每季度10 000元入账；股利在第二季度和第四季度支付，按照以往数据暂估12 000元。

【职业能力操作】

表8-12 中信股份有限公司2018年度现金预算表 单位：元

季度	第一季度	第二季度	第三季度	第四季度	全年	资料来源
期初现金余额	500 000	294 360	119 415	49 011	500 000	
加：销货现金收入	40 000	58 000	64 000	42 000	204 000	表8-2
可供使用现金	540 000	352 360	183 415	91 011	1 166 786	
减：各项支出						
直接材料采购	11 790	14 565	14 060	13 125	53 540	表8-4
直接人工工资	45 000	69 000	57 000	31 000	202 000	表8-5
制造费用	3 930	4 460	4 064	3 746	16 200	表8-6
销售费用	27 640	38 620	34 960	23 980	125 200	表8-8
管理费用	13 300	13 300	13 300	13 300	53 200	表8-10
所得税	10 000	10 000	10 000	10 000	40 000	预估数
购买设备	132 000	68 000			200 000	表8-12
股利支付		12 000		12 000	24 000	预估数
现金支出合计	243 660	229 945	133 384	107 151	714 140	
现金多余或不足	296 340	122 415	50 031	−16 140	452 646	
向银行借款				27 000	27 000	
还银行借款					0	
借款利息	1 980	3 000	1 020		6 000	表8-11
期末现金余额	294 360	119 415	49 011	10 860	10 860	

任务四　编制预计财务报表

一、预计利润表

预计利润表是指以货币形式综合反映预算期内企业经营活动成果（包括利润总额、净利润）计划水平的一种财务预算。预计利润表是以货币为单位，全面综合地表现预算期内经营成果的利润计划。该表既可以按季编制，也可以按年编制，是全面预算的综合体现。它是利用本期期初资产负债表，根据销售、生产、资本等预算的有关数据加以调整编制的。

利润预算需要在销售预算、产品成本预算、应交税金及附加预算、制造费用预算、销售费用预算、管理费用预算和财务费用预算等日常业务预算的基础上编制。

预计利润表是按照权责发生制编制的，这与现金预算的编制原则是不同的。另外，预计利润表是按照变动成本法编制的。其基本原理是（教材举例中假定管理费用和财务费用为固定的）：

销售收入－变动销售成本－税金及附加＝(生产阶段)边际贡献

(生产阶段）边际贡献－变动性销售费用＝(销售阶段)边际贡献

（销售阶段）边际贡献－固定制造费用－固定销售费用－管理费用－财务费用＝利润总额

利润总额－所得税＝净利润

预计利润表是以货币形式全面综合地反映企业预算期内预计经营成果的一种财务预算，是在日常业务预算编制的基础上根据权责发生制原则编制的。预计利润表可以按季度编制，也可以按年编制。

1. 预计利润表编制的工作任务和要求

按年度或季度编制预计利润表。

2. 预计利润表编制的依据和资料

预计利润表编制的依据和资料包括：销售预算、制造费用预算、产品成本预算、销售费用预算、管理费用预算、财务费用预算。

3. 预计利润表编制的具体程序

步骤一，预计预算期边际贡献：

预算期边际贡献＝预算期营业收入－预算期变动生产成本－预算期变动性销售费用－预算期税金及附加

步骤二，预计预算期利润总额：

预算期利润总额＝预算期边际贡献－预算期固定性制造费用－预算期固定性销售费用－预算期管理费用－预算期财务费用

步骤三，预计预算期净利润：

预算期净利润＝预算期间利润总额－预算期间所得税费

4. 实际业务操作

【典型工作任务 12】　根据相关资料以及前期预算资料编制中信股份有限公司 2018 年度预计利润表（表 8-13）。

【职业能力操作】

表 8-13　中信股份有限公司 2018 年度预计利润表　　　　单位：元

项　　目	年末数	资料来源
一、销售收入	200 000	表 8-2
减：变动生产成本	36 700	
变动销售费用	73 200	表 8-8
变动管理费用	0	表 8-9
二、边际贡献	90 100	
减：固定制造费用	15 150	表 8-6
固定销售费用	52 000	表 8-8
财务费用	6 000	表 8-10
三、利润总额	16 950	
减：所得税（25%）	4 237.5	
四、净利润	12 712.5	

二、预计资产负债表

预计资产负债表是以货币形式总体反映企业预算期期末财务状况的一种财务预算。

预计资产负债表中除上年期末数已知外，其余项目根据销售、生产、现金等相关预算的数据加以调整编制。

编制预计资产负债表的目的是判断预算反映的财务状况的稳定性和流动性。如果通过预计资产负债表的分析，发现某些财务比率不佳，必要时可修改有关预算，以改善财务状况。预计资产负债表可以为企业管理当局提供会计期末企业预期财务状况的信息，它有助于管理当局预测未来期间的经营状况，并采取适当的改进措施。

1. 预计资产负债表编制的工作任务和要求

按年度或季度编制预计资产负债表。

2. 预计资产负债表编制的依据和资料

预计资产负债表编制的依据和资料包括：

①上期资产负债表；②各项日常业务预算；③特种决策预算；④现金预算、预计利润表；⑤其他相关资料。

3. 预计资产负债表编制的具体程序

步骤一，根据上期资产负债表各个项目的期末数填列预算期的期初数。

步骤二，根据现金预算计算，填列预算期货币资金交易性金融资产的短期借款、应付股利、长期借款、实收资本等项目的期末数。

步骤三，根据经营现金收入预算计算，填列预算期应收账款项目的期末数。

步骤四，根据期末存货预算计算，填列预算期存货项目的期末数。

步骤五，根据资本支出预算计算，填列预算期固定资产原值项目的期末数。

步骤六，根据制造费用预算和管理费用预算计算，填列预算期间累计折旧项目的期末数。

步骤七，根据管理费用预算计算，填列预算期无形资产及其他非流动资产项目的期末数。

步骤八，根据现金预算和预计利润表计算，填列预算期所得税的期末数。

步骤九，根据直接材料采购现金支出预算填列预算期应付账款项目的期末数。

步骤十，根据直接人工现金支出预算计算，填列预算期间应付职工薪酬项目的期末数。

步骤十一，根据预计利润表计算，填列预算期未分配利润项目的期末数。

步骤十二，汇总计算各有关资产、负债及所有者权益项目的和，并进行试算平衡。

4. 实际业务操作

【典型工作任务13】 根据相关资料以及前期预算资料编制中信股份有限公司2018年度预计资产负债表（表8-14）。

【职业能力操作】

表8-14　中信股份有限公司2018年预计资产负债表　　单位：元

资　　产	年初数	年末数	资料来源
一、流动资产			
货币资金	500 000	111 860	表8-12
交易性金融资产			
应收账款	16 000	12 000	表8-2
存货	7 000	9 100	
流动资产合计	523 000	132 960	
二、固定资产			
固定资产原值	223 000	423 000	表8-2
减：累计折旧	4 600	69 000	表8-6
固定资产净值	100 000	354 000	
固定资产合计	100 000	354 000	
三、无形资产及其他非流动资产合计			
四、长期资产合计			
1. 资产合计	623 000	486 960	
2. 负债及所有者权益			
(1)负债			
①流动负债			
短期借款		249 000	表8-12
未交所得税		－40 000	表8-12
应付账款	5 000	3 960	表8-4
应付股利		－24 000	表8-12
应付职工薪酬		－202 000	表8-5
流动负债合计	5 000	－13 040	
②非流动负债			
长期借款	100 000		
应付债券			
长期负债合计			
负债合计	105 000		
(2)所有者权益			
实收资本	500 000	500 000	
资本公积			
盈余公积			
未分配利润	18 000		表8-13
所有者权益合计			
负债及所有者权益合计	623 000	486 960	

【职业能力训练】

一、单项选择题

1. 固定预算编制方法的致命缺点是（　　）。

A. 过于机械呆板　　B. 可比性差

C. 计算量大　　D. 可能导致保护落后

2. 关于预算的编制方法下列各项中正确的是（　　）。

A. 零基预算编制方法适用于非盈利组织编制预算时采用

B. 固定预算编制方法适用于产出较难辨认的服务性部门费用预算的编制

C. 固定预算编制方法适用于业务量水平较为稳定的企业预算的编制

D. 零基预算编制方法适用于业务量水平较为稳定的企业预算的编制

3. 增量预算方法的假定条件不包括（　　）。

A. 现有业务活动是企业必需的　　B. 原有的各项开支都是合理的

C. 增加费用预算是值得的　　D. 所有的预算支出以零为出发点

4. 定期预算的优点是（　　）。

A. 远期指导性强　　B. 连续性好

C. 便于考核预算执行结果　　D. 灵活性强

5. 销售预算中"某期经营现金收入"的计算公式正确的是（　　）。

A. 某期经营现金收入＝该期期初应收账款余额＋该期含税销售收入－该期期末应收账款余额

B. 某期经营现金收入＝该期含税收入×该期预计现销率

C. 某期经营现金收入＝该期预计销售收入＋该期销项税额

D. 某期经营现金收入＝该期期末应收账款余额＋该期含税销售收入－该期期初应收账款余额

6.（　　）是只使用实物量计量单位的预算。

A. 产品成本预算　　B. 生产预算　　C. 管理费用预算　　D. 直接材料预算

7. 下列说法错误的是（　　）。

A. 应交税金及附加预算需要根据销售预算、生产预算和材料采购预算编制

B. 应交税金及附加＝销售税金及附加＋应交增值税

C. 销售税金及附加＝应交营业税＋应交消费税＋应交资源税＋应交城市维护建设税＋应交教育费及附加

D. 应交增值税可以使用简捷法和常规法计算

8. 某企业编制直接材料预算，预计第四季度期初存量600kg，该季度生产需用量2 400kg，预计期末存量为400kg，材料单价（不含税）为10元，若材料采购货款有60%在本季度内付清，另外40%在下季度付清，增值税税率为17%，则该企业预计资产负债表年末"应付账款"项目为（　　）元。

A. 8 800　　B. 10 269　　C. 10 296　　D. 13 000

9. 某企业编制销售预算，已知上期的含税销售收入为600万元，上期的含税销售收入为800万元，预计预算期含税销售收入为1 000万元，含税销售收入的20%于当期收现，60%于下期收现，20%于下下期收现，假设不考虑其他因素，则本期期末应收账款的余额为

（　　）万元。

A. 760　　B. 860　　C. 660　　D. 960

10. 某企业编制应交税金及附加预算，预算期的应交增值税为 20 万元，应交消费税为 10 万元，应交资源税为 3 万元，城建税及教育费附加的征收率分别为 7%和 3%，预交所得税 20 万元，计入管理费用的印花税 0.1 万元，则预计发生的应交税金及附加数额为（　　）万元。

A. 56　　B. 36　　C. 36.1　　D. 56.1

11. （　　）编制的主要目标是通过制订最优生产经营决策和存货控制决策来合理地利用或调配企业经营活动所需要的各种资源。

A. 投资决策预算　　B. 经营决策预算　　C. 现金预算　　D. 生产预算

12. （　　）就其本质而言属于日常业务预算，但是由于该预算必须根据现金预算中的资金筹措及运用的相关数据来编制，因此将其纳入财务预算范畴。

A. 管理费用预算　　B. 经营决策预算　　C. 投资决策预算　　D. 财务费用预算

二、多项选择题

1. 下列各项中属于总预算的是（　　）。

A. 投资决策预算　　B. 销售预算　　C. 现金预算　　D. 预计利润表

2. 弹性预算编制方法的优点是（　　）。

A. 预算范围宽　　B. 可比性强　　C. 及时性强　　D. 透明度高

3. 弹性成本预算的编制方法包括（　　）。

A. 公式法　　B. 因素法　　C. 列表法　　D. 百分比法

4. 增量预算编制方法的缺点包括（　　）。

A. 可能导致保护落后　　B. 滋长预算中的“平均主义”

C. 工作量大　　D. 不利于企业的未来发展

5. 滚动预算按照预算编制和滚动的时间单位不同分为（　　）。

A. 逐月滚动　　B. 逐季滚动　　C. 逐年滚动　　D. 混合滚动

6. 滚动预算的优点包括（　　）。

A. 透明度高　　B. 及时性强　　C. 连续性好　　D. 完整性突出

7. 现金预算的编制基础包括（　　）。

A. 销售预算　　B. 投资决策预算　　C. 销售费用预算　　D. 预计利润表

8. 下列（　　）是在生产预算的基础上编制的。

A. 直接材料预算　　B. 直接人工预算　　C. 产品成本预算　　D. 管理费用预算

9. 下列关于本期采购付现金额的计算公式中错误的是（　　）。

A. 本期采购付现金额＝本期采购金额（含进项税）＋期初应付账款－期末应付账款

B. 本期采购付现金额＝本期采购金额（含进项税）＋期初应收账款－期末应收账款

C. 本期采购付现金额＝本期采购本期付现部分（含进项税）＋以前期赊购本期付现的部分

D. 本期采购付现金额＝本期采购金额（含进项税）－期初应付账款＋期末应付账款

10. 应交税金及附加预算中的应交税金不包括（　　）。

A. 应交增值税　　B. 应交资源税

C. 预交所得税　　D. 直接计入管理费用的印花税

三、判断题

1. 财务预算具有资源分配的功能。(　　)

2. 滚动预算又称滑动预算，是指在编制预算时，将预算期与会计年度脱离，随着预算的执行不断延伸补充预算，逐期向后滚动，使预算期永远保持为一个固定期间的预算编制方法。(　　)

3. 弹性利润预算编制的百分比法适用于单一品种经营或采用分算法处理固定成本的多品种经营的企业。(　　)

4. 增量预算与零基预算相比能够调动各部门降低费用的积极性。(　　)

5. 生产预算是预算编制的起点。(　　)

6. 根据"以销定产"原则，某期的预计生产量应当等于该期预计销售量。(　　)

7. 经营决策预算除个别项目外一般不纳入日常业务预算，但应计入与此有关的现金预算与预计资产负债表。(　　)

8. 预计资产负债表以货币形式综合反映预算期企业经营活动成果计划水平的财务预算。(　　)

9. 弹性成本预算编制的列表法不能包括所有业务量条件下的费用预算，适用面较窄。(　　)

10. 现金预算中的现金支出包括经营现金支出、分配股利的支出以及缴纳税金的支出，但是不包括资本性支出。(　　)

11. 在财务预算的编制过程中，编制预计财务报表的正确程序是：先编制预计资产负债表，然后再编制预计利润表。(　　)

四、计算题

1. 某公司2006年的现金预算简表如下，假定企业没有其他现金收支业务，也没有其他负债。预计2006年年末的现金余额为7 000万元。

要求：根据表中资料填写表中用字母表示的部分。

单位：万元

项目	第一季度	第二季度	第三季度	第四季度
期初现金余额	6 000			
本期现金流入	45 000	48 000	E	50 000
本期现金支出	A	50 400	40 000	41 000
现金余缺	9 000	C	(1 800)	G
资金筹措与运用	(2 000)	1 800	6 000	H
取得借款	1 800	6 000		
归还借款	(2 000)			
期末现金余额	B	D	F	I

2. 甲企业为生产应税消费品的企业，2017年的含税销售收入为7 020万元，销售利润率为20%，适用的增值税税率为16%，材料成本占总成本的百分比为60%，假定该企业生产所使用的材料都是在当期内采购的，适用的消费税税率为5%，城市维护建设税税率为7%，教育费附加的征收率为3%，发生的各项应交税金及附加均于当期以现金形式支付。2018年甲企业预计的含税销售收入为8 190万元，预交所得税200万元。

要求：

（1）计算2017年和2018年的不含税销售收入及销项税额。

（2）计算2017年的进项税额及应交增值税额。

（3）计算应交增值税估算率。

（4）计算2018年应交增值税额。

（5）计算2018年预计发生的销售税金及附加。

（6）计算2018年预计发生的应交税金及附加。

3. 某企业有关资料如下。

① 该企业3～7月份的销售量分别为10 000件、11 000件、12 000件、13 000件、12 000件，单价（不含税）为10元，每月含税销售收入中，当月收到现金60%，下月收到现金40%，增值税税率为16%。

② 各月商品采购成本按下一个月含税销售收入的80%计算，所购货款于当月支付现金40%，下月支付现金60%。

③ 该企业4～6月份的制造费用分别为10 000元、11 000元、12 000元，每月制造费用中包括折旧费5 000元。

④ 该企业4月份购置固定资产，需要现金20 000元。

⑤ 该企业在现金不足时，向银行借款（为1 000元的倍数），短期借款利率为6%；现金有多余时，归还短期借款（为1 000元的倍数）。借款在期初，还款在期末，3月末的长期借款余额为20 000元，借款年利率12%，短期借款余额为0。假设短期借款和长期借款均为每季度末支付利息。

⑥ 该企业规定的现金余额的额定范围为7 000～8 000元，假设该企业的消费税率为8%，城市维护建设税税率为7%，教育费附加征收率为3%，其他资料见现金预算。

现金预算

单位：元

月份	4月份	5月份	6月份
期初现金余额	15 000		
经营现金收入			
直接材料采购支出			
直接工资支出	5 000	5 500	5 500
制造费用支出			
其他付现费用	500	400	600
应交税金及附加支出			
预交所得税			1 000
购置固定资产	20 000		
现金余缺			
举借短期借款			
归还短期借款			
支付借款利息			
期末现金余额			

要求：根据以上资料，完成该企业4～6月份现金预算的编制工作。

4. 某公司2017年12月份的销售额和2018年1～2月份的预计销售额分别为150万元、100万元、200万元。其他有关资料如下。

① 收账政策：当月销售当月收现60%，其余部分下月收回。

② 材料采购按下月销售额的80%采购。付款政策：当月购买当月付现70%，下月支付其余的30%。

③ 假设每月现金余额不得低于3万元，现金余缺通过银行借款来调整。

④ 借款年利率为12%，借款或还款的本金必须是5 000元的整倍数，利随本清，借款在期初，还款在期末。

⑤ 假设该企业销售的产品和购买的材料适用的增值税税率为16%。

要求：

(1) 计算确定2018年1月份销售现金流入量和购买材料的现金流出量。

(2) 计算确定2018年1月31日资产负债表中“应收账款”和“应付账款”项目金额。

(3) 假设2018年1月份预计的现金收支差额为－12.32万元，计算确定1月末的现金余额。

(4) 假设2018年2月份预计的现金收支差额为7.598万元，计算确定2月末的现金余额。

5. 已知：某公司2018年1～3月的实际销售额分别为38 000万元、36 000万元和41 000万元，预计4月份销售额为40 000万元。每月销售收入中有70%能于当月收现，20%于次月收现，10%于第三个月收现，不存在坏账。假定该公司销售的产品在流通环节只需缴纳消费税，税率为10%，并于当月以现金交纳。该公司3月末现金余额为80万元，应付账款余额为5 000万元（需在4月份付清），不存在其他应收应付款项。4月份有关项目预计资料如下：采购材料8 000万元（当月付款70%）；工资及其他支出8 400万元（用现金支付）；制造费用8 000万元（其中折旧费等非付现费用为4 000万元）；营业费用和管理费用1 000万元（用现金支付）；预交所得税1900万元；购买设备12 000万元（用现金支付）。现金不足时，通过向银行借款解决。4月末现金余额要求不低于100万元。

根据上述资料，计算该公司4月份的下列预算指标：

(1) 经营性现金流入。

(2) 经营性现金流出。

(3) 现金余缺。

(4) 应向银行借款的最低金额。

(5) 4月末应收账款余额。

项目九 财务控制

【职业学习目标】

知识目标

1. 掌握财务控制的特征、种类；
2. 掌握责任中心的内容；
3. 理解内部转移价格的含义；
4. 理解投资中心的内容。

能力目标

1. 能够划分责任中心；
2. 能够准确计算成本中心、利润中心的考核指标；
3. 能够准确计算投资中心的考核指标；
4. 能够编制企业责任报告。

素质目标

1. 具备一定的沟通协调能力，处理好企业内部相关部门的关系；
2. 培养学生的大局意识、团队协作能力；
3. 具备财务与信息的收集、整理能力。

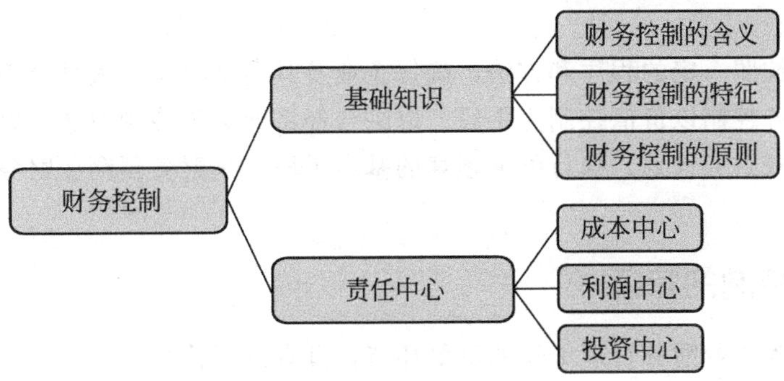

经典案例

日本京瓷的阿米巴经营之道

日本的京瓷公司成立于1959年4月1日，是世界500强企业，以其经营管理闻名世界，阿米巴经营是其主要的经营之道。京瓷有事业本部、事业部等部、课、系、班的层级制，但与其他公司不同的是，稻盛和夫组织了一套以“阿米巴小组”为单位的独立核算体制。京瓷成功地把“阿米巴”架构上的以联结决算为基础的纵向管理网和间接部门间横向管理网结合起来，从而可以从两方面对经营业绩进行全局把握。

“阿米巴”指的是工厂、车间中形成的最小基层组织，也就是最小的工作单位，即一个部门、一条生产线、一个班组，甚至每个员工。每人都从属于自己的阿米巴小组，每个阿米巴小组平均由十二三人组成，根据工作内容分配的不同，有的小组有50人左右，而有的只有两三个人。每个阿米巴都是一个独立的利润中心，就像一个中小企业那样活动，虽然需要经过上司的同意，但是经营计划、实绩管理、劳务管理等所有经营上的事情都由他们自行运作。每个阿米巴都集生产、会计、经营于一体，再加上各个阿米巴小组之间能够随意分拆与组合，这样就能让公司能够对市场的变化做出迅捷反应，且全员参与企业的经营管理，及时改进企业经营管理中的问题。阿米巴经营既提高了员工的成本意识和经营头脑，又提高了员工的职业道德水平和个人素质。这两方面相辅相成，促成了“阿米巴经营”这种管理方式在京瓷的成功。

【情境引例】

中信股份有限公司在编制好2018年度的企业财务预算后面临下一个任务，即实施企业财务预算。在企业财务预算的实施过程中，要对预算的各个环节进行有效的控制和调节，进行财务控制。财务控制有助于实现公司经营方针和目标，既是工作中的实时监控手段，也是评价标准；有助于保护单位各项资产的安全和完整，防止资产流失；还有助于保证业务经营信息和财务会计资料的真实性和完整性。

如何有效实施企业财务控制?

任务一 认识财务控制

一、财务控制的含义

企业为了能够实现财务管理目标，保证财务预算的顺利开展，需要有效地进行财务控制。

财务控制是按照一定的程序和方法，确保企业及其内部机构和人员全面落实及实现财务预算的过程。财务控制以价值控制为手段、以综合经济业务为控制对象、以日常现金流量控制为内容，是实现财务计划、执行财务预算的基本手段，是财务预测、财务决策、财务预算得以落实的保证。

二、财务控制的特征

财务控制作为企业财务管理工作的重要环节，具有以下特征。

1. 价值控制

财务控制的对象是以实现财务预算为目标的财务活动，它是企业财务管理的重要内容。财务管理以资金运动为主线，以价值管理为特征，决定了财务控制必须实行价值控制。

2. 综合控制

财务控制以价值为手段，可以将不同部门、不同层次和不同岗位的各种业务活动综合起来，实行目标控制。

三、财务控制应具备的条件

1. 建立组织机构

通常情况下，企业为了确定财务预算，应建立决策和预算编制机构；为了组织和实施日常财务控制，应建立日常监督、协调、仲裁机构；为了考评预算的执行情况，应建立相应的考核评价机构。在实际工作中，可根据需要将这些机构的职能进行归并或合并到企业的常设机构中。为将企业财务预算分解落实到各部门、各层次和各岗位，还要建立各种执行预算的责任中心。按照财务控制的要求建立相应的组织机构是实施企业财务控制的组织保证。

2. 建立责任会计核算体系

企业的财务预算通过责任中心形成责任预算，而责任预算和总预算的执行情况都必须由会计核算来提供。通过责任会计核算，及时提供相关信息，以正确地考核与评价责任中心的工作业绩；通过责任会计汇总核算，进而了解企业财务预算的执行情况，分析存在的问题及原因，为提高企业的财务控制水平和做出正确的财务决策提供依据。

3. 制订奖罚制度

一般而言，人的工作努力程度往往受到业绩评价和奖励办法的极大影响。通过制订奖罚制度，明确业绩与奖惩之间的关系，可有效地引导人们约束自己的行为，争取完成尽可能好的业绩。恰当的奖惩制度是保证企业财务控制长期有效运行的重要因素。奖惩制度的制订，要体现财务预算的目标要求，要体现公平、合理和有效的原则，要体现过程考核与结果考核的结合，真正发挥奖惩制度在企业财务控制中应有的作用。

四、财务控制的原则

1. 经济原则

实施财务控制总是有成本发生的，企业应根据财务管理的目标要求，有效地组织企业的日常财务控制，只有当财务控制所取得的收益大于其代价时，这种财务控制措施才是必要的、可行的。

2. 目标管理及责任落实原则

企业的目标管理要求已纳入财务预算中，将财务预算层层分解，明确规定有关方面或个人应承担的责任控制义务，并赋予其相应的权利，使财务控制目标和相应的管理措施落到实处，成为考核的依据。

3. 例外管理原则

企业的日常财务控制涉及企业经营的各个方面，财务控制人员要将注意力集中在那些重要的、不正常、不符合常规的预算执行差异上。通过例外管理，一方面可以分析实际脱离预算的原因，来达到日常控制的目的；另一方面可以检验预算的制订是否科学与先进。

任务二　财务控制的实施

一、建立责任中心

企业为了实行有效的内部控制，按照统一领导、分级管理的原则，在企业内部合理划分责任单位，明确各责任单位应该承担的经济责任、应用的权利和利益，促使各个责任单位履行责任并协同配合。这个责任单位也称责任中心。责任中心（responsibility centers）是指具有一定的管理权限并承担相应经济责任的企业内部责任单位，是一个责权利相结合的实体。划分责任中心的标准是：凡是可以划清管理范围、明确经济责任、单独进行业绩考核的内部单位，无论大小都可成为责任中心。明确每个责任单位承担的经济责任、享有的权利和利益，从而使责任单位各尽其职、各负其责。

根据企业内部责任单位的权限范围和活动特点的不同，责任中心可以分为成本中心、利润中心和投资中心。

（一）成本中心

成本中心是指对成本或费用承担责任的责任中心。成本中心往往没有收入，其职责是用一定的成本去完成规定的具体任务，一般包括产品生产的生产部门、提供劳务的部门和有一定费用控制指标的企业管理部门。

成本中心是责任中心中应用最为广泛的一种责任中心形式。任何发生成本的责任领域都可以确定为成本中心，上至整个企业，下至车间、工段、班组，甚至个人都可以划分为成本中心。成本中心的规模不一，一个成本中心可以由若干个更小的成本中心组成，因此在企业中可以形成一个逐级控制并层层负责的成本中心体系。成本中心是指其责任者只对成本或费用负责的责任中心。

1. 成本中心的类型

广义的成本中心有两种类型：标准成本中心和费用中心。

标准成本中心是以实际产出量为基础，并按标准成本进行成本控制的成本中心，通常制造业工厂、车间、工段、班组等是典型的标准成本中心。在产品生产中，这类成本中心的投入与产出有着明确的函数对应关系，它不仅能够计量产品产出的实际数量，而且每个产品因有明确的原材料、人工和制造费用的数量标准和价格标准，从而可以对生产过程实施有效的弹性成本控制。

费用中心是指产出物不能用财务指标来衡量或投入和产出之间没有密切关系的责任单

位。这些单位包括行政管理部门、研究开发部门、销售部门等。费用中心所发生的费用主要是为公司提供一定的专业服务，通常采用预算总额审批的控制方法。费用中心是一种以直接控制经营管理费用总量为主的成本中心。

2. 成本中心的考核指标

成本中心的特征可以概括为三点：只考虑成本费用、只对可控成本承担责任以及只对责任成本进行考核和控制。那么其中可控成本必须具备三个条件，他们是可以预计、可以计量和可以控制。

由于成本中心只对成本负责，对其评价和考核的主要内容是责任成本，成本中心的考核指标主要包括成本降低额和降低率。他们的计算的公式为：

$$成本(费用)变动额=实际责任成本(费用)-预算责任成本(费用)$$

$$成本(费用)变动率=\frac{成本(费用)变动额}{预算责任成本(费用)}\times 100\%$$

【典型工作任务1】 某成本中心生产甲产品，预计产量为3 000件，单位成本为100元。而实际产量为2 000件，单位成本为80元，计算该成本中心的成本降低额与降低率。

预算成本节约额＝100×3 000－80×2 000＝140 000（元）

预算成本节约率＝140 000÷(100×3 000)×100%＝46.67%

结果表明，该成本中的成本节约额为140 000元，成本节约率为46.67%。

【职业思考】

某企业一车间的成本中心由生产组（A、B）、作业班（甲、乙）和生产车间组成。本年的预算执行情况为：生产组的责任成本分别是16 000元、24 000元；作业班的责任成本分别是85 000元、92 000元；生产车间的可控成本为7 500元，不可控成本为3 600元。请问生产车间下属转来的责任成本和生产车间责任中心的责任成本分别是多少？

凡不能同时满足上述条件的成本就是不可控成本。对于特定成本中心来说，它不应当承担不可控成本的相应责任。

正确判断成本的可控与否是成本中心承担责任成本的前提。

第一，成本的可控性总是与特定责任中心相关，与责任中心所处管理层次的高低、管理权限及控制范围的大小有直接关系。

第二，成本的可控性要联系时间范围考虑。

第三，要清楚成本的可控性与成本性态和成本可辨认性的关系。

3. 成本中心的责任成本与产品成本

作为产品制造的标准成本中心，必然会同时面对责任成本和产品成本两个问题，承担责任成本还必须了解这两种成本的区别与联系。责任成本和产品成本的主要区别如下。

(1) 成本归集的对象不同　责任成本是以责任成本中心为归集对象，产品成本则以产品为对象。

(2) 遵循的原则不同　责任成本遵循“谁负责谁承担”的原则，承担责任成本的是“人”；产品成本则遵循“谁受益谁负担”的原则，负担产品成本的是“物”。

(3) 核算的内容不同　责任成本的核算内容是可控成本；产品成本的核算内容是指应归属于产品的全部成本，既包括可控成本，又包括不可控成本。

(4) 核算的目的不同　责任成本的核算目的是为了实现责权利的协调统一，考核评价经营业绩，调动各个责任中心的积极性；产品成本的核算目的是为了反映生产经营过程的耗费，规定配比的补偿尺度，确定经营成果。

责任成本和产品成本的联系是：两者的内容同为企业生产经营过程中的资金耗费。就一个企业而言，一定时期发生的广义产品成本总额应当等于同期发生的责任成本总额。

4. 成本中心责任报告

成本中心责任报告是以实际产量为基础，反映责任成本预算的实际执行情况，揭示实际责任成本与预算责任成本差异的内部报告。成本中心通过编制责任报告，以反映、考核和评价责任中心责任成本预算的执行情况。

【典型工作任务 2】 表 9-1 是中信股份有限公司某成本中心的责任报告。

表 9-1　中信股份有限公司某成本中心责任报告　　单位：元

项目	实际	预算	差异
下属责任中心转来的责任成本			
甲班组	11 400	11 000	+400
乙班组	13 700	14 000	−300
合计	25 100	25 000	+100
本成本中心的可控成本			
间接人工	1 580	1 500	+80
管理人员工资	2 750	2 800	−50
设备维修费	1 300	1 200	+100
合计	5 630	5 500	+130
本责任中心的责任成本合计	30 730	30 500	+230

由表 9-1 可知，该成本中心的实际责任成本较预算责任成本增加 230 元，上升了 0.8%，主要是本成本中心的可控成本增加 130 元和下属责任中心转来的责任成本增加 100 元所致，究其根本原因则是设备维修费超支 100 元和甲班组责任成本超支 400 元，没有完成责任成本预算。乙班组责任成本减少 300 元，表明责任成本控制有初步成效。

（二）利润中心

利润中心是既能控制成本，又能控制收入，对利润负责的责任中心，它是比成本中心高一层次的责任中心，其权利和责任都相对较大。利润中心通常是那些具有产品或劳务生产经营决策权的部门。

利润中心是一个能同时控制生产和销售，既要对成本负责又要对收入负责，但没有责任和权利决定该中心的资产投资水平的责任中心。我们可以根据利润中心利润的多少来评价其业绩。这类责任中心一般是指有产品或劳务生产经营决策前的企业内部部门。利润中心与成本中心相比，其权利和责任都相对较大，它不仅要降低绝对成本，还要寻求收入的增长且使它超过成本，更要强调相对成本的降低。还有就是利润中心可以是也可以不是独立法人，而成本中心一般不是独立法人。

1. 利润中心的类型

利润中心分为自然利润中心和人为利润中心两种。

自然利润中心是指能直接对外销售产品或提供劳务取得收入而给企业带来收益的利润中心。这类责任中心一般具有产品销售权、价格制订权、材料采购权和生产决策权，具有很大的独立性。

人为利润中心是不能直接对外销售产品或提供劳务，只能在企业内部各责任中心之间按照内部转移价格相互提供产品或劳务而形成的利润中心。大多数成本中心都可以转化为人为利润中心。这类责任中心一般也具有相对独立的经营管理权，即能够自主决定本利润中心生产的产品品种和产量、作业方法、人员调配和资金使用等。但这些部门提供的产品或劳务主要在企业内部转移，很少对外销售。

2. 利润中心考核指标

由于利润中心既对其发生的成本负责，又对其发生的收入和实现的利润负责，所以，利润中心业绩评价和考核的重点是边际贡献和利润，但对于不同范围的利润中心来说，其指标的表现形式也不相同。如某公司采用事业部制，其考核指标可采用以下几种形式：

部门边际贡献＝部门销售收入总额－部门变动成本总额

部门经理可控利润＝部门边际贡献－部门经理可控固定成本

部门可控利润＝部门经理边际贡献－部门经理不可控固定成本

部门税前利润＝部门边际贡献－分配的公司管理费用

其中，“部门边际贡献”是利润中心考核指标中的一个中间指标。

“部门经理可控利润”反映了部门经理在其权限范围内有效使用资源的能力。部门经理可控制收入以及变动成本和部分固定成本，因此可以对可控利润承担责任。该指标主要用于评价部门经理的经营业绩。这里的主要问题是要将各部门的固定成本进一步区分为可控成本和不可控成本，这是因为有些费用虽然可以追溯到有关部门，但是不被部门经理所控制，如广告费、保险费等。因此，在考核部门经理业绩时，应将其不可控成本从中剔除。

“部门可控利润”主要用于对部门的业绩进行评价和考核，用以反映该部门补偿共同性固定成本后对企业利润所做的贡献。如果要决定该部门的取舍，部门可控利润是有重要意义的信息。

“部门税前利润”用于计算部门提供的可控利润必须抵补总部的管理费用等，否则企业作为一个整体就不会盈利。这样，部门经理可集中精力增加收入并降低可控成本，为企业实现预期的利润目标做出应有的贡献。

【典型工作任务3】 某企业某部门（利润中心）的有关资料：部门销售收入 100 万元，部门销售产品的变动生产成本和变动性销售费用 74 万元，部门可控固定成本 6 万元，部门不可控固定成本 8 万元，分配的公司管理费用 5 万元。计算利润中心考核指标。

【职业能力操作】

部门的各级利润考核指标分别是：部门边际贡献＝100－74＝26（万元）

部门经理可控利润＝26－6＝20（万元）

部门可控利润＝20－8＝12（万元）

部门税前利润＝12－5＝7（万元）

【典型工作任务4】 甲企业某部门实现销售收入 10 000 元，已销商品变动成本和变动销售费用 7 000 元，部门可控固定间接费用为 800 元，部门不可控固定间接费用为 1 000 元，分配的工资管理费用为 500 元。计算用于评价利润中心的各个指标。

【职业能力操作】

边际贡献＝10 000－7 000＝3 000（元）

部门可控边际贡献＝3 000－800＝2 200（元）

部门边际贡献＝2 200－1 000＝1 200（元）

部门税前利润＝1 200－500＝700（元）

3. 利润中心责任报告

利润中心通过编制责任报告，可以集中反映利润预算的完成情况，并对其产生差异的原因进行具体分析。

【典型工作任务 5】 表 9-2 是某利润中心责任报告。

表 9-2　某利润中心责任报告　　单位：万元

项目	实际	预算	差异
销售收入	250	240	＋10
变动成本			
变动生产成本	154	148	＋6
变动销售成本	34	35	－1
变动成本合计	188	183	＋5
边际贡献	62	57	＋5
固定成本			
直接发生的固定成本	16.4	16	＋0.4
上级分配的固定成本	13	13.5	－0.5
固定成本合计	29.4	29.5	－0.1
营业利润	32.6	27.5	＋5.1

由表 9-2 可知，该利润中心的实际利润超额完成预算 5.1 万元，如果剔除上级分配来的固定成本这一因素，利润超额完成 4.6 万元。

综合对上面例题的分析，可以看出边际贡献作为考核目标不够全面，可能导致部门管理尽可能多地支出固定成本以减少变动成本的支出。这样虽然边际贡献变大，但会增加总成本。以可控边际贡献来评价业绩可能是最好的，它反映了部门经理在一定权限跟控制范围内有效地使用权利和能力。以部门边际贡献评价业绩，更适合评价该部门对公司利润和管理费用的贡献，但不适合于对部门经理的评价，因为有一部分固定成本是部门经理很难改变的。以部门税前利润来评价业绩通常是不合适的，因为企业的管理费用是部门经理无法掌控的。

利润中心的最后一个问题是内部转移价格的确定。制订内部转移价格可以明确各个责任中心的经济责任，使利润中心的业绩评价更具有客观性和可比性。

（三）投资中心

投资中心是指既要对成本、利润负责，又要对投资效果负责的责任中心。投资中心是最高层次的责任中心，它具有最大的决策权，也承担最大的责任。一般而言，大型集团所属的子公司、分公司、事业部往往都是投资中心。

投资中心和利润中心的具体不同点如下。

第一个是权利不同。利润中心只是对已经形成的投资进行具体的经营，没有投资的决策权。而投资中心不仅在产品的生产和销售上享有自主权，而且在投资决策方面也享有充分的自主权，能独立地运用所掌握的资产，有权构建或处理固定资产，扩大或缩小现有的生产能力。

第二个是考核方法不同。在考核利润中心的业绩时，只考核其取得利润的多少，不联系其投入或占用资产的多少，即不进行投入产出的比较。在考核投资中心的业绩时，必须将所获得的利润与所占用的资产联系起来，进行投入与产出的比较。

投资中心拥有投资决策权和经营决策权，同时，各投资中心在资产和权益方面应划分清楚，以便准确地算出各投资中心的经济效益，对其进行正确的评价和考核。

1. 投资中心考核指标

投资中心评价与考核的内容是利润及投资效果，反映投资效果的指标主要是投资报酬率和剩余收益。

（1）投资报酬率　投资报酬率又称投资回报率、投资收益率、投资利润率，是投资中心所获得的利润占投资额（或经营资产）的比率，可以反映投资中心的综合盈利能力。

其计算公式为：

投资报酬率＝净利润(或营业利润)÷投资额(或经营资产)×100％

投资报酬率＝投资(或经营资产)周转率×销售利润率

上述公式中，投资额（或经营资产）应按平均投资额（或平均经营资产）计算。投资额是指投资中心的总资产扣除负债后的余额，即投资中心的净资产，投资报酬率是个相对数正指标，数值越大越好。

目前，有许多企业采用投资报酬率作为评价投资中心业绩的指标。该指标的优点是：投资报酬率能反映投资中心的综合盈利能力，具有横向可比性，有利于判断各投资中心经营业绩的优劣。此外，投资报酬率可作为选择投资机会的依据，有利于优化资源配置。

这一评价指标的不足之处是缺乏全局观念。投资中心可能只考虑自己的利益，而不顾企业整体利益是否受到损害。

【典型工作任务6】　某个部门现有资产200万元，年净利润44万元，投资报酬率为22％。部门经理目前面临一个投资报酬率为17％的投资机会，投资额为50万元，每年净利润为8.5万元，企业投资报酬率为15％。尽管对整个企业来说，由于该项目的投资报酬率高于企业投资报酬率，应当利用这个投资机会，但是它却使这个部门的投资报酬率由过去的22％下降到21％。

【职业能力操作】　投资报酬率＝(44＋8.5)÷(200＋50)×100％＝21％

【典型工作任务7】　当情况与上述任务相反，假设该部门现有一项资产价值50万元，每年年获利8.5万元，投资报酬率17％，该部门经理却愿意放弃该项资产，以提高部门投资报酬率。

【职业能力操作】　投资报酬率＝(44－8.5)÷(200－50)×100％＝23.67％

（2）剩余收益　剩余收益是一个绝对数指标，是指投资中心获得的利润扣减其最低投资收益后的余额。最低投资收益是投资中心的投资额或资产占用额按规定预期的最低报酬率计算的收益。剩余收益等于利润减去投资额乘以规定或预期的最低投资报酬率。这里所说的最低投资报酬率通常是企业为该投资中心规定的预期的投资报酬率，是企业为保证正常生产经营持续进行所必须达到的最低报酬水平，一般按整个企业各投资中心的加权平均投资报酬率计算。

其计算公式为：

剩余收益＝利润－投资额×预期最低投资报酬率

＝投资额×(投资报酬率－预期最低投资报酬率)

以剩余收益作为投资中心经营业绩评价指标，各投资中心只要投资报酬率大于预期最低投资报酬率，即剩余收益大于零，该项投资项目就是可行的。剩余收益是个绝对数正指标，这个指标越大，说明投资效果越好。

【典型工作任务8】　某企业有若干个投资中心，平均投资报酬率为15％，其中甲投资中心的投资报酬率为20%，该中心的经营资产平均余额为150万元。预算期甲投资中心有一追加投资的机会，投资额为100万元，预计利润为16万元。追加投资后企业的投资报酬率为16%。

要求：(1) 假定预算期甲投资中心接受了上述投资项目，分别用投资报酬率和剩余收益指标来评价考核甲投资中心追加投资后的工作业绩。

(2) 分别从整个企业和甲投资中心的角度，说明是否应当接受这一追加投资项目。

【职业能力操作】

(1) 甲投资中心接受投资后的评价指标分别为：

$$投资报酬率=(150\times20\%+16)\div(150+100)\times100\%=18.40\%$$

$$剩余收益=16-100\times15\%=1\ (万元)$$

从投资报率指标来看，甲投资中心接受投资后的投资报酬率为18.40%，低于该中心原有的投资报酬率20%，追加投资使甲投资中心的投资报酬率指标降低了。从剩余收益指标来看，甲投资中心接受投资后可增加剩余收益1万元，大于零，表明追加投资使甲投资中心有利可图。

(2) 如果从整个企业的角度看，该追加投资项目的投资报酬率为16%，高于企业的平均投资报酬率15%；剩余收益为1万元，大于零。结论是：无论从哪个指标来看，企业都应当接受该项追加投资。

如果从甲投资中心的角度看，追加该投资项目的投资报酬率为18.40%，低于该中心的投资报酬率20%，若仅用这个指标来考核投资中心的业绩，则甲投资中心不会接受这项追加投资（因为这将导致甲投资中心的投资报酬率指标由20%降低为18.40%）。但若以剩余收益指标来考核投资中心的业绩，则甲投资中心会因为剩余收益增加了1万元而愿意接受该项追加投资。

通过上例可以看出，利用剩余收益指标考核投资中心的工作业绩能使个别投资中心的局部利益与企业整体利益达到一致，避免投资中心出现本位主义倾向。

需要注意的是，以剩余收益作为评价指标，所采用的投资报酬率的高低对剩余收益的影响很大，通常应以整个企业的平均投资报酬率作为最低报酬率。

剩余收益指标有两个优点：第一，体现投入与产出的关系；第二，避免了本位主义，可以使各投资中心的获利目标与企业的获利目标达成一致。

2. 投资中心责任报告

投资中心责任报告的结构与成本中心和利润中心类似。通过编制投资中心责任报告，可反映该投资中心投资业绩的具体情况。

【典型工作任务9】 表9-3是某投资中心责任报告。

表9-3 某投资中心责任报告 单位：万元

项目		实际	预算	差异
营业利润	①	600	450	+150
平均经营生产	②	3 000	2 500	+500
投资报酬率	③=①÷②	20%	18%	+2%
按最低投资报酬率15%计算的投资报酬	④=②×15%	450	375	+75
剩余收益	⑤=①-④	150	75	+75

由表 9-3 可知，该投资中心的投资报酬率和剩余收益指标都超额完成了预算，表明该投资中心投资业绩比较好。

投资中心很简单，我们只需考虑它的定义及业绩考核。由于其独立性比较高，投资中心的负责人一般应向企业的总经理或董事会直接负责。企业高层领导对投资中心不应干预过多。

二、内部转移价格

企业内部各责任单位既相互联系又各自独立开展活动，它们经常相互提供产品和劳务。为了正确评价企业内部各责任中心的经营业绩，明确区分各自的经济责任，使各责任中心的业绩考核建立在客观且可比的基础上，企业必须根据各责任中心业务活动的具体特点，正确制订企业内部的转移价格。

1. 内部转移价格的种类

内部转移价格主要有市场价格、协商价格、双重价格和以“成本”作为内部转移价格。

(1) 市场价格　市场价格是以产品或劳务的市场供应价格作为计价基础，以市场价格作为内部转移价格的责任中心，应该是独立核算的利润中心。通常是假定企业内部各责任中心都处于独立自主的状态，即有权决定生产的数量、出售或购买的对象及其相应的价格。在采用市价作为计价基础时，为了保证各责任中心的竞争建立在与企业的总目标相一致的基础上，企业内部的买卖双方一般应遵守以下基本原则：①如果卖方愿意对内销售，且售价不高于市价时，买方有购买的义务，不得拒绝；②如果卖方售价高于市价，买方有改为从外界市场购入的自由；③若卖方宁愿对外界销售，则应有不对内销售的权利。

以市场价格作为内部转移价格的计价基础也有其自身的局限性。这是因为企业内部相互转让的产品或提供的劳务往往是本企业专门生产的，具有特定的规格，或是需经过进一步加工才能出售的中间产品，因此往往没有相应的市价作为依据。

(2) 协商价格　协商价格简称“议价”，它是指买卖双方以正常的市场价格为基础，定期共同协商，确定出一个双方都愿意接受的价格作为计价标准。成功的协商价格依赖于两个条件：①要有一个某种形式的外部市场，两个部门的经理可以自由地选择接受或是拒绝某一价格，如果根本没有可能从外部取得或销售中间产品，就会使一方处于垄断状态，这样的价格不是协商价格，而是垄断价格；②当价格协商的双方发生矛盾不能自行解决，或双方谈判可能导致企业非最优决策时，企业的高一级管理阶层要进行必要的干预，当然这种干预是有限的、得体的，不能使整个谈判变成上级领导裁决一切问题。

采用协商价格的缺陷是：在双方协商过程中，不可避免地要花费很多人力、物力和时间；当买卖双方的负责人协商相持不下时，往往需要企业高层领导进行裁定，这样就丧失了分权管理的初衷，也很难发挥激励责任单位的作用。

【典型工作任务 10】 A、B 两公司均为某总公司下属的自然利润中心。A 公司产品可直接按 20 元/件外销，也可提供给 B 公司进一步加工，内部转让可减少固定销售费用 3 元/件。A 公司产品单位变动成本 10 元，最大生产能力 2 000 件，B 公司需用量 1 000 件。

分析：(1) 假定 A 公司产品有完全竞争的外部市场，试确定其内部转移价格能被 A、B 两公司所共同接受的合理变动范围。

(2) 假定 A 公司产品在外部市场可实现的最大销量为 1 500 件，其生产能力无法转移，试确定其内部转移价格的合理变动范围。

【职业能力操作】

最高价＝市场价格＝20（元/件）

最低价＝市场价格－外销费用＝20－3＝17（元/件）

内部转让将放弃外销500件，其机会成本为：

放弃外销的机会成本＝(20－10)×500－3×500＝3 500（元）

内部转移价格的合理变动范围为：

最高价＝市场价格＝20（元/件）

最低价＝变动生产成本＋单位机会成本＝10＋3 500÷1 000＝13.50（元/件）

（3）双重价格　双重价格是由买卖双方分别以不同的内部转移价格作为计价的基础，如对于产品（半成品）的“出售”部门，可按协商的市场价格计价，而对于“购买”部门，则按“出售”部门的单位变动成本计价，其差额由会计部门进行调整。

西方国家采用的双重价格通常有以下两种形式。

① 双重市场价格，即当某种产品或劳务在市场上出现几种不同价格时，买方采用最低的市价，卖方则采用最高的市价。

② 双重转移价格，即卖方以市价或协议价作为计价基础，而买方则以卖方的单位变动成本作为计价基础。

采用双重价格的好处是，既可较好地满足买卖双方不同的需要，也便于激励双方在生产经营上充分发挥其主动性和积极性。

（4）以“成本”作为内部转移价格　以产品或劳务的成本作为内部转移价格是制订转移价格的最简单的方法。由于成本的概念不同，以“成本”作为内部转移价格也有多种不同的形式，它们对转移价格的制订、业绩评价将产生不同的影响。

2. 内部转移价格的计算

（1）标准成本法　标准成本法是指以各中间产品的标准成本作为内部转移价格。这种方法适用于成本中心产品（半成品）或劳务的转移，其最大优点是能将管理和核算工作结合起来。由于标准成本在制订时就已排除无效率的耗费，因此，以标准成本作为转移价格能促进企业内买卖双方改善生产经营，降低成本。其缺点是不一定使企业利益最大化，如中间产品标准成本为30元，单位变动成本24元，卖方有闲置生产能力，当买方只能接受26元以下的内部转移价格时，此法不能促成内部交易，从而使企业整体丧失一部分利益。

（2）标准成本加成法　标准成本加成法是指根据产品（半成品）或劳务的标准成本加上一定的合理利润作为计价基础。当转移产品（半成品）或劳务涉及利润中心或投资中心时，可以以标准成本加利润作为转移价格，以分清双方责任。但不足之处是利润的确定难免带有主观随意性。

（3）标准变动成本法　标准变动成本法是以产品（半成品）或劳务的标准变动成本作为内部转移价格。这种方式符合成本习性，能够明确揭示成本与产量的关系，便于考核各责任中心的业绩，也利于经营决策。不足之处是产品（半成品）或劳务中不包含固定成本，不能鼓励企业内卖方进行技术革新，也不利于长期投资项目的决策。

【职业能力训练】

一、单项选择题

1. 在分权组织结构下，编制责任预算的程序通常是（　　）。

A. 自上而下、层层分解　　　　　　B. 自上而下、层层汇总
C. 由下而上、层层分解　　　　　　D. 由下而上、层层汇总

2. 下列各项中属于责任预算的主要责任指标的是（　　）。

A. 剩余收益　　B. 劳动生产率　　C. 出勤率　　D. 材料消耗率

3. 投资报酬率指标的优点不包括（　　）。

A. 能反映投资中心的综合盈利能力　　B. 可以作为选择投资机会的依据
C. 可以避免本位主义　　　　　　　　D. 具有横向可比性

4. 投资报酬率又称投资收益率，是指投资中心所获得的利润与投资额之间的比率，其中投资额是指（　　）。

A. 投资中心的资产总额　　　　　　B. 投资中心的流动资产总额
C. 投资中心的固定资产总额　　　　D. 投资中心的净资产

5. 考察利润中心负责人经营业绩最好的指标是（　　）。

A. 利润中心边际贡献总额　　　　　B. 利润中心负责人可控利润总额
C. 利润中心可控利润总额　　　　　D. 企业利润总额

6. 下列说法错误的是（　　）。

A. 对企业来说，几乎所有的成本都是可控的
B. 变动成本是可控的，固定成本都是不可控的
C. 某项成本就某一责任中心看是不可控的，而对另外的责任中心可能是可控的
D. 某些成本从短期看是不可控的，从较长期看可能是可控的

7. 企业的各责任中心中权利最大的是（　　）。

A. 成本中心　　B. 自然利润中心　　C. 人为利润中心　　D. 投资中心

8. 下列各项中不属于责任中心的特征是（　　）。

A. 具有承担责任的条件　　　　　　B. 具有一定的经营业务
C. 具有一定的财务收支活动　　　　D. 只具有责任不享受权利

9. 在下列各项中，不属于责任成本基本特征的是（　　）。

A. 可以预计　　B. 可以计量　　C. 可以控制　　D. 可以对外报告

10. 已知ABC公司加权平均的最低投资报酬率为20%，其下设的甲投资中心投资额为200万元，剩余收益为20万元，则该中心的投资报酬率为（　　）。

A. 40%　　B. 30%　　C. 20%　　D. 10%

二、多项选择题

1. 使用双重转移价值的假设前提是（　　）。

A. 内部转移的产品或劳务有外部市场　　B. 供应方有剩余生产能力
C. 能够制订准确的标准成本　　　　　　D. 供应方的单位变动成本要低于市价

2. 以下关于剩余收益的计算公式中正确的是（　　）。

A. 剩余收益=利润-投资额×规定或预期的最低投资收益率
B. 剩余收益=利润-总资产占用额×规定或预期的总资产息税前利润率
C. 剩余收益=息税前利润-总资产占用额×规定或预期的最低投资收益率
D. 剩余收益=息税前利润-净资产占用额×规定或预期的最低投资收益率

3. 作为利润中心的业绩考核指标，"利润中心负责人可控制利润总额"的计算公式正确的是（　　）。

A. 该利润中心销售收入总额－该利润中心变动成本总额

B. 该利润中心边际贡献总额－该利润中心负责人可控固定成本

C. 该利润中心销售收入总额－该利润中心变动成本总额－中心负责人可控固定成本

D. 该利润中心边际贡献总额－该利润中心负责人不可控固定成本

4. 可控成本的条件包括（　　）。

A. 可以预计　　B. 可以披露　　C. 可以计量　　D. 可以控制

5. 企业财务控制包括（　　）。

A. 事前控制　　B. 事中控制　　C. 事后控制　　D. 业绩评估控制

6. 财务控制的特征主要包括（　　）。

A. 信息与沟通　　B. 价值控制　　C. 综合控制　　D. 个别控制

7. 下列各项中属于财务控制目标的是（　　）。

A. 合理配置和使用财务资源　　B. 保护财产的安全与完整

C. 保证财务信息的可靠性　　D. 保证企业各项活动的正常进行

8. 下列各种财务控制中属于按照财务控制的功能进行划分的是（　　）。

A. 事前控制　　B. 预防性控制　　C. 经营者财务控制　　D. 指导性控制

9. 财务控制的基本原则包括（　　）。

A. 简明性原则　　B. 灵活性原则　　C. 协调性原则　　D. 目的性原则

10. 下列各项中，属于财务控制基本条件的有（　　）。

A. 建立组织机构　　B. 风险评估

C. 建立责任会计核算体系　　D. 制订奖罚制度

三、判断题

1. 引起个别投资中心的投资报酬率提高的投资，不一定会使整个企业的剩余收益增加。（　　）

2. 协商价格的使用前提是：中间产品有完全竞争市场，或提供部门无闲置生产能力。（　　）

3. 责任报告都是自上而下依次编制的。（　　）

4. 责任预算的编制程序中，集权组织下一般使用自上而下的程序编制；分权组织下一般使用自下而上的程序编制。（　　）

5. 责任预算是指以责任中心为主体，以责任中心的成本、收入、利润和投资等为对象编制的预算。（　　）

6. 投资报酬率等于资本周转率×销售成本率×成本费用利润率。（　　）

7. 投资中心必然是利润中心。（　　）

8. 成本中心的应用范围最广，一般来说，企业内部凡是成本发生，需要对成本负责，并能实施成本控制的单位，都能成为成本中心。（　　）

9. 人为利润中心通常不仅要计算可控成本，而且还要计算不可控成本。（　　）

10. 协商价格的上限是市价，下限是单位变动成本。（　　）

四、计算与分析题

1. 甲企业一加工车间为成本中心，生产 A 产品，预算产量为 10 万件，单位成本 200 元，而实际产量 11 万件，单位成本 210 元。

要求：计算该成本中心的成本降低额和该成本中心的成本降低率。

2. 甲企业的A部门为利润中心，有关数据如下：销售收入90万元，销售产品变动成本和变动销售费用50万元，负责人可控固定成本15万元，利润中心负责人不可控而应由该中心负担的固定成本20万元。

要求：计算该利润中心的边际贡献总额、负责人可控利润总额、可控利润总额。

3. 某企业下设甲投资中心和乙投资中心，两投资中心均有一投资方案可供选择，预计产生的影响如下表所列。

项目	甲投资中心		乙投资中心	
	追加投资前	追加投资后	追加投资前	追加投资后
总资产/万元	50	150	100	200
息税前利润/万元	4	10.8	15	28.8
总资产息税前利润率	8%	A	15%	C
剩余收益/万元	12	B	3	D

要求：(1) 计算并填列上表中用字母表示的位置的数额。

(2) 运用剩余收益指标判断两投资中心是否应追加投资进行决策。

4. 某公司下设A、B两个投资中心。中心的投资额为250万元，投资报酬率为16%；中心的投资额300万元，剩余收益为9万元；公司要求的平均投资报酬率为13%，现公司决定追加投资150万元，若投向A中心，该中心每年增加利润30万元，若投向B中心，该中心每年增加利润25万元。

要求计算下列指标：

(1) 追加投资前A中心的剩余收益。

(2) 追加投资前B中心的投资报酬率。

(3) 若A中心接受追加投资，计算其投资报酬率。

(4) 若B中心接受追加投资，计算其剩余收益。

5. 已知某集团下设三个投资中心，有关资料如下表所列。

项目	A部门	B部门	C部门
利润/万元	22	24	30
净资产/万元	100	110	120

假设该公司的加权平均最低投资报酬率是18%，要求：

(1) 计算该集团公司和各投资中心的投资报酬率，并据此评价各投资中心的业绩。

(2) 计算各投资中心的剩余收益，并据此评价各投资中心的业绩。

(3) 综合评价各投资中心的业绩。

项目十
财务分析与评价

【职业学习目标】

知识目标

1. 掌握财务分析的方法；
2. 理解财务分析与评价的意义；
3. 掌握财务能力分析的方法；
4. 掌握财务综合评价与分析的方法。

能力目标

1. 能够准确进行企业财务能力分析；
2. 能够准确进行企业财务综合评价与决策；
3. 能够为企业财务预测提供科学、合理的数据。

素质目标

1. 具备数据整理与数据分析的能力；
2. 培养学生的大局意识、社会责任意识；
3. 形成精准高效的职业素养。

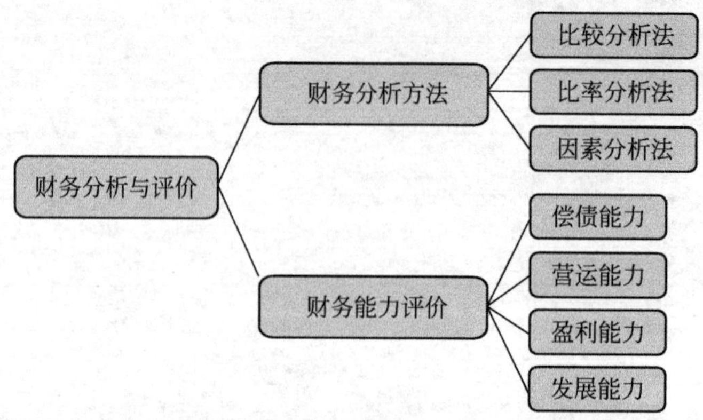

经典案例

中国石油化工集团公司（Sinopec Group，中石化）是 1998 年 7 月在原中国石油化工总公司基础上重组成立的特大型石油石化企业集团，是国家独资设立的国有公司、国家授权投资的机构和国家控股公司。公司注册资本 2 316 亿元，董事长为法定代表人，总部设在北京。公司主营业务范围包括：实业投资及投资管理；石油、天然气、煤炭业务。中国石油化工集团公司在 2015 年《财富》世界 500 强企业中排名第 2 位。

中石化的业务范围极其广泛，公司总部工作人员可以通过网络登录到各级单位的服务器中，查询相关的财务明细信息。这种查询模式只能解决“一查到底”的需求，但总部应用信息的模式更多是“先粗后细”“横向对比”等，更多的是基于报表数据，这就遇到了一些难题，如报表数量大，每年报表格式还经常发生变化。由于报表数量众多，做好分析还需要熟悉不同的业务背景（油田、炼化、销售、科研与贸易），所以过去主要精力都放在“复制”“粘贴”等手工重复劳动上，分析体系也不规范，分析手段比较原始，造成工作人员因工作量大而疲于应付的局面。

为进一步提升财务分析的水平，中石化引入咨询公司普华永道，通过比较国外企业与中石化在分析体系上的差异，针对不同部门的需求特点提供相应的解决方案，帮助中石化建立比较完善的分析体系，改变原有的以手工操作为主的手段，充分应用 IT 工具，对明确的、重复的分析需求，最终用户鼠标一点就可生成相关的分析图表；对临时产生的分析需求，关键用户可通过图形化的方式自定义实现。并通过多维数据库旋转、切片、钻取、维度切换、WHAT-IF 等手段进行分析，从而使管理人员能够真正将主要精力从“手工劳动”生成分析报表转移到应用先进的手段去发现问题、解决问题上来。中石化采用了以“财务报表数据项”为基本存储单元的多维数据库“元数据”存储模式，更好地解决前端展现问题，通过图形化以及鼠标拖拽对数据进行穿透查询、处理和分析，进而改善中石化的财务分析体系，满足中石化报表式管理的需求。

中石化通过建立先进的、系统的、与国际初步接轨的财务分析体系，提升了工作效率，精准高效地展现了财务分析结果，为企业决策提供了依据。

【情境引例】

中信股份有限公司在 2017 年秋季的销售状况不佳，CEO 张浩发行新股筹措资金还款，还动用部分股金还清了银行贷款，同时支付了一些已过期的应付账款。但张浩希望商业银行能将中信股份有限公司的信用额度提高至 600 万元，以便使用额外的 160 万元支付一些即将到期的应付账款。对此，商业银行表示同意，并指派该行信贷部经理李海到中信股份有限公司商讨该事宜。

利润表基本情况　　单位：万元

项目	2015 年	2016 年	2017 年
销售收入	39 000	40 520	40 800
销货成本	31 760	32 600	32 960
销货毛利	7 240	7 920	7 880
营业费用	3 000	3 200	3 320
折旧费用	320	360	520
利息费用	320	320	360
其他费用	600	800	960
税前利润	3 000	3 240	2 720
所得税(25%)	2 430	2 040	2 250

资产负债表　　单位：万元

资产	2015 年	2016 年	2017 年	负债及所有者权益	2015 年	2016 年	2017 年
流动资产				银行借款		1 560	3 920
现金	880	560	480	应付账款	2 400	3 600	7 400
应收账款	3 600	4 000	5200	应付工资	600	780	1 000
存货	4 200	7 200	12 000	应交税金	120	112	264
流动资产合计	8 680	11 760	17 680	流动负债合计	3 120	6 052	12 584
非流动资产				长期借款	680	640	600
固定资产	3180	3992	5884	股本	3 000	3 000	3 000
长期投资				资本公积	2 400	2400	2 400
非流动资产合计	3 180	3 992	5 884	留存收益	2 660	3 660	4 980
资产总计	11 860	15 752	23 564	负债与权益合计	11 860	15 752	23 564

李海认为，中信股份有限公司最近动用了 200 万元购买设备，这是造成公司现金短缺的一个重要原因。最后，李海告诉张浩，他会在调研结束后的一个星期内决定是否要提供 160 万元的额外信用额度给中信股份有限公司。

李海将对中信股份有限公司的财务数据进行分析，在一周内做出是否给予提高信贷额度的决定。如何准确地进行企业的财务分析与评价？

任务一　认识财务分析

一、财务分析的概念

财务分析（financial analysis）是以会计核算、报表资料及其他相关资料为依据，采用一系列专门的分析技术和方法，对企业等经济组织过去和现在有关筹资活动、投资活动、经营活动、分配活动的偿债能力、营运能力、盈利能力和发展能力状况等进行分析与评价的经济管理活动。它是为企业的投资者、债权人、经营者及其他关心企业的组织或个人了解企业过去、评价企业现状、预测企业未来做出正确决策提供准确的信息或依据的一项财务管理工作。

二、财务分析的目的

财务分析的目的是评价过去的经营业绩，衡量现在的财务状况，预测未来的发展趋势。做好财务分析工作，可以正确评价企业的财务状况、经营成果和现金流量情况，揭示企业未来的报酬和风险；可以检查企业预算完成情况，考核经营管理人员的业绩，为建立健全合理的激励机制提供帮助。

企业不同的利益相关者有着不同的财务分析目的，简述如下。

1. 企业经营管理人员

企业经营管理人员进行财务分析的目的是改善企业内部管理水平。企业的获利、生存与发展是企业管理的根本目的。要实现这些目标，企业的经营管理者必须综合考虑经营活动的各个方面，科学决策、合理规划，因此就必须对财务报表和有关部门的会计数据进行分析，了解企业的资产流动情况和偿还能力，掌握企业的盈利水平和盈利能力，评价资产的使用效率，从而处理好各方面的关系，采取适当的控制措施，提高企业的管理效率，增强发展活力，塑造企业良好的外部形象。

2. 企业债权人

企业债权人进行财务分析的目的是帮助债权人进行贷款或购买公司债券的决策。债权人通过贷款或购买企业债券向企业提供资本，以利息形式获取收益，并有权到期或分期收回本金。债务的期限有长有短，短期债权人分析财务报表着重于企业相关期间再造现金的能力，以支付利息偿还本金。而长期债权人不仅关心企业短期的偿债能力，而且要分析企业未来的盈利能力，关注企业的长期存续及财务状况。

3. 企业投资者

投资者进行财务分析的目的是帮助投资者进行权益性投资的决策。股票投资者对财务报表的分析通常着重于未来投资报酬和有关投资风险的分析。投资报酬主要来源于企业分派的股利和投资者所持有股权在股票市场上因价格变化而产生的资本利得，而投资报酬是与企业的盈利能力、现金流动状况密切相关的。通过财务分析，了解企业过去的经营业绩和现金流动情况，可以预测未来的发展前景，帮助潜在的投资者和股东进行明智的投资决策。

4. 企业供应商

供应商进行财务分析的目的是从供应商的财务报表中可以分析供应商的盈利能力、财务状况和产生现金的能力，评价供应商的持续经营和发展趋势及其对本企业经营活动的影响，从而为选择供货稳定、质量可靠、价格合理的供应商提供依据。通过对客户的财务进行分析，了解客户资产的流动状况和支付能力，以制订合理的信用政策。

5. 其他有关方面

除上述目的外，财务分析还有一些特殊目的，比如会计师审计企业财务报表，往往需要分析报表以表达适当的审计意见；政府有关机构分析财务报表以行使其监管职能；财务分析通过分析财务报表以提供咨询服务等。

三、财务分析的内容

1. 偿债能力分析

企业的偿债能力是指企业用其资产偿还长期债务与短期债务的能力。企业有无支付现金的能力和偿还债务能力是企业能否生存和健康发展的关键。它是反映企业财务状况和经营能力的重要标志，是企业偿还到期债务的承受能力或保证程度，包括偿还短期债务和长期债务的能力。

企业偿债能力，静态地说，就是用企业资产清偿企业债务的能力；动态地说，就是用企业资产和经营过程创造的收益偿还债务的能力。企业有无现金支付能力和偿债能力是企业能否健康发展的关键。企业偿债能力分析是企业财务分析的重要组成部分。

2. 营运能力分析

营运能力是指资金的利用效率。企业营运能力分析就是要通过对反映企业资产营运效率与效益的指标进行计算与分析，评价企业的营运能力，为企业提高经济效益指明方向。它能够评价一个企业的经营水平、管理水平，并能在此基础上预期它的发展前景，因此对各个利益主体的关系重大。

3. 盈利能力分析

盈利能力是指企业在一定时期赚取利润、实现资金增值的能力，它通常表现为企业收益数额的大小与水平的高低。在正常条件下，企业实现利润的多少能够体现企业经营管理水平的高低和经济效益的好坏。盈利能力的大小是一个相对的概念，企业的盈利能力必须与同行业的先进水平、同行业的竞争对手以及企业前期比较，才能做出正确的分析和评价。盈利能力分析主要包括收益能力分析、经营获利能力分析、资本保值增值能力分析和上市公司盈利能力分析等。

4. 发展能力分析

发展能力反映了企业目标与财务目标，是企业盈利能力、营运能力、偿债能力的综合体现。企业的发展能力是通过自身的生产经营活动不断扩大积累而形成的。它主要依托于不断增长的销售收入、不断增加的资金投入和不断创造的利润等，最终表现为能够不断地为股东创造财富，不断增加企业价值。发展能力是企业持续发展和未来价值的源泉，是企业的生存之本、获利之源。对企业发展能力的分析与评价有着很重要的现实意义。

5. 财务状况综合分析

财务状况综合分析的结果有利于同一企业不同时期的比较分析以及不同企业之间的比较分析。进行这样的比较分析时，可以消除时间和空间上的差异，使分析结论更具有可比性，从而有利于企业从整体上、本质上反映和把握企业的财务状况与经营成果。

四、财务分析的基本方法

（一）比较分析法

比较分析法也称对比分析法，它是指通过两个或两个以上的指标进行对比，确定数量差异，揭示企业财务状况和经营成果的一种分析方法。

根据分析目的和要求的不同，比较分析法通常有以下三种形式的对比：实际指标与计划指标对比；同一指标纵向对比；同一指标横向对比。

运用比较分析法对同一经济指标进行数值比较时，要注意所用指标的可比性。比较双方的指标在内容、时间、计算方法、计价标准上只有口径一致，才可以进行比较。必要时，要对所有指标按统一口径进行调整或换算。

（二）比率分析法

比率分析法就是通过计算会计报表的相关指标之间的相对数，得出反映指标间相互关系的各种财务比率，借以评价公司的财务状况，并发现经营管理中存在问题的一种分析方法。比率分析法是财务分析最基本的工具。由于进行财务分析的目的不同，因此各种分析者包括债权人、管理当局、政府机构等所采取的侧重点也不同。

比率分析法主要有以下 3 种形式。

(1) 构成比率　又称结构比率，它是某项经济指标的各个组成部分与总体的比率，反映部分与整体的关系，即部分与总体的比率，如资产负债率指标。

(2) 效率比率　它是某项经济活动中所费与所得的比率，反映投入与产出的关系。它可用来进行得失比较、考察经营成果、评价经济收益。如成本费用利润率、销售利润率及资本利润率等指标。

(3) 相关比率　它是根据经济活动客观存在的相互依存、相互联系的关系，以某个项目和与其相关但又不同的项目加以对比所得的比率，反映有关经济活动的相互关系，揭示经营管理中存在的问题。

比率分析法的优点是计算简便，计算结果容易判断分析，由于比率分析法计算出各种相对数后再做对比，因此需将很多不可比的因素转化为可比因素。在财务报表分析中占十分重要的地位。它可以用来对企业在一定期间内进行偿债能力、营运能力和盈利能力分析。

使用相关比率分析法时，仍需要注意以下几点：①对比项目的相关性；②对比口径的一致性；③衡量标准的科学性。

（三）因素分析法

1. 因素分析法的含义

因素分析法又称因素替换法、连环替代法，是在通过对经济指标的对比分析，在确定差异的基础上，利用各个因素的顺序替代变动，连续进行比较，从数量上测定各个因素对经济指标差异的影响程度的一种科学的因素分析方法。

因素分析法是一种常用的定量分析方法，而财务报表因素分析方法是在将一定的财务指标层层分解为若干个分项指标的基础上，对该财务指标的各种影响因素的影响程度大小进行定量的分析。

2. 因素分析法的分析程序

① 确定分析指标与其影响因素之间的关系，分解某项综合指标的各项构成因素。

② 排列各项因素的顺序。一般遵循先主要后次要的原则。

③ 以基期（或计划）指标为基础，将各个因素的基期数按照顺序依次以报告期（或实际）数来替代。每次替代一个因素，替代后的因素就保留报告期数。有几个因素就替代几次，并相应确定计算结果，计算出替换后的结果，与前一次替换后的计算结果进行比较，计算出影响程度，直至替换完毕。

④ 比较各因素的替代结果，确定各因素对分析指标的影响程度。计算出各项因素的影响程度之和，与该项综合性指标的差异总额进行对比，核对是否相符。

例如，某项财务指标 P 由 A、B、C 三大因素的乘积构成，其实际指标与标准指标以及有关因素关系由下式构成：

$$\text{实际指标：} P_1 = A_1 B_1 C_1$$

$$\text{计划指标：} P_0 = A_0 B_0 C_0$$

实际与计划的总差异为 $P_1 - P_0$，这一总差异同时受到 A、B、C 三个因素的影响。它们各自的变动对指标总差异的影响程度可分别由下式计算求得：

$$A\text{ 因素变动影响}=(A_1-A_0)\times B_0C_0$$
$$B\text{ 因素变动影响}=A_1(B_1-B_0)C_0$$
$$C\text{ 因素变动影响}=A_1B_1(C_1-C_0)$$

将以上三因素的影响数相加应该等于总差异 P_1-P_0。

3. 因素分析法的注意事项

(1) 因素分解的关联性　所谓因素分解的关联性，是指分析指标与其影响因素之间必须真正相关，即有实际经济意义。

(2) 分析前提的假定性　运用这一方法在测定某一因素影响时，是以假定其他因素不变为条件的。

(3) 因素替代的顺序性　替代因素时，必须按照各因素的依存关系，排列成一定的顺序并依次替代，不可随意地加以颠倒，否则就会出现不同的计算结果。

任务二　企业财务能力分析

财务能力分析的不同主体考虑的利益不同，在对企业进行财务分析时有着各自不同的要求，使得他们的财务分析内容既有共性，又有不同的侧重。尽管侧重点不同，从企业整体来看，财务分析的内容可归纳为：偿债能力分析、营运能力分析、盈利能力分析和发展能力分析。

一、偿债能力评价

偿债能力的强弱是企业生存和健康发展的基本前提。通过对企业偿债能力的分析，可以了解企业的财务状况，了解企业所承担的财务风险程度。偿债能力是企业偿还各种到期债务的能力，通常以其变现性为衡量标准，分为短期偿债能力和长期偿债能力。对企业偿债能力的了解需要建立在对短期偿债能力和长期偿债能力及其关系的全面了解之上。首先，即使一个盈利很高的企业，如果不能按期偿还到期债务，也会面临破产，即所谓的流量破产。此外，如果企业不能保持其短期偿债能力，也就不可能保持长期偿债能力。当然，对于财务分析人员而言，仅考察短期指标是片面的，因为在追求长期利益的财务目标下，长期指标能够反映企业的综合财务状况。

(一) 短期偿债能力评价

短期偿债能力的衡量主要是看企业是否拥有足够的现金以偿付其流动负债，应付当前业务的需要，因此，短期偿债能力指标主要反映企业的流动资产与流动负债的比率关系，是衡量流动资产变现能力的重要标志。企业短期偿债能力的大小主要取决于企业营运资金的多少、流动资产变现速度、流动资产结构状况和流动负债的多少等因素的影响。

1. 流动比率

流动比率是指企业流动资产与流动负债之间的比例关系，表明每一元流动负债有多少元流动资产可作补偿，是用来评价企业用流动资产偿还流动负债能力的指标。其计算公式是：

$$\text{流动比率}=\frac{\text{流动资产}}{\text{流动负债}}$$

一般说来，比率越高，说明企业资产的变现能力越强，短期偿债能力亦越强；反之则弱。一般认为流动比率应在 2∶1 以上。

2. 速动比率

速动比率是指速动资产与流动负债的比率，也称酸性试验比率，是评价企业流动资产中可以很快变现用于偿付流动负债能力的指标，是衡量企业实现偿债能力强弱的重要财务指标。

速动资产是指迅速可以变现的流动资产，主要包括货币资金、交易性金融资产、应收票据、应收账款等。速动资产的计算方法有两种：一种是以流动资产扣除存货计算速动资产，按照这种方法计算的速动比率又称一般速动比率；另一种是直接将货币资金、交易性金融资产、应收票据、应收账款相加计算速动资产，按照这种方法计算的速动比率称为保守速动比率。它们的计算公式为：

$$一般速动比率=\frac{流动资产-存货}{流动负债}$$

$$保守速动比率=\frac{货币资金+交易性金融资产+应收账款+应收票据}{流动负债}$$

报表中应收利息、应收股利和其他应收款项目可视情况归入速动资产项目。

该指标越高，表明企业偿还流动负债的能力越强。国际上一般认为速动比率最好为 1，这样的比率说明企业既有好的债务偿还能力，又有合理的流动资产结构。在实际运用中，应当结合行业水平进行分析判断。

3. 现金比率

现金比率又称即付比率，是指企业经营活动现金净流量与流动负债的比率。以收付实现制为基础的经营活动现金净流量同流动负债对比，能充分体现企业经营活动所产生的现金净流量可以在多大程度上保证当期流动负债的偿还。用该指标评价企业短期债务偿还能力更为谨慎。其计算公式为：

$$现金比率=\frac{经营活动现金净流量}{流动负债}$$

现金比率大，不仅表明企业支付到期债务的能力强，而且表明企业经营活动创造现金流量的能力强，财务状况好。

一般来说，现金比率在 0.2 以上为好。但是，也不能认为这项指标越高越好，因为该指标太高也可能是由于企业拥有大量不能盈利的现金和银行存款。因此，采用现金比率评价企业短期偿债能力时应与流动比率和速动比率的评价结合起来。

（二）长期偿债能力评价

长期偿债能力是指企业对长期债务（在一年以上或超过一年的一个营业周期以上的债务）的偿还能力。

1. 资产负债率

资产负债率是企业负债总额与资产总额的比率，也称负债比率。它反映企业全部资产中负债所占的比重以及企业资产对债权人的保障程度。其计算公式为：

$$资产负债率=\frac{负债总额}{资产总额}\times 100\%$$

目前，国际上一般认为资产负债率在 60%左右比较好。当前，我国交通、运输、电力等基础行业的资产负债率一般平均为 50%左右。

2. 产权比率

产权比率是指企业负债总额与所有者权益总额的比率，是从所有者权益对长期债权的保障程度来评价企业的长期偿债能力。其计算公式为：

$$产权比率=\frac{负债总额}{股东权益总额}$$

从债权人的角度来看，该项比率越高，意味着企业的经营风险主要由债权人承担，这对债权人来说是不利的；产权比率越低，说明企业长期偿债能力越好，债权人贷款的安全越有保障，企业的财务风险越小。而从投资者的角度来看，由于债务利息的偿还是固定的，只要所获资金的报酬率大于债务的利息率，此项比率越高越有利。

3. 利息保障倍数

利息保障倍数是指企业一定时期内所获得的息税前利润与当期所支付利息费用的比率，常被用来测定企业用经营所获取利润总额来支付债务利息的能力。该指标是利用利润表的资料来分析企业长期偿债能力的指标。其计算公式为：

$$利息保障倍数=\frac{息税前利润}{利息支出}$$

二、营运能力评价

营运能力是指企业对其有限资源的配置和利用能力，因此，企业的营运能力最终是通过资产的运作体现出来的。

流动资产的营运能力是决定企业总资产营运能力高低的重要因素，固定资产在营运中能否从根本上发挥出应有的营运能力，主要取决于其对流动资产营运能力的作用程度以及流动资产本身营运能力的高低。

1. 流动资产周转率

流动资产周转率指企业一定时期内主营业务收入净额与平均流动资产总额的比率。流动资产周转率是评价企业资产利用率的一个重要指标。该指标通常用流动资产周转次数或周转天数表示。在其他条件不变的情况下，如果流动资金周转速度快，说明企业经营管理水平高，资源利用效率高，流动资产所带来的经济效益高。其计算公式为：

$$流动资产周转率=\frac{营业收入}{流动资产平均余额}$$

$$流动资产周转期=\frac{计算期天数}{流动资产周转率}$$

或

$$流动资产周转期=\frac{流动资产平均余额\times 计算期天数}{营业收入}$$

$$流动资产平均余额=\frac{期初流动资产+期末流动资产}{2}$$

通常认为，正常经营情况下流动资产周转率越高（周转天数越少），反映流动资产周转速度越快，可相对节约流动资金，等于相对扩大资产投入，增强企业盈利能力；反之，流动资产周转速度缓慢，则需要补充新的流动资金，参加周转，必然降低企业的盈利能力和偿债能力。

2. 存货周转率

存货周转率是指企业一定时期内的销售成本与存货平均余额之间的比率。它是反映存货周转速度、变现能力、利用效率和存货质量的指标。存货周转率及周转期的计算公式为：

$$存货周转率(次数)=\frac{营业成本}{存货平均余额}$$

$$存货周转期(天数)=\frac{计算期天数}{存货周转次数}$$

$$=\frac{存货平均余额\times计算期天数}{营业成本}$$

$$存货平均余额=\frac{期初存货余额+期末存货余额}{2}$$

存货周转次数越多（周转天数越少），说明存货的变现速度越快，存货利用效率好，企业的销售能力越强，存货质量越好，占用在存货上的资金越少。分析时可以与同行业水平或上期周转速度相比较。

3. 应收账款周转率

应收账款周转率是指企业在一定时期营业收入与应收账款平均余额之间的比率。它反映了企业应收账款的周转速度。应收账款周转率与周转期的计算公式为：

$$应收账款周转率(次数)=\frac{营业收入}{应收账款平均余额}$$

$$应收账款周转(天数)=\frac{计算期天数}{应收账款周转次数}$$

$$=\frac{应收账款平均余额\times计算期天数}{营业收入}$$

$$应收账款平均余额=\frac{期初应收账款+期末应收账款}{2}$$

通常认为，应收账款周转率越高（周转天数越少），说明应收账款的流动性越强，存货质量越好，短期偿债能力也会增强。

4. 总资产周转率

总资产周转率是企业一定时期的销售收入净额与平均资产总额之比，它是衡量资产投资规模与销售水平之间配比情况的指标。其计算公式为：

$$总资产周转率(次数)=\frac{营业收入}{资产平均余额}$$

$$总资产周转期=\frac{计算期天数}{总资产周转率}$$

$$总资产平均余额=\frac{期初资产总额+期末资产总额}{2}$$

总资产周转率是衡量企业资产运营效率的一项重要指标，体现了企业经营期间全部资产从投入到产出的流转速度，反映了企业全部资产的管理质量和利用效率。通过该指标的对比分析，可以反映企业本年度以及以前年度总资产的运营效率和变化，发现企业与同类企业在资产利用上的差距，促进企业挖掘潜力、积极创收、提高产品市场占有率、提高资产利用效率。一般情况下，该数值越高，表明企业总资产周转速度越快，销售能力越强，资产利用效率越高。

三、盈利能力评价

盈利能力是指企业在一定时期赚取利润，实现资金增值的能力，反映了企业的财务状况和经营绩效，是企业偿债能力和营运能力的综合体现。

1. 总资产报酬率

总资产报酬率是指企业一定时期内获得的息税前利润总额与资产平均余额的比率。总资产报酬率主要用来衡量企业利用资产获取利润的能力，表示企业包括净资产和负债在内的全部资产的总体获利能力，是评价企业资产运营效益的重要指标。其计算公式为：

$$总资产报酬率=\frac{利润总额+利息费用}{资产平均余额}\times 100\%$$

该指标越高，表明企业投入产出的水平越高，企业的资产运营越有效。通过对该指标的深入分析，可以增强各方面对企业资产经营的关注，促进企业提高单位资产的收益水平。

2. 总资产净利率

总资产净利率是一定时期企业净利润与平均资产总额的比率，用来衡量企业利用资产获取利润的能力。其公式计算为：

$$总资产净利率=\frac{净利润}{资产平均总额}\times 100\%$$

该指标越高，表明公司投入产出水平越高，资产运营越有效，成本费用的控制水平越高，企业管理水平也越高。

3. 净资产收益率

净资产收益率亦称净值报酬率或权益报酬率，它是指企业一定时期内的净利润与平均净资产的比率。它可以反映投资者投入企业的自有资本获取净收益的能力，即反映投资与报酬的关系。其计算公式为：

$$净资产收益率=\frac{净利润}{净资产平均余额}\times 100\%$$

一般认为，企业净资产收益率越高，企业自有资本获取收益的能力越强，运营效益越好，对企业投资人、债权人的保障程度越高。

4. 销售获利率

销售获利率的实质是反映企业从实现的商品价值中获利多少。从不同角度反映企业销售盈利水平的财务指标有以下 3 个。

(1) 销售毛利率　销售毛利率是指企业一定时期毛利额与净销售（营业）收入的比率，也称毛利率，而销售毛利则是营业收入与营业成本之差。其计算公式为：

$$销售毛利率=\frac{销售毛利}{营业收入}\times 100\%$$

$$=\frac{营业收入-营业成本}{营业收入}\times 100\%$$

就单一产品而言，提高价格或减少成本是提高利润率的主要手段，但就整个企业而言，生产或经营的产品结构是影响利润的主要因素。该指标具有明显的行业特点，因此，在分析毛利率时，还应将毛利率与本企业不同时期以及同行业平均水平、先进水平进行比较，以准确评价企业的获利能力，并从中找出差距，提高企业的获利水平。

(2) 销售利润率　销售利润率是指企业一定时期利润总额与净销售（营业）收入的比率，反映了企业全部经营业务的获利能力。其计算公式为：

$$销售利润率=\frac{利润总额}{营业收入}\times 100\%$$

(3) 销售净利率　销售净利率是指企业净利润与净销售（营业）收入的比率。其计算公式为：

$$销售净利率=\frac{净利润}{营业收入}\times 100\%$$

该指标用来衡量企业在一定时期销售获利的能力，与净利润成正比关系，与销售收入成反比关系。企业在增加销售收入额的同时，必须相应地获得更多的净利润，才能使销售净利率保持不变或有所提高。

5. 成本费用利润率

成本费用利润率是企业利润总额与成本费用总额的比率，反映了企业经营过程中发生的耗费与获得的收益之间的关系。其计算公式为：

$$成本费用利润率=\frac{利润总额}{成本费用总额}\times 100\%$$

成本费用利润率指标表明每付出一元成本费用可获得多少利润，体现了经营耗费所带来的经营成果。该项指标越高，利润就越大，反映了企业的经济效益越好。

四、发展能力评价

(一) 评价意义

企业在发展中求得生存，企业发展是企业价值的增长，是企业通过自身的生产经营不断扩大积累而形成的发展潜能。企业发展不仅仅是规模的扩大，更重要的是企业收益能力的增强，一般认为是净收益的增长。同时，企业的发展能力受到企业的经营能力、制度环境、人力资源、分配制度等诸多因素的影响，所以在分析企业发展能力时，还需要将这些因素对企业发展的影响程度变为可量化的指标进行表示。总之，对企业发展能力的评价是一个全方位、多角度的评价过程。

(二) 评价指标

企业发展能力财务比率分析指企业营业发展能力分析与企业财务发展能力分析。企业发展能力分析指标主要包括销售（营业收入）增长率、资本积累率、营业收入三年平均增长率、资本三年平均增长率、总资产增长率等。

1. 营业收入增长率

$$营业收入增长率=\frac{当年营业收入增长额}{上年营业收入总额}\times 100\%$$

$$当年营业收入增长额=当年营业收入总额-上年营业收入总额$$

营业收入增长率大于零，表明企业当年营业收入有所增长。该指标值越高，表明企业营业收入的增长速度越快，企业市场前景越好。

2. 资本保值增值率

$$资本保值增值率=\frac{扣除客观因素后的本年末所有者权益总额}{年初所有者权益总额}\times 100\%$$

一般认为，资本保值增值率越高，表明企业的资本保全状况越好，所有者权益增长越快，债权人的债务越有保障。该指标通常应当大于100%。

3. 资本积累率

$$资本积累率=\frac{当年所有者权益增长额}{年初所有者权益}\times 100\%$$

资本积累率越高，表明企业的资本积累越多，应对风险、持续发展的能力越强。

4. 总资产增长率

$$总资产增长率=\frac{当年总资产增长额}{年初资产总额}\times 100\%$$

$$当年总资产增长额=年末资产总额-年初资产总额$$

总资产增长率越高，表明企业一定时期内资产经营规模扩张的速度越快。但在分析时，需要关注资产规模扩张的质和量的关系以及企业的后续发展能力，避免盲目扩张。

5. 营业利润增长率

$$营业利润增长率=\frac{当年营业利润增长额}{上年营业利润总额}\times 100\%$$

$$当年营业利润增长额=当年营业利润总额-上年营业利润总额$$

6. 技术投入比率

技术投入比率是企业当年科技支出（包括用于研究开发、技术改造、科技创新等方面的支出）与当年营业收入的比率，反映企业在科技进步方面的投入，在一定程度上可以体现企业的发展潜力。其计算公式为：

$$技术投入比率=\frac{当年科技支出合计}{当年营业收入}\times 100\%$$

7. 营业收入三年平均增长率

营业收入三年平均增长率表明企业营业收入连续三年的增长情况，反映企业的持续发展态势和市场扩张能力。其计算公式为：

$$营业收入三年平均增长率=\left(\sqrt[3]{\frac{本年营业收入}{三年前营业收入}}-1\right)\times 100\%$$

一般认为，营业收入三年平均增长率越高，表明企业营业持续增长势头越好，市场扩张能力越强。

8. 资本三年平均增长率

资本三年平均增长率表示企业资本连续三年的积累情况，在一定程度上反映了企业的持续发展水平和发展趋势。

$$资本三年平均增长率=\left(\sqrt[3]{\frac{年末所有者权益}{三年前年末所有者权益}}-1\right)\times 100\%$$

【典型工作任务1】 结合中信股份有限公司资料，进行财务评价与分析。

【职业能力操作】

1. 中信股份有限公司财务评价

中信股份有限公司2015～2017年度相关比率见表10-1。

表10-1　中信股份有限公司2015～2017年度相关比率

项目	2015年	2016年	2017年	平均值
流动比率	2.78	1.94	1.4	2.04
速动比率	1.44	0.75	0.45	0.88
存货周转率	7.55	4.53	2.75	0.45
应收账款周转率	10.83	1.13	7.85	9.6
应收账款平均周转期/天	33.69	36.03	46.52	36.75

续表

项目	2015年	2016年	2017年	平均值
总资产周转率	3.29	2.57	1.73	2.53
资产负债率	32.04%	42.48%	55.95%	43.49%
销售净利率	5.77%	6.00%	5.00%	5.59%
总资产报酬率	20.99%	17.46%	10.19%	16.21%
股东权益报酬率	20.99%	19.10%	10.19%	17.79%
利息保障倍数	10.38	11.13	8.56	10.02

2. 财务分析

(1) 从上述的表格中可以看出，中信股份有限公司的流动比率、速动比率从2015年度至2017年度呈逐年下降的趋势，并由高于平均水平到低于平均水平。说明企业的资产流动性由2015年较好转为逐渐恶化，到2017年时，其短期偿债能力已经变得很差。

中信股份有限公司的存货周转率、固定资产周转率和总资产周转率均呈下降趋势，并低于平均水平；应收账款周转率也逐年下降，到2017年度时，低于平均水平，说明企业资产的周转速度有待改善，资产还没有得到充分的利用，也说明企业采取的信用政策较为宽松。

中信股份有限公司的资产负债率有上升趋势，反映了企业具有较强的长期偿债能力，但也有可能是企业没有充分利用负债经营带来的财务杠杆作用。

此外，中信股份有限公司的利息保障倍数在2017年度出现了下滑，并低于平均水平，反映了企业偿还利息的能力下降，意味着中信股份有限公司偿还长期负债的能力也出现了问题。

中信股份有限公司的销售净利率、总资产报酬率和股东权益报酬率在3年内均出现了下降趋势，股东权益报酬率在2017年度低于平均水平，反映出中信股份有限公司的盈利能力出现了问题。

(2) 通过对上述财务指标进行分析，我们可以得出以下结论。

① 企业销售状况不利、销售收入增长缓慢是企业营运资金不足的直接原因。

② 中信股份有限公司由季节性生产方式转化为全年生产，使得资金需求量增大；资产扩充过快也是运营资金周转不灵的主要原因。

③ 近年来，中信股份有限公司固定资产扩充过快，最近又动用了200万元购买设备，导致公司现金短缺，短期偿债能力降低。

④ 由于中信股份有限公司和银行订立的贷款合约中规定，中信股份有限公司必须在每个会计年度后还清贷款，但2016年度以后，企业不能够顺利地将存货和应收账款转化为现金，所以无法清偿上一年度的贷款，这直接导致了下一年度贷款资金的无法实现，并形成恶性循环，导致中信股份有限公司的运营资金出现不足。

(3) 中信股份有限公司的总资产近年来呈现逐年增加的趋势，但企业总资产报酬率却在逐年下降。造成这种状况的主要原因有以下几个。

① 中信股份有限公司的利润率与净利润在2016年后下降，而公司的固定资产却过快地扩充。

② 中信股份有限公司应收账款的信用标准过宽，使得应收账款逐年增加，加重了中信股份有限公司资金回收的压力。

③ 中信股份有限公司从未利用供应商提供的优惠措施，从而没有享受到更有利的采购价格优惠。

(4) 总体来说，该商业银行可以为中信股份有限公司提供额外的160万元信用额度。这是因为，假如中信股份有限公司资金周转不灵，甚至有面临倒闭的风险，那么银行贷给中信股份有限公司的贷款就可能无法收回，这样的话，造成的损失会更大。

虽然该商业银行可以同意增加给中信股份有限公司160万元的信用额度，但会对中信股份有限公司规定以下一些限制条件。

① 要求中信股份有限公司完善市场营销部门职能，增强中信股份有限公司的营销预测能力和产品销售能力，以免因销售不利而造成产品滞销。

② 要求中信股份有限公司按照全年各季销售量比例调整各季生产量，避免盲目全年生产带来的产品积压。

③ 中信股份有限公司应该严格应收账款信用政策，并加强对应收账款的管理。

④ 中信股份有限公司应该采用供应商提供的优惠措施。

(5) 中信股份有限公司在获得该商业银行的信用额度提升后，可以采取如下措施。

① 以固定资产作为担保来融资。

② 调整产量，制订一系列的产品销售计划书，保证公司逐年增加利润。

③ 改善公司的各项财务比率，以达到同行业平均水平。如处理过多的存货；加强应收账款的管理；处置某些闲置的固定资产或以改进产品生产线来提高固定资产使用效率；认真研究供应商的优惠政策，在对公司经营有利的情况下，接受供应商的优惠政策。

任务三　财务状况综合评价与分析

一、财务报告综合分析的内涵

财务报告综合分析是以企业的财务会计报告等核算资料为基础，将各项财务分析指标作为一个整体，全面、系统、综合地对企业财务状况、经营成果和现金流量等情况进行剖析、解释和评价，说明企业的整体财务状况和效益优劣的一种分析方法。各个单独的财务评价指标只能从某个侧面反映企业的财务状况，有其局限性，因此，企业必须在上述财务评价的基础上进行财务状况综合评价，才能发现企业当前存在的主要问题，为今后的财务决策提供全面的财务信息。企业偿债能力、营运能力、盈利能力及发展能力分析，都是从企业经营状况和财务状况的某一个方面独立进行的财务分析与评价，难以全面系统地对企业的财务状况、经营成果以及现金流量状况做出评价。财务分析的一个重要目的就是要全方位地分析企业经营理财状况，进而对企业的经济效益做出正确合理的判断，为企业资金的筹集、投放、运用、分配等一系列财务活动的决策提供有力的支持，因此，必须进行多种指标的相关分析或者采用适当的标准对企业状况进行综合分析，才能从整体角度对企业的财务状况和经营成果进行客观评价。

二、财务报告综合分析的依据和方法

财务报告综合分析的依据主要是企业提供的各种有关的财务报表以及与财务报表相关的

附注信息。由于会计信息的不对称性，企业的外部分析人员以及与企业经营活动不相关的其他人员，一般很难获得一个企业完整的财务信息。因此，财务综合分析的主要依据是财务会计报表以及与财务报表相关的附注信息，如上市公司披露年度报告就是财务综合分析的基础资料。财务报告综合分析的方法很多，这里主要介绍杜邦分析法和财务比率综合评价法，也叫沃尔比重分析法。

（一）杜邦财务评价体系

杜邦财务评价体系（简称杜邦体系）是以净资产收益率为核心指标进行综合评价，利用各项主要财务比率与核心指标之间的内在联系来分析财务状况变化原因的一种分析评价方法。它的特点是将若干个反映企业盈利状况、财务状况和营运状况的比率按其内在联系有机地结合起来，形成一个完整的指标体系，并最终通过净资产收益率这一核心指标来综合反映。

1. 杜邦财务分析指标体系的内容

在杜邦财务分析体系中包含了几种主要的指标关系，这些指标关系可以分为以下两大层次。

(1) 第一层次

净资产收益率＝总资产净利率×权益乘数

即：　净利润÷净资产×100％＝净利润÷总资产×100％×总资产÷净资产

总资产净利率＝销售净利率×总资产周转率

即：净利润÷总资产×100％＝净利润÷营业收入×100％×营业收入÷总资产

以上关系表明，影响净资产收益率最重要的因素有3个，即销售净利率、总资产周转率、权益乘数。

因此，净资产收益率＝销售净利率×总资产周转率×权益乘数。

(2) 第二层次

① 销售净利率的分解：

销售净利率＝净利润÷营业收入×100％＝(总收入－总成本费用)÷营业收入

② 总资产周转率的分解：

总资产周转率＝营业收入÷总资产＝营业收入÷(流动资产＋非流动资产)

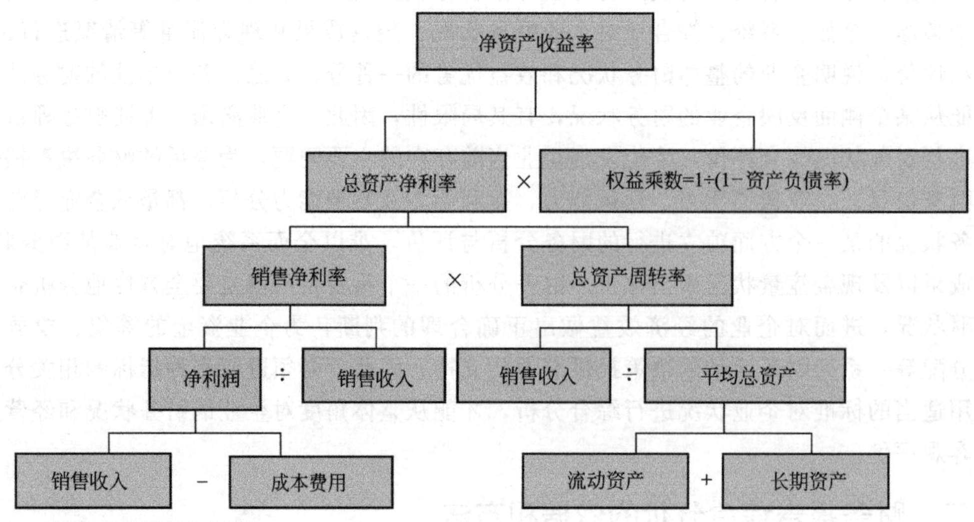

2. 杜邦分析法的应用

【典型工作任务2】 海达公司资料见表10-2。

表 10-2　2017 年海达公司资产负债表　　单位：万元

资产	年初	年末	负债及所有者权益	年初	年末
流动资产			流动负债合计	450	300
货币资金	100	90	长期负债合计	250	400
应收账款净额	120	180	负债合计	700	700
存货	230	360	所有者权益合计	700	700
流动资产合计	450	630			
固定资产合计	950	770			
总计	1 400	1 400	总计	1 400	1 400

海达公司 2016 年度销售利润率为 16%，总资产周转率为 0.5 次，权益乘数为 2.2，净资产收益率为 17.6%。海达公司 2017 销售收入为 840 万元，净利润总额为 117.6 万元。

【职业能力操作】

(1) 计算 2017 年年末速动比率、资产负债率和权益乘数。

速动比率＝(630－360)÷300＝0.9

资产负债率＝700÷1 400＝0.5

权益乘数＝1÷(1－0.5)＝2

(2) 计算 2017 年总资产周转率、销售净利率和净资产收益率。

总资产周转率＝840÷[(1 400＋1 400)÷2]＝0.6 (次)

销售净利率＝117.6÷840×100%＝14%

净资产收益率＝117.6÷700×100%＝16.8%

(3) 利用因素分析法分析销售净利率、总资产周转率和权益乘数变动对净资产收益率的影响。

分析对象：本期净资产收益率－工期净资产收益率＝16.8%－17.6%＝－0.8%

① 基数：16%×0.5×2.2＝17.6%

② 销售净利率：14%×0.5×2.2＝15.4%

③ 总资产周转率：14%×0.6×2.2＝18.48%

④ 权益乘数：14%×0.6×2＝16.8%

销售净利率降低的影响为：②－① 15.4%－17.6%＝－2.2%

总资产周转率加快的影响为：③－② 18.48%－15.4%＝3.08%

权益乘数变动的影响为：⑤－③ 16.8%－18.48%＝－1.68%

各因素影响合计数为：－2.2%＋3.08%－1.68%＝－0.8%

或者采用差额计算法分析各因素变动的影响。

销售净利率变动的影响为：(14%－16%)×0.5×2.2＝－2.2%

总资产周转率变动的影响为：14%×(0.6－0.5)×2.2＝3.08%

权益乘数变动的影响为：14%×0.6×(2－2.2)＝1.68%

各因素影响合计数为：－2.2%＋3.08%－1.68%＝－0.8%

(二) 沃尔比重分析法

1. 含义

沃尔比重分析法是指将选定的财务比率用线性关系结合起来，并分别给定各自的分数比重，然后通过与标准比率进行比较，确定各项指标的得分及总体指标的累计分数，从而对企业的信用水平做出评价的一种综合评分方法。

2. 基本原理

沃尔比重评分法的原理是：把若干个财务比率用线性关系结合起来，对选中的财务比率给定其在总评价中的比重（比重综合为100），然后确定标准比率，并与实际比率相比较，评出每项指标的得分，然后得出总评分。对企业综合绩效评价时要考虑两个方面，一个是管理绩效的定性评价指标，另外一个是财务绩效定量评价指标。定性评价是通过专家打分的形式，对企业的8个方面（战略管理、经营决策、发展创新、风险控制、基础管理、人力资源、行业影响、社会贡献）通过聘请专家进行打分得到成绩。财务绩效定量的评价指标是根据企业的实际情况，通过企业的实际指标值和我们对照的企业所处行业的标准值进行对比，按照既定的积分模式做定量测算。财务绩效的定量评价包括4个方面，分别是盈利能力状况评价、资产质量状况、债务风险状况和经营增长状况。这四个方面的指标和前面讲的指标有相关性。盈利能力指标就是获利能力指标，资产质量指标是营运能力指标，债务风险指标是短期偿债能力和长期偿债能力指标，经营增长就是发展能力指标。

在评价的时候要定量和定性综合打分。综合评价分值有一个权重，定量评价要占70%，定性评价占30%，通过综合打分得到综合评分值。然后把这个分值和基期做一个对比，这个值叫作绩效改进度。如果小于1，说明企业财务状况较差，经营绩效下降，应采用适当的措施加以改善；如果接近1，企业的财务状况良好，达到预先标准；如果大于1，说明企业财务状况良好，经营绩效上升。

3. 分析步骤

应用沃尔比重分析法的时候，一共有六个步骤。

第一步，选择评价指标。

第二步，根据各项财务比率的重要程度，确定其标准评分值。

第三步，确定各项评价指标的标准值。

第四步，对各项评价指标计分并计算综合分数。

第五步，求出评判指标实际值和标准值的关系比率。

第六步，得出评价结果。

4. 沃尔比重评分法应用

沃尔评分法的相关计算公式为：

$$实际分数=实际值\div标准值\times权重=关系比率\times权重$$

【典型工作任务3】 根据华宇公司2017年的资产负债表和利润表，采用沃尔评分法进行计算与分析。

【职业能力操作】

① 选择比率指标。

假定华宇公司属于汽车制造业，根据企业的实际情况，选定的财务比率指标如下。

企业偿债能力指标：流动比率、资产负债率。

企业营运能力指标：流动资产周转率、总资产周转率。

企业获利能力指标：总资产收益率、净资产收益率。

企业发展能力指标：营业收入增长率、资本积累率。

② 根据各项财务比率的重要程度确定权重。

上述4类8个财务指标的分配权重分别为流动比率8分、资产负债率12分、流动资产周转率9分、总资产周转率9分、总资产收益率13分、净资产收益率25分、营业收入增长率12分、资本积累率12分，总分为100分。

③ 规定各项财务比率的标准值。标准值由国家财政部定期发布，共分五档。不同行业、不同规模的企业有不同的标准值，假设2017年汽车制造企业的相关标准值如表10-3所列。

表10-3　2017年汽车制造企业的绩效评价标准值

财务比率	优秀值	良好值	平均值	较低值	较差值
流动比率/%	1.77	1.43	0.93	0.67	0.52
资产负债率/%	41.4	49	60	71.8	79.6
流动资产周转率/次	3.4	2.8	2.1	1.6	1
总资产周转率/次	2.5	1.8	1.3	0.9	0.5
总资产收益率/%	17.2	12.6	10.5	4.8	0.5
净资产收益率/%	23.8	16.9	13.4	6	−1.5
营业收入增长率/%	41	37.6	30	14.1	2.4
资本积累率/%	20.9	16.1	11	−1.2	−0.97

④ 确定各项比率指标的标准值。

根据华宇公司所在行业的汽车制造业的平均水平来确定，分别为：流动比率0.93、资产负债率60%、流动资产周转率2.1次。总资产周转率1.3次。总资产收益率10.5%、净资产收益率13.4%、营业收入增长率30%、资本积累率11%。

⑤ 计算华宇公司2017年各项财务指标的实际值（表10-4）。

⑥ 计算华宇公司的各项财务比率的实际得分（表10-4）。

表10-4　华宇公司2017年沃尔评分表

财务比率	权重/分	标准值/%	实际值0	关系比率	得分/分
流动比率	8	0.93	2.12	2.28	18.24
资产负债率	12	60	38.68%	0.64	7.68
流动资产周转率	9	2.1	1.03次	0.49	4.41
总资产周转率	9	1.3	1.3次	1.00	9.00
总资产收益率	13	10.5	10.50%	1.00	13.00
净资产收益率	25	13.4	13.40%	1.00	25.00
营业收入增长率	12	30	30%	−0.35	−4.2
资本积累率	12	11	11%	1.71	20.52
合计	100				93.90

从表中计算结果可知，华宇公司的流动比率、总资产收益率、净资产收益率和资本积累率的关系比率均大于1，表明企业的短期偿债能力较强，获利能力和发展能力也均超过行业平均水平，但企业的资产负债率、流动资产周转率和总资产周转率的财务比率均小于1，低于行业平均水平，而且差距较大，表明企业的长期偿债能力、营运能力较差，需要加大管理力度。另外。营业收入增长率为负数，表明企业的营业收入呈下降趋势，应引起管理者的重视，应采取措施扭转下降的局面。

华宇公司的总分为96.33分，比行业平均水平略低，这其中有的财务比率较低，有的较高。企业管理者应针对存在的问题，找出原因采取措施，经过一定的努力，还是能达到行业平均水平的。需要说明的是：沃尔评分法对财务比率的选择、各个财务比率的权重和标准值的确定都具有一定的主观性。因此，分析者在运用沃尔评分法时，一定要结合企业的实际情况综合评价。

5. 沃尔比重评分法评价

(1) 优点　沃尔比重分析法将彼此鼓励的偿债能力和营运能力指标进行了组合，做出了较为系统的评价。它的优点可以概括为简单扼要便于工作。各财务指标权重，根据定性分析及过去的评价经验主观给出，并通过几项财务评价指标的线性组合，确定财务综合评价结果。通过财务指标实际值与标准值的对比分析，确定影响企业财务状况的主要因素，以便于找出明确改善企业财务状况的方向。

(2) 缺点

① 指标的选择有主观性、随意性。不同行业、不同企业在指标的选择上都会有自己的独特特点，所以无法确定一个固定的体系来作为评判体系。

② 计算公式上，实际值＞标准值为理想时，用此公式计算的结果正确。实际值＜标准值为理想时，实际值越小，得分应越高，用此公式计算的结果却恰恰相反。另外，当某一单项指标的实际值畸高时，会导致最后总分大幅度增加，掩盖了情况不良的指标，从而给管理者造成一种假象。

③ 赋予权重方面，它无法提供赋予权重有效的依据，无法证明每个指标所占权重的合理性，而且指标权重的赋予具有很大的主观随意性。

④ 评分规则方面，比率的实际值越高，其单项得分越高，企业的总体评价就越好，这并不符合企业的实际与常识。比如流动比率就并非越高越好。因为这将对企业的盈利能力与发展能力造成不利影响，并削弱其长期偿债能力。

【职业能力训练】

一、单项选择题

1. 在下列财务分析主体中，必须对企业营运能力、偿债能力、盈利能力及发展能力的全部信息予以详尽了解和掌握的是（　　）。

A. 短期投资者　B. 企业债权人　C. 企业经营者　D. 税务机关

2. 下列各项中，不属于速动资产的是（　　）。

A. 应收账款　B. 预付账款　C. 应收票据　D. 货币资金

3. 企业大量增加速动资产可能导致的结果是（　　）。

A. 减少资金的机会成本　B. 增加资金的机会成本

C. 增加财务风险　D. 提高流动资产的收益率

4. 产权比率与权益乘数的关系是（　　）。

A. 产权比率×权益乘数＝1　B. 权益乘数＝1÷(1－产权比率)

C. 权益乘数＝(1＋产权比率)÷产权比率　D. 权益乘数＝1＋产权比率

5. 在下列关于资产负债率、权益乘数和产权比率之间关系的表达式中，正确的是（　　）。

A. 资产负债率＋权益乘数＝产权比率　B. 资产负债率－权益乘数＝产权比率

C. 资产负债率×权益乘数＝产权比率　　D. 资产负债率÷权益乘数＝产权比率

6. 用于评价企业盈利能力的总资产报酬率指标中的“报酬”是指（　）。

A. 息税前利润　B. 营业利润　C. 利润总额　D. 净利润

7. 某企业2017年主营业务收入净额为36 000万元，流动资产平均余额为4 000万元，固定资产平均余额为8 000万元。假定没有其他资产，则该企业2009年的总资产周转率为（　）。

A. 3.0　B. 3.4　C. 2.9　D. 3.2

8. 在下列财务业绩评价指标中，属于企业获利能力基本指标的是（　）。

A. 营业利润增长率　B. 总资产报酬率　C. 总资产周转率　D. 资本保值增值率

9. 如果流动负债小于流动资产，则期末以现金偿付一笔短期借款所导致的结果是（　）。

A. 营运资金减少　B. 营运资金增加　C. 流动比率降低　D. 流动比率升高

10. 下列各项中，可能导致企业资产负债率变化的经济业务是（　）。

A. 收回应收账款　　B. 用现金购买债券

C. 接受所有者投资转入的固定资产　　D. 以固定资产对外投资（按账面价值作价）

二、多项选择题

1. 一个健全有效的企业综合财务指标体系必须具备的基本要素包括（　）。

A. 指标数量多　　B. 指标要素齐全适当

C. 主辅指标功能匹配　　D. 满足多方信息需要

2. 下列各项中，与净资产收益率密切相关的有（　）。

A. 营业净利率　B. 总资产周转率　C. 总资产增长率　D. 权益乘数

3. 某企业的资产负债率较低，下列表述正确的是（　）。

A. 财务风险较低　　B. 财务杠杆作用低

C. 企业长期偿债能力较强　　D. 企业获利能力较好

4. 下列各项中，属于速动资产的是（　）。

A. 应收账款　B. 预付账款　C. 应收票据　D. 货币资金

5. 下列各项目中，可能直接影响企业净资产收益率指标的措施有（　）。

A. 提高营业净利率　　B. 提高资产负债率

C. 提高总资产周转率　　D. 提高流动比率

6. 资产负债率低，对其正确的评价有（　）。

A. 说明企业财务风险大　　B. 不能充分发挥财务杠杆的作用

C. 说明财务风险小　　D. 企业债务负担重

7. 在其他条件不变的情况下，会引起总资产周转率指标上升的经济业务有（　）。

A. 用现金偿还负债　　B. 借入一笔短期借款

C. 用银行存款购入一台设备　　D. 用银行存款支付一年的电话费

8. 在对企业进行绩效评价时，下列属于评价企业盈利能力的基本指标有（　）。

A. 营业净利率　B. 资本收益率　C. 净资产收益率　D. 总资产报酬率

9. 计算下列各项指标时，其分母需要采用平均数的有（　）。

A. 基本每股收益　　B. 应收账款周转次数

C. 总资产报酬率　　D. 应收账款周转天数

10. 下列属于财务绩效定量评价中评价企业资产质量的指标有（　　）。

A. 应收账款周转率　B. 不良资产比率　C. 总资产增长率　D. 资本收益率

三、判断题

1. 在财务分析中，将通过对比两期或连续数期财务报告中的相同指标，以说明企业财务状况或经营成果变动趋势的方法称为水平分析法。（　　）

2. 某公司今年与上年相比，营业收入增长 10%，营业净利润增长 8%，资产总额增加 12%，负债总额增加 9%，可以判断，该公司净资产收益率比上年下降了。（　　）

3. 权益乘数的高低取决于企业的资金结构：资产负债率越高，权益乘数越高，财务风险越大。（　　）

4. 某一企业股票的每股净资产越高，投资者所承担的投资风险越高，企业发展潜力与股票的投资价值越大。（　　）

5. 对管理绩效进行评价时，一般运用功效系数法的原理，以企业评价指标实际值对照企业所属行业（规模）标准值，按照既定的计分模型进行定量测算。（　　）

6. 某公司今年与上年相比销售收入增长 10%，净利润增长 8%，资产总额增长 12%，负债总额增加 9%，可以判断该公司净资产收益率比上年下降了。（　　）

7. 负债比率越高，则权益乘数越低，财务风险越大。（　　）

8. 若资产增加幅度低于销售收入净额增长幅度，则会引起资产周转率增大，表明企业的营运能力有所提高。（　　）

四、业务分析题

2017 年度海达公司资产负债表　　　　单位：万元

资产	年初	年末	负债及所有者权益	年初	年末
流动资产			流动负债合计	750	600
货币资金	500	890	长期负债合计	250	800
应收账款净额	320	320	负债合计	1 000	1 400
存货	130	290	所有者权益合计	1 000	1 000
流动资产合计	950	1500			
固定资产合计	1 050	900			
总计	2 000	2 400	总计	2 000	2 400

海达公司 2016 年度销售净利率为 18%，总资产周转率为 0.8 次，权益乘数为 2，净资产收益率为 19%，海达公司 2017 年度销售收入为 900 万元，净利润总额为 300 万元。

要求：

（1）进行偿债能力分析，即计算 2017 年年末速动比率、资产负债率和权益乘数。

（2）进行盈利能力分析，即计算 2017 年总资产周转率、销售净利率、净资产收益率。

（3）利用因素分析法分析销售净利率、总资产周转率和权益乘数变动对净资产收益率的影响。

附录 资金时间价值系数表

附表1 复利终值系数表

n	1%	2%	3%	4%	5%	6%	7%	8%	9%	10%	11%	12%	13%	14%	15%
1	1.010 0	1.020 0	1.030 0	1.040 0	1.050 0	1.060 0	1.070 0	1.080 0	1.090 0	1.100 0	1.110 0	1.120 0	1.130 0	1.140 0	1.150 0
2	1.020 1	1.040 4	1.060 9	1.081 6	1.102 5	1.123 6	1.144 9	1.166 4	1.188 1	1.210 0	1.232 1	1.254 4	1.276 9	1.299 6	1.322 5
3	1.030 3	1.061 2	1.092 7	1.124 9	1.157 6	1.191 0	1.225 0	1.259 7	1.295 0	1.331 0	1.367 6	1.404 9	1.442 9	1.481 5	1.520 9
4	1.040 6	1.082 4	1.125 5	1.169 9	1.215 5	1.262 5	1.310 8	1.360 5	1.411 6	1.464 1	1.518 1	1.573 5	1.630 5	1.689 0	1.749 0
5	1.051 0	1.104 1	1.159 3	1.216 7	1.276 3	1.338 2	1.402 6	1.469 3	1.538 6	1.610 5	1.685 1	1.762 3	1.842 4	1.925 4	2.011 4
6	1.061 5	1.126 2	1.194 1	1.265 3	1.340 1	1.418 5	1.500 7	1.586 9	1.677 1	1.771 6	1.870 4	1.973 8	2.082 0	2.195 0	2.313 1
7	1.072 1	1.148 7	1.229 9	1.315 9	1.407 1	1.503 6	1.605 8	1.713 8	1.828 0	1.948 7	2.076 2	2.210 7	2.352 6	2.502 3	2.660 0
8	1.082 9	1.171 7	1.266 8	1.368 6	1.477 5	1.593 8	1.718 2	1.850 9	1.992 6	2.143 6	2.304 5	2.476 0	2.658 4	2.852 6	3.059 0
9	1.093 7	1.195 1	1.304 8	1.423 3	1.551 3	1.689 5	1.838 5	1.999 0	2.171 9	2.357 9	2.558 0	2.773 1	3.004 0	3.251 9	3.517 9
10	1.104 6	1.219 0	1.343 9	1.480 2	1.628 9	1.790 8	1.967 2	2.158 9	2.367 4	2.593 7	2.839 4	3.105 8	3.394 6	3.707 2	4.045 6
11	1.115 7	1.243 4	1.384 2	1.539 5	1.710 3	1.898 3	2.104 9	2.331 6	2.580 4	2.853 1	3.151 8	3.478 6	3.835 9	4.226 2	4.652 4
12	1.126 8	1.268 2	1.425 8	1.601 0	1.795 9	2.012 2	2.252 2	2.518 2	2.812 7	3.138 4	3.498 5	3.896 0	4.334 5	4.817 9	5.350 3
13	1.138 1	1.293 6	1.468 5	1.665 1	1.885 6	2.132 9	2.409 8	2.719 6	3.065 8	3.452 3	3.883 3	4.363 5	4.898 0	5.492 4	6.152 8
14	1.149 5	1.319 5	1.512 6	1.731 7	1.979 9	2.260 9	2.578 5	2.937 2	3.341 7	3.797 5	4.310 4	4.887 1	5.534 8	6.261 3	7.075 7
15	1.161 0	1.345 9	1.558 0	1.800 9	2.078 9	2.396 6	2.759 0	3.172 2	3.642 5	4.177 2	4.784 6	5.473 6	6.254 3	7.137 9	8.137 1
16	1.172 6	1.372 8	1.604 7	1.873 0	2.182 9	2.540 4	2.952 2	3.425 9	3.970 3	4.595 0	5.310 9	6.130 4	7.067 3	8.137 2	9.357 6
17	1.184 3	1.400 2	1.652 8	1.947 9	2.292 0	2.692 8	3.158 8	3.700 0	4.327 6	5.054 5	5.895 1	6.866 0	7.986 1	9.276 5	10.761 3
18	1.196 1	1.428 2	1.702 4	2.025 8	2.406 6	2.854 3	3.379 9	3.996 0	4.717 1	5.559 9	6.543 6	7.690 0	9.024 3	10.575 2	12.375 5
19	1.208 1	1.456 8	1.753 5	2.106 8	2.527 0	3.025 6	3.616 5	4.315 7	5.141 7	6.115 9	7.263 3	8.612 8	10.197 4	12.055 7	14.231 8
20	1.220 2	1.485 9	1.806 1	2.191 1	2.653 3	3.207 1	3.869 7	4.661 0	5.604 4	6.727 5	8.062 3	9.646 3	11.523 1	13.743 5	16.366 5
21	1.232 4	1.515 7	1.860 3	2.278 8	2.786 0	3.399 6	4.140 6	5.033 8	6.108 8	7.400 2	8.949 2	10.803 8	13.021 1	15.667 6	18.821 5
22	1.244 7	1.546 0	1.916 1	2.369 9	2.925 3	3.603 5	4.430 4	5.436 5	6.658 6	8.140 3	9.933 6	12.100 3	14.713 8	17.861 0	21.644 7
23	1.257 2	1.576 9	1.973 6	2.464 7	3.071 5	3.819 7	4.740 5	5.871 5	7.257 9	8.954 3	11.026 3	13.552 3	16.626 6	20.361 6	24.891 5
24	1.269 7	1.608 4	2.032 8	2.563 3	3.225 1	4.048 9	5.072 4	6.341 2	7.911 1	9.849 7	12.239 2	15.178 6	18.788 1	23.212 2	28.625 2
25	1.282 4	1.640 6	2.093 8	2.665 8	3.386 4	4.291 9	5.427 4	6.848 5	8.623 1	10.834 7	13.585 5	17.000 1	21.230 5	26.461 9	32.919 0
26	1.295 3	1.673 4	2.156 6	2.772 5	3.555 7	4.549 4	5.807 4	7.396 4	9.399 2	11.918 2	15.079 9	19.040 1	23.990 5	30.166 6	37.856 8
27	1.308 2	1.706 9	2.221 3	2.883 4	3.733 5	4.822 3	6.213 9	7.988 1	10.245 1	13.110 0	16.738 7	21.324 9	27.109 3	34.389 9	43.535 3
28	1.321 3	1.741 0	2.287 9	2.998 7	3.920 1	5.111 7	6.648 8	8.627 1	11.167 1	14.421 0	18.579 9	23.883 9	30.633 5	39.204 5	50.065 6
29	1.334 5	1.775 8	2.356 6	3.118 7	4.116 1	5.418 4	7.114 3	9.317 3	12.172 2	15.863 1	20.623 7	26.749 9	34.615 8	44.693 1	57.575 5
30	1.347 8	1.811 4	2.427 3	3.243 4	4.321 9	5.743 5	7.612 3	10.062 7	13.267 7	17.449 4	22.892 3	29.959 9	39.115 9	50.950 2	66.211 8

续表

n	16%	17%	18%	19%	20%	21%	22%	23%	24%	25%	26%	27%	28%	29%	30%
1	1.160 0	1.170 0	1.180 0	1.190 0	1.200 0	1.210 0	1.220 0	1.230 0	1.240 0	1.250 0	1.260 0	1.270 0	1.280 0	1.290 0	1.300 0
2	1.345 6	1.368 9	1.392 4	1.416 1	1.440 0	1.464 1	1.488 4	1.512 9	1.537 6	1.562 5	1.587 6	1.612 9	1.638 4	1.664 1	1.690 0
3	1.560 9	1.601 6	1.643 0	1.685 2	1.728 0	1.771 6	1.815 8	1.860 9	1.906 6	1.953 1	2.000 4	2.048 4	2.097 2	2.146 7	2.197 0
4	1.810 6	1.873 9	1.938 8	2.005 3	2.073 6	2.143 6	2.215 3	2.288 9	2.364 2	2.441 4	2.520 5	2.601 4	2.684 4	2.769 2	2.856 1
5	2.100 3	2.192 4	2.287 8	2.386 4	2.488 3	2.593 7	2.702 7	2.815 3	2.931 6	3.051 8	3.175 8	3.303 8	3.436 0	3.572 3	3.712 9
6	2.436 4	2.565 2	2.699 6	2.839 8	2.986 0	3.138 4	3.297 3	3.462 8	3.635 2	3.814 7	4.001 5	4.195 9	4.398 0	4.608 3	4.826 8
7	2.826 2	3.001 2	3.185 5	3.379 3	3.583 2	3.797 5	4.022 7	4.259 3	4.507 7	4.768 4	5.041 9	5.328 8	5.629 5	5.944 7	6.274 9
8	3.278 4	3.511 5	3.758 9	4.021 4	4.299 8	4.595 0	4.907 7	5.238 9	5.589 5	5.960 5	6.352 8	6.767 5	7.205 8	7.668 6	8.157 3
9	3.803 0	4.108 4	4.435 5	4.785 4	5.159 8	5.559 9	5.987 4	6.443 9	6.931 0	7.450 6	8.004 5	8.594 8	9.223 4	9.892 5	10.604 5
10	4.411 4	4.806 8	5.233 8	5.694 7	6.191 7	6.727 5	7.304 6	7.925 9	8.594 4	9.313 2	10.085 7	10.915 3	11.805 9	12.761 4	13.785 8
11	5.117 3	5.624 0	6.175 9	6.776 7	7.430 1	8.140 3	8.911 7	9.748 9	10.657 1	11.641 5	12.708 0	13.862 5	15.111 6	16.462 2	17.921 6
12	5.936 0	6.580 1	7.287 6	8.064 2	8.916 1	9.849 7	10.872 2	11.991 2	13.214 8	14.551 9	16.012 0	17.605 3	19.342 8	21.236 2	23.298 1
13	6.885 8	7.698 7	8.599 4	9.596 4	10.699 3	11.918 2	13.264 1	14.749 1	16.386 3	18.189 9	20.175 2	22.358 8	24.758 8	27.394 7	30.287 5
14	7.987 5	9.007 5	10.147 2	11.419 8	12.839 2	14.421 0	16.182 2	18.141 4	20.319 1	22.737 4	25.420 7	28.395 7	31.691 3	35.339 1	39.373 8
15	9.265 5	10.538 7	11.973 7	13.589 5	15.407 0	17.449 4	19.742 3	22.314 0	25.195 6	28.421 7	32.030 1	36.062 5	40.564 8	45.587 5	51.185 9
16	10.748 0	12.330 3	14.129 0	16.171 5	18.488 4	21.113 8	24.085 6	27.446 2	31.242 6	35.527 1	40.357 9	45.799 4	51.923 0	58.807 9	66.541 7
17	12.467 7	14.426 5	16.672 2	19.244 1	22.186 1	25.547 7	29.384 4	33.758 8	38.740 8	44.408 9	50.851 0	58.165 2	66.461 4	75.862 1	86.504 2
18	14.462 5	16.879 0	19.673 3	22.900 5	26.623 3	30.912 7	35.849 0	41.523 3	48.038 6	55.511 2	64.072 2	73.869 8	85.070 6	97.862 2	112.455 4
19	16.776 5	19.748 4	23.214 4	27.251 6	31.948 0	37.404 3	43.735 8	51.073 7	59.567 9	69.388 9	80.731 0	93.814 7	108.890 4	126.242 2	146.192 0
20	19.460 8	23.105 6	27.393 0	32.429 4	38.337 6	45.259 3	53.357 6	62.820 6	73.864 1	86.736 2	101.721 1	119.144 6	139.379 7	162.852 4	190.049 6
21	22.574 5	27.033 6	32.323 8	38.591 0	46.005 1	54.763 7	65.096 3	77.269 4	91.591 5	108.420 2	128.168 5	151.313 7	178.406 0	'210.079 6	247.064 5
22	26.186 4	31.629 3	38.142 1	45.923 3	55.206 1	66.264 1	79.417 5	95.041 3	113.573 5	135.525 3	161.492 4	192.168 3	228.359 6	271.002 7	321.183 9
23	30.376 2	37.006 2	45.007 6	54.648 7	66.247 4	80.179 5	96.889 4	116.900 8	140.831 2	169.406 6	203.480 4	244.053 8	292.300 3	349.593 5	417.539 1
24	35.236 4	43.297 3	53.109 0	65.032 0	79.496 8	97.017 2	118.205 0	143.788 0	174.630 6	211.758 2	256.385 3	309.948 3	374.144 4	450.975 6	542.800 8
25	40.874 2	50.657 8	62.668 6	77.388 1	95.396 2	117.390 9	144.210 1	176.859 3	216.542 0	264.697 8	323.045 4	393.634 4	478.904 9	581.758 5	705.641 0
26	47.414 1	59.269 7	73.949 0	92.091 8	114.475 5	142.042 9	175.936 4	217.536 9	268.512 1	330.872 2	407.037 3	499.915 7	612.998 2	750.468 5	917.333 3
27	55.000 4	69.345 5	87.259 8	109.589 3	137.370 6	171.871 9	214.642 4	267.570 4	332.955 0	413.590 3	512.867 0	634.892 9	784.637 7	968.104 4	1192.533 3
28	63.800 4	81.134 2	102.966 6	130.411 2	164.844 7	207.965 1	261.863 7	329.111 5	412.864 2	516.987 9	646.212 4	806.314 0	1 004.336 3	1 248.854 6	1 550.293 3
29	74.008 5	94.927 1	121.500 5	155.189 3	197.813 6	251.637 7	319.473 7	404.807 2	511.951 6	646.234 9	814.227 6	1 024.018 7	1 285.550 4	1 611.022 5	2 015.381 3
30	85.849 9	111.064 7	143.370 6	184.675 3	237.376 3	304.481 6	389.757 9	497.912 9	634.819 9	807.793 6	1 025.926 7	1 300.503 8	1 645.504 6	2 078.219 0	2 619.995 6

附表 2　复利现值系数表

n	1%	2%	3%	4%	5%	6%	7%	8%	9%	10%	11%	12%	13%	14%	15%
1	0.990 1	0.980 4	0.970 9	0.961 5	0.952 4	0.943 4	0.934 6	0.925 9	0.917 4	0.909 1	0.900 9	0.892 9	0.885	0.877 2	0.869 6
2	0.980 3	0.961 2	0.942 6	0.924 6	0.907	0.89	0.873 4	0.857 3	0.841 7	0.826 4	0.811 6	0.797 2	0.783 1	0.769 5	0.756 1
3	0.970 6	0.942 3	0.915 1	0.889	0.863 8	0.839 6	0.816 3	0.793 8	0.772 2	0.751 3	0.731 2	0.711 8	0.693 1	0.675	0.657 5
4	0.961 0	0.923 8	0.888 5	0.854 8	0.822 7	0.792 1	0.762 9	0.735	0.708 4	0.683	0.658 7	0.635 5	0.613 3	0.592 1	0.571 8
5	0.951 5	0.905 7	0.862 6	0.821 9	0.783 5	0.747 3	0.713	0.680 6	0.649 9	0.620 9	0.593 5	0.567 4	0.542 8	0.519 4	0.497 2
6	0.942 0	0.888 0	0.837 5	0.790 3	0.746 2	0.705 0	0.666 3	0.630 2	0.596 3	0.564 5	0.534 6	0.506 6	0.480 3	0.455 6	0.432 3
7	0.932 7	0.870 6	0.813 1	0.759 9	0.710 7	0.665 1	0.622 7	0.583 5	0.547 0	0.513 2	0.481 7	0.452 3	0.425 1	0.399 6	0.375 9
8	0.923 5	0.853 5	0.789 4	0.730 7	0.676 8	0.627 4	0.582 0	0.540 3	0.501 9	0.466 5	0.433 9	0.403 9	0.376 2	0.350 6	0.326 9
9	0.914 3	0.836 8	0.766 4	0.702 6	0.644 6	0.591 9	0.543 9	0.500 2	0.460 4	0.424 1	0.390 9	0.360 6	0.332 9	0.307 5	0.284 3
10	0.905 3	0.820 3	0.744 1	0.675 6	0.613 9	0.558 4	0.508 3	0.463 2	0.422 4	0.385 5	0.352 2	0.322 0	0.294 6	0.269 7	0.247 2
11	0.896 3	0.804 3	0.722 4	0.649 6	0.584 7	0.526 8	0.475 1	0.428 9	0.387 5	0.350 5	0.317 3	0.287 5	0.260 7	0.236 6	0.214 9
12	0.887 4	0.788 5	0.701 4	0.624 6	0.556 8	0.497 0	0.444 0	0.397 1	0.355 5	0.318 6	0.285 8	0.256 7	0.230 7	0.207 6	0.186 9
13	0.878 7	0.773 0	0.681 0	0.600 6	0.530 3	0.468 8	0.415 0	0.367 7	0.326 2	0.289 7	0.257 5	0.229 2	0.204 2	0.182 1	0.162 5
14	0.870 0	0.757 9	0.661 1	0.577 5	0.505 1	0.442 3	0.387 8	0.340 5	0.299 2	0.263 3	0.232 0	0.204 6	0.180 7	0.159 7	0.141 3
15	0.861 3	0.743 0	0.641 9	0.555 3	0.481 0	0.417 3	0.362 4	0.315 2	0.274 5	0.239 4	0.209 0	0.182 7	0.159 9	0.140 1	0.122 9
16	0.852 8	0.728 4	0.623 2	0.533 9	0.458 1	0.393 6	0.338 7	0.291 9	0.251 9	0.217 6	0.188 3	0.163 1	0.141 5	0.122 9	0.106 9
17	0.844 4	0.714 2	0.605 0	0.513 4	0.436 3	0.371 4	0.316 6	0.270 3	0.231 1	0.197 8	0.169 6	0.145 6	0.125 2	0.107 8	0.092 9
18	0.836 0	0.700 2	0.587 4	0.493 6	0.415 5	0.350 3	0.295 9	0.250 2	0.212 0	0.179 9	0.152 8	0.130 0	0.110 8	0.094 6	0.080 8
19	0.827 7	0.686 4	0.570 3	0.474 6	0.395 7	0.330 5	0.276 5	0.231 7	0.194 5	0.163 5	0.137 7	0.116 1	0.098 1	0.082 9	0.070 3
20	0.819 5	0.673 0	0.553 7	0.456 4	0.376 9	0.311 8	0.258 4	0.214 5	0.178 4	0.148 6	0.124 0	0.103 7	0.086 8	0.072 8	0.061 1
21	0.811 4	0.659 8	0.537 5	0.438 8	0.358 9	0.294 2	0.241 5	0.198 7	0.163 7	0.135 1	0.111 7	0.092 6	0.076 8	0.063 8	0.053 1
22	0.803 4	0.646 8	0.521 9	0.422 0	0.341 8	0.277 5	0.225 7	0.183 9	0.150 2	0.122 8	0.100 7	0.082 6	0.068 0	0.056 0	0.046 2
23	0.795 4	0.634 2	0.506 7	0.405 7	0.325 6	0.261 8	0.210 9	0.170 3	0.137 8	0.111 7	0.090 7	0.073 8	0.060 1	0.0491	0.040 2
24	0.787 6	0.621 7	0.491 9	0.390 1	0.310 1	0.247 0	0.197 1	0.157 7	0.126 4	0.101 5	0.081 7	0.065 9	0.053 2	0.043 1	0.034 9
25	0.779 8	0.609 5	0.477 6	0.375 1	0.295 3	0.233 0	0.184 2	0.146 0	0.116 0	0.092 3	0.073 6	0.058 8	0.047 1	0.037 8	0.030 4
26	0.772 0	0.597 6	0.463 7	0.360 7	0.281 2	0.219 8	0.172 2	0.135 2	0.106 4	0.083 9	0.066 3	0.052 5	0.041 7	0.033 1	0.026 4
27	0.764 4	0.585 9	0.450 2	0.346 8	0.267 8	0.207 4	0.160 9	0.125 2	0.097 6	0.076 3	0.059 7	0.046 9	0.036 9	0.029 1	0.023 0
28	0.756 8	0.574 4	0.437 1	0.333 5	0.255 1	0.195 6	0.150 4	0.115 9	0.089 5	0.069 3	0.053 8	0.041 9	0.032 6	0.025 5	0.020 0
29	0.749 3	0.563 1	0.424 3	0.320 7	0.242 9	0.184 6	0.140 6	0.107 3	0.082 2	0.063 0	0.048 5	0.037 4	0.028 9	0.022 4	0.017 4
30	0.741 9	0.552 1	0.412 0	0.308 3	0.231 4	0.174 1	0.131 4	0.099 4	0.075 4	0.057 3	0.043 7	0.033 4	0.025 6	0.019 6	0.015 1

续表

n	16%	17%	18%	19%	20%	21%	22%	23%	24%	25%	26%	27%	28%	29%	30%
1	0.862 1	0.854 7	0.847 5	0.840 3	0.833 3	0.826 4	0.819 7	0.813	0.806 5	0.8	0.793 7	0.787 4	0.781 3	0.775 2	0.769 2
2	0.743 2	0.730 5	0.718 2	0.706 2	0.694 4	0.683	0.671 9	0.661	0.650 4	0.64	0.629 9	0.62	0.610 4	0.600 9	0.591 7
3	0.640 7	0.624 4	0.608 6	0.593 4	0.578 7	0.564 5	0.550 7	0.537 4	0.524 5	0.512	0.499 9	0.488 2	0.476 8	0.465 8	0.455 2
4	0.552 3	0.533 7	0.515 8	0.498 7	0.482 3	0.466 5	0.451 4	0.436 9	0.423	0.409 6	0.396 8	0.384 4	0.372 5	0.361 1	0.350 1
5	0.476 1	0.456 1	0.437 1	0.419	0.401 9	0.385 5	0.37	0.355 2	0.341 1	0.327 7	0.314 9	0.302 7	0.291	0.279 9	0.269 3
6	0.410 4	0.389 8	0.370 4	0.352 1	0.334 9	0.318 6	0.303 3	0.288 8	0.275 1	0.262 1	0.249 9	0.238 3	0.227 4	0.217 0	0.207 2
7	0.353 8	0.333 2	0.313 9	0.295 9	0.279 1	0.263 3	0.248 6	0.234 8	0.221 8	0.209 7	0.198 3	0.187 7	0.177 6	0.168 2	0.159 4
8	0.305 0	0.284 8	0.266 0	0.248 7	0.232 6	0.217 6	0.203 8	0.190 9	0.178 9	0.167 8	0.157 4	0.147 8	0.138 8	0.130 4	0.122 6
9	0.263 0	0.243 4	0.225 5	0.209 0	0.193 8	0.179 9	0.167 0	0.155 2	0.144 3	0.134 2	0.124 9	0.116 4	0.108 4	0.101 1	0.094 3
10	0.226 7	0.208 0	0.191 1	0.175 6	0.161 5	0.148 6	0.136 9	0.126 2	0.116 4	0.107 4	0.099 2	0.091 6	0.084 7	0.078 4	0.072 5
11	0.195 4	0.177 8	0.161 9	0.147 6	0.134 6	0.122 8	0.112 2	0.102 6	0.093 8	0.085 9	0.078 7	0.072 1	0.066 2	0.060 7	0.055 8
12	0.168 5	0.152 0	0.137 2	0.124 0	0.112 2	0.101 5	0.092 0	0.083 4	0.075 7	0.068 7	0.062 5	0.056 8	0.051 7	0.047 1	0.042 9
13	0.145 2	0.129 9	0.116 3	0.104 2	0.093 5	0.083 9	0.075 4	0.067 8	0.061 0	0.055 0	0.049 6	0.044 7	0.040 4	0.036 5	0.033 0
14	0.125 2	0.111 0	0.098 5	0.087 6	0.077 9	0.069 3	0.061 8	0.055 1	0.049 2	0.044 0	0.039 3	0.035 2	0.031 6	0.028 3	0.025 4
15	0.107 9	0.094 9	0.083 5	0.073 6	0.064 9	0.057 3	0.050 7	0.044 8	0.039 7	0.035 2	0.031 2	0.027 7	0.024 7	0.021 9	0.019 5
16	0.093 0	0.081 1	0.070 8	0.061 8	0.054 1	0.047 4	0.041 5	0.036 4	0.032 0	0.028 1	0.024 8	0.021 8	0.019 3	0.017 0	0.015 0
17	0.080 2	0.069 3	0.060 0	0.052 0	0.045 1	0.039 1	0.034 0	0.029 6	0.025 8	0.022 5	0.019 7	0.017 2	0.015 0	0.013 2	0.011 6
18	0.069 1	0.059 2	0.050 8	0.043 7	0.037 6	0.032 3	0.027 9	0.024 1	0.020 8	0.018 0	0.015 6	0.013 5	0.011 8	0.010 2	0.008 9
19	0.059 6	0.050 6	0.043 1	0.036 7	0.031 3	0.026 7	0.022 9	0.019 6	0.016 8	0.014 4	0.012 4	0.010 7	0.009 2	0.007 9	0.006 8
20	0.051 4	0.043 3	0.036 5	0.030 8	0.026 1	0.022 1	0.018 7	0.015 9	0.013 5	0.011 5	0.009 8	0.008 4	0.007 2	0.006 1	0.005 3
21	0.044 3	0.037 0	0.030 9	0.025 9	0.021 7	0.018 3	0.015 4	0.012 9	0.010 9	0.009 2	0.007 8	0.006 6	0.005 6	0.004 8	0.004 0
22	0.038 2	0.031 6	0.026 2	0.021 8	0.018 1	0.015 1	0.012 6	0.010 5	0.008 8	0.007 4	0.006 2	0.005 2	0.004 4	0.003 7	0.003 1
23	0.032 9	0.027 0	0.022 2	0.018 3	0.015 1	0.012 5	0.010 3	0.008 6	0.007 1	0.005 9	0.004 9	0.004 1	0.003 4	0.002 9	0.002 4
24	0.028 4	0.023 1	0.018 8	0.015 4	0.012 6	0.010 3	0.008 5	0.007 0	0.005 7	0.004 7	0.003 9	0.003 2	0.002 7	0.002 2	0.001 8
25	0.024 5	0.019 7	0.016 0	0.012 9	0.010 5	0.008 5	0.006 9	0.005 7	0.004 6	0.003 8	0.003 1	0.002 5	0.002 1	0.001 7	0.001 4
26	0.021 1	0.016 9	0.013 5	0.010 9	0.008 7	0.007 0	0.005 7	0.004 6	0.003 7	0.003 0	0.002 5	0.002 0	0.001 6	0.001 3	0.001 1
27	0.018 2	0.014 4	0.011 5	0.009 1	0.007 3	0.005 8	0.004 7	0.003 7	0.003 0	0.002 4	0.001 9	0.001 6	0.001 3	0.001 0	0.000 8
28	0.015 7	0.012 3	0.009 7	0.007 7	0.006 1	0.004 8	0.003 8	0.003 0	0.002 4	0.001 9	0.001 5	0.001 2	0.001 0	0.000 8	0.000 6
29	0.013 5	0.010 5	0.008 2	0.006 4	0.005 1	0.004 0	0.003 1	0.002 5	0.002 0	0.001 5	0.001 2	0.001 0	0.000 8	0.000 6	0.000 5
30	0.011 6	0.009 0	0.007 0	0.005 4	0.004 2	0.003 3	0.002 6	0.002 0	0.001 6	0.001 2	0.001 0	0.000 8	0.000 6	0.000 5	0.000 4

附表 3　年金终值系数表

n	1%	2%	3%	4%	5%	6%	7%	8%	9%	10%	11%	12%	13%	14%	15%
1	1.000 0	1.000 0	1.000 0	1.000 0	1.000 0	1.000 0	1.000 0	1.000 0	1.000 0	1.000 0	1.000 0	1.000 0	1.000 0	1.000 0	1.000 0
2	2.010 0	2.020 0	2.030 0	2.040 0	2.050 0	2.060 0	2.070 0	2.080 0	2.090 0	2.100 0	2.110 0	2.120 0	2.130 0	2.140 0	2.150 0
3	3.030 1	3.060 4	3.090 9	3.121 6	3.152 5	3.183 6	3.214 9	3.246 4	3.278 1	3.310 0	3.342 1	3.374 4	3.406 9	3.439 6	3.472 5
4	4.060 4	4.121 6	4.183 6	4.246 5	4.310 1	4.374 6	4.439 9	4.506 1	4.573 1	4.641 0	4.709 7	4.779 3	4.849 8	4.921 1	4.993 4
5	5.101 0	5.204 0	5.309 1	5.416 3	5.525 6	5.637 1	5.750 7	5.866 6	5.984 7	6.105 1	6.227 8	6.352 8	6.480 3	6.610 1	6.742 4
6	6.152 0	6.308 1	6.468 4	6.633 0	6.801 9	6.975 3	7.153 3	7.335 9	7.523 3	7.715 6	7.912 9	8.115 2	8.322 7	8.535 5	8.753 7
7	7.213 5	7.434 3	7.662 5	7.898 3	8.142 0	8.393 8	8.654 0	8.922 8	9.200 4	9.487 2	9.783 3	10.089 0	10.404 7	10.730 5	11.066 8
8	8.285 7	8.583 0	8.892 3	9.214 2	9.549 1	9.897 5	10.259 8	10.636 6	11.028 5	11.435 9	11.859 4	12.299 7	12.757 3	13.232 8	13.726 8
9	9.368 5	9.754 6	10.159 1	10.582 8	11.026 6	11.491 3	11.978 0	12.487 6	13.021 0	13.579 5	14.164 0	14.775 7	15.415 7	16.085 3	16.785 8
10	10.462 2	10.949 7	11.463 9	12.006 1	12.577 9	13.180 8	13.816 4	14.486 6	15.192 9	15.937 4	16.722 0	17.548 7	18.419 7	19.337 3	20.303 7
11	11.566 8	12.168 7	12.807 8	13.486 4	14.206 8	14.971 6	15.783 6	16.645 5	17.560 3	18.531 2	19.561 4	20.654 6	21.814 3	23.044 5	24.349 3
12	12.682 5	13.412 1	14.192 0	15.025 8	15.917 1	16.869 9	17.888 5	18.977 1	20.140 7	21.384 3	22.713 2	24.133 1	25.650 2	27.270 7	29.001 7
13	13.809 3	14.680 3	15.617 8	16.626 8	17.713 0	18.882 1	20.140 6	21.495 3	22.953 4	24.522 7	26.211 6	28.029 1	29.984 7	32.088 7	34.351 9
14	14.947 4	15.973 9	17.086 3	18.291 9	19.598 6	21.015 1	22.550 5	24.214 9	26.019 2	27.975 0	30.094 9	32.392 6	34.882 7	37.581 1	40.504 7
15	16.096 9	17.293 4	18.598 9	20.023 6	21.578 6	23.276 0	25.129 0	27.152 1	29.360 9	31.772 5	34.405 4	37.279 7	40.417 5	43.842 4	47.580 4
16	17.257 9	18.639 3	20.156 9	21.824 5	23.657 5	25.672 5	27.888 1	30.324 3	33.003 4	35.949 7	39.189 9	42.753 3	46.671 7	50.980 4	55.717 5
17	18.430 4	20.012 1	21.761 6	23.697 5	25.840 4	28.212 9	30.840 2	33.750 2	36.973 7	40.544 7	44.500 8	48.883 7	53.739 1	59.117 6	65.075 1
18	19.614 7	21.412 3	23.414 4	25.645 4	28.132 4	30.905 7	33.999 0	37.450 2	41.301 3	45.599 2	50.395 9	55.749 7	61.725 1	68.394 1	75.836 4
19	20.810 9	22.840 6	25.116 9	27.671 2	30.539 0	33.760 0	37.379 0	41.446 3	46.018 5	51.159 1	56.939 5	63.439 7	70.749 4	78.969 2	88.211 8
20	22.019 0	24.297 4	26.870 4	29.778 1	33.066 0	36.785 6	40.995 5	45.762 0	51.160 1	57.275 0	64.202 8	72.052 4	80.946 8	91.024 9	102.443 6
21	23.239 2	25.783 3	28.676 5	31.969 2	35.719 3	39.992 7	44.865 2	50.422 9	56.764 5	64.002 5	72.265 1	81.698 7	92.469 9	104.768 4	118.810 1
22	24.471 6	27.299 0	30.536 8	34.248 0	38.505 2	43.392 3	49.005 7	55.456 8	62.873 3	71.402 7	81.214 3	92.502 6	105.491 0	120.436 0	137.631 6
23	25.716 3	28.845 0	32.452 9	36.617 9	41.430 5	46.995 8	53.436 1	60.893 3	69.531 9	79.543 0	91.147 9	104.602 9	120.204 8	138.297 0	159.276 4
24	26.973 5	30.421 9	34.426 5	39.082 6	44.502 0	50.815 6	58.176 7	66.764 8	76.789 8	88.497 3	102.174 2	118.155 2	136.831 5	158.658 6	184.167 8
25	28.243 2	32.030 3	36.459 3	41.645 9	47.727 1	54.864 5	63.249 0	73.105 9	84.700 9	98.347 1	114.413 3	133.333 9	155.619 6	181.870 8	212.793 0
26	29.525 6	33.670 9	38.553 0	44.311 7	51.113 5	59.156 4	68.676 5	79.954 4	93.324 0	109.181 8	127.998 8	150.333 9	176.850 1	208.332 7	245.712 0
27	30.820 9	35.344 3	40.709 6	47.084 2	54.669 1	63.705 8	74.483 8	87.350 8	102.723 1	121.099 9	143.078 6	169.374 0	200.840 6	238.499 3	283.568 8
28	32.129 1	37.051 2	42.930 9	49.967 6	58.402 6	68.528 1	80.697 7	95.338 8	112.968 2	134.209 9	159.817 3	190.698 9	227.949 9	272.889 2	327.104 1
29	33.450 4	38.792 2	45.218 9	52.966 3	62.322 7	73.639 8	87.346 5	103.965 9	124.135 4	148.630 9	178.397 2	214.582 8	258.583 4	312.093 7	377.169 7
30	34.784 9	40.568 1	47.575 4	56.084 9	66.438 8	79.058 2	94.460 8	113.283 2	136.307 5	164.494 0	199.020 9	241.332 7	293.199 2	356.786 8	434.745 1

续表

n	16%	17%	18%	19%	20%	21%	22%	23%	24%	25%	26%	27%	28%	29%	30%
1	1.000 0	1.000 0	1.000 0	1.000 0	1.000 0	1.000 0	1.000 0	1.000 0	1.000 0	1.000 0	1.000 0	1.000 0	1.000 0	1.000 0	1.000 0
2	2.160 0	2.170 0	2.180 0	2.190 0	2.200 0	2.210 0	2.220 0	2.230 0	2.240 0	2.250 0	2.260 0	2.270 0	2.280 0	2.290 0	2.300 0
3	3.505 6	3.538 9	3.572 4	3.606 1	3.640 0	3.674 1	3.708 4	3.742 9	3.777 6	3.812 5	3.847 6	3.882 9	3.918 4	3.954 1	3.990 0
4	5.066 5	5.140 5	5.215 4	5.291 3	5.368 0	5.445 7	5.524 2	5.603 8	5.684 2	5.765 6	5.848 0	5.931 3	6.015 6	6.100 8	6.187 0
5	6.877 1	7.014 4	7.154 2	7.296 6	7.441 6	7.589 2	7.739 6	7.892 6	8.048 4	8.207 0	8.368 4	8.532 7	8.699 9	8.870 0	9.043 1
6	8.977 5	9.206 8	9.442 0	9.683 0	9.929 9	10.183 0	10.442 3	10.707 9	10.980 1	11.258 8	11.544 2	11.836 6	12.135 9	12.442 3	12.756 0
7	11.413 9	11.772 0	12.141 5	12.522 7	12.915 9	13.321 4	13.739 6	14.170 8	14.615 3	15.073 5	15.545 8	16.032 4	16.533 9	17.050 6	17.582 8
8	14.240 1	14.773 3	15.327 0	15.902 0	16.499 1	17.118 9	17.762 3	18.430 0	19.122 9	19.841 9	20.587 6	21.361 2	22.163 4	22.995 3	23.857 7
9	17.518 5	18.284 7	19.085 9	19.923 4	20.798 9	21.713 9	22.670 0	23.669 0	24.712 5	25.802 3	26.940 4	28.128 7	29.369 2	30.663 9	32.015 0
10	21.321 5	22.393 1	23.521 3	24.708 9	25.958 7	27.273 8	28.657 4	30.112 8	31.643 4	33.252 9	34.944 9	36.723 5	38.592 6	40.556 4	42.619 5
11	25.732 9	27.199 9	28.755 1	30.403 5	32.150 4	34.001 3	35.962 0	38.038 8	40.237 9	42.566 1	45.030 6	47.638 8	50.398 5	53.317 8	56.405 3
12	30.850 2	32.823 9	34.931 1	37.180 2	39.580 5	42.141 6	44.873 7	47.787 7	50.895 0	54.207 7	57.738 6	61.501 3	65.510 0	69.780 0	74.327 0
13	36.786 2	39.404 0	42.218 7	45.244 5	48.496 6	51.991 3	55.745 9	59.778 8	64.109 7	68.759 6	73.750 6	79.106 6	84.852 9	91.016 1	97.625 0
14	43.672 0	47.102 7	50.818 0	54.840 9	59.195 9	63.909 5	69.010 0	74.528 0	80.496 1	86.949 5	93.925 8	101.465 4	109.611 7	118.410 8	127.912 5
15	51.659 5	56.110 1	60.965 3	66.260 7	72.035 1	78.330 5	85.192 2	92.669 4	100.815 1	109.686 8	119.346 5	129.861 1	141.302 9	153.750 0	167.286 3
16	60.925 0	66.648 8	72.939 0	79.850 2	87.442 1	95.779 9	104.934 5	114.983 4	126.010 8	138.108 5	151.376 6	165.923 6	181.867 7	199.337 4	218.472 2
17	71.673 0	78.979 2	87.068 0	96.021 8	105.930 6	116.893 7	129.020 1	142.429 5	157.253 4	173.635 7	191.734 5	211.723 0	233.790 7	258.145 3	285.013 9
18	84.140 7	93.405 6	103.740 3	115.265 9	128.116 7	142.441 3	158.404 5	176.188 3	195.994 2	218.044 6	242.585 5	269.888 2	300.252 1	334.007 4	371.518 0
19	98.603 2	110.284 6	123.413 5	138.166 4	154.740 0	173.354 0	194.253 5	217.711 6	244.032 8	273.555 8	306.657 7	343.758 0	385.322 7	431.869 6	483.973 4
20	115.379 7	130.032 9	146.628 0	165.418 0	186.688 0	210.758 4	237.989 3	268.785 3	303.600 6	342.944 7	387.388 7	437.572 6	494.213 1	558.111 8	630.165 5
21	134.840 5	153.138 5	174.021 0	197.847 4	225.025 6	256.017 6	291.346 9	331.605 9	377.464 8	429.680 9	489.109 8	556.717 3	633.592 7	720.964 2	820.215 1
22	157.415 0	180.172 1	206.344 8	236.438 5	271.030 7	310.781 3	356.443 2	408.875 3	469.056 3	538.101 1	617.278 3	708.030 9	811.998 7	931.043 8	1 067.279 6
23	183.601 4	211.801 3	244.486 8	282.361 8	326.236 9	377.045 4	435.860 7	503.916 6	582.629 8	673.626 4	778.770 7	900.199 3	1040.358 3	1 202.046 5	1388.4635
24	213.977 6	248.807 6	289.494 5	337.010 5	392.484 2	457.224 9	532.750 1	620.817 4	723.461 0	843.032 9	982.251 1	1144.253 1	1 332.658 6	1 551.640 0	1 806.002 6
25	249.214 0	292.104 9	342.603 5	402.042 5	471.981 1	554.242 2	650.955 1	764.605 4	898.091 6	1 054.791 2	1 238.636 3	1 454.201 4	1 706.803 1	2 002.615 6	2 348.803 3
26	290.088 3	342.762 7	405.272 1	479.430 6	567.377 3	671.633 0	795.165 3	941.464 7	1 114.633 6	1 319.489 0	1 561.681 8	1 847.835 8	2 185.707 9	2 584.374 1	3 054.444 3
27	337.502 4	402.032 3	479.221 1	571.522 4	681.852 8	813.675 9	971.101 6	1 159.001 6	1 383.145 7	1 650.361 2	1 968.719 1	2 347.751 5	2 798.706 1	3 334.842 6	3 971.777 6
28	392.502 8	471.377 8	566.480 9	681.111 6	819.223 3	985.547 9	1 185.744 0	1 426.571 9	1 716.100 7	2 063.951 5	2 481.586 0	2 982.644 4	3 583.343 8	4 302.947 0	5 164.310 9
29	456.303 2	552.512 1	669.447 5	811.522 8	984.068 0	1 193.512 9	1 447.607 7	1 755.683 5	2 128.964 8	2 580.939 4	3 127.798 4	3 788.958 3	4 587.680 1	5 551.801 6	6 714.604 2
30	530.311 7	647.439 1	790.948 0	966.712 2	1 181.881 6	1 445.150 7	1 767.081 3	2 160.490 7	2 640.916 4	3 227.174 3	3 942.026 0	4 812.977 1	5 873.230 6	7 162.824 1	8 729.985 5

附表 4 年金现值系数表

n	1%	2%	3%	4%	5%	6%	7%	8%	9%	10%	11%	12%	13%	14%	15%
1	0.990 1	0.980 4	0.970 9	0.961 5	0.952 4	0.943 4	0.934 6	0.925 9	0.917 4	0.909 1	0.900 9	0.892 9	0.885 0	0.877 2	0.869 6
2	1.970 4	1.941 6	1.913 5	1.886 1	1.859 4	1.833 4	1.808 0	1.783 3	1.759 1	1.735 5	1.712 5	1.690 1	1.668 1	1.646 7	1.625 7
3	2.941 0	2.883 9	2.828 6	2.775 1	2.723 2	2.673 0	2.624 3	2.577 1	2.531 3	2.486 9	2.443 7	2.401 8	2.361 2	2.321 6	2.283 2
4	3.902 0	3.807 7	3.717 1	3.629 9	3.546 0	3.465 1	3.387 2	3.312 1	3.239 7	3.169 9	3.102 4	3.037 3	2.974 5	2.913 7	2.855 0
5	4.853 4	4.713 5	4.579 7	4.451 8	4.329 5	4.212 4	4.100 2	3.992 7	3.889 7	3.790 8	3.695 9	3.604 8	3.517 2	3.433 1	3.352 2
6	5.795 5	5.601 4	5.417 2	5.242 1	5.075 7	4.917 3	4.766 5	4.622 9	4.485 9	4.355 3	4.230 5	4.111 4	3.997 5	3.888 7	3.784 5
7	6.728 2	6.472 0	6.230 3	6.002 1	5.786 4	5.582 4	5.389 3	5.206 4	5.033 0	4.868 4	4.712 2	4.563 8	4.422 6	4.288 3	4.160 4
8	7.651 7	7.325 5	7.019 7	6.732 7	6.463 2	6.209 8	5.971 3	5.746 6	5.534 8	5.334 9	5.146 1	4.967 6	4.798 8	4.638 9	4.487 3
9	8.566 0	8.162 2	7.786 1	7.435 3	7.107 8	6.801 7	6.515 2	6.246 9	5.995 2	5.759 0	5.537 0	5.328 2	5.131 7	4.946 4	4.771 6
10	9.471 3	8.982 6	8.530 2	8.110 9	7.721 7	7.360 1	7.023 6	6.710 1	6.417 7	6.144 6	5.889 2	5.650 2	5.426 2	5.216 1	5.018 8
11	10.367 6	9.786 8	9.252 6	8.760 5	8.306 4	7.886 9	7.498 7	7.139 0	6.805 2	6.495 1	6.206 5	5.937 7	5.686 9	5.452 7	5.233 7
12	11.255 1	10.575 3	9.954 0	9.385 1	8.863 3	8.383 8	7.942 7	7.536 1	7.160 7	6.813 7	6.492 4	6.194 4	5.917 6	5.660 3	5.420 6
13	12.133 7	11.348 4	10.635 0	9.985 6	9.393 6	8.852 7	8.357 7	7.903 8	7.486 9	7.103 4	6.749 9	6.423 5	6.121 8	5.842 4	5.583 1
14	13.003 7	12.106 2	11.296 1	10.563 1	9.898 6	9.295 0	8.745 5	8.244 2	7.786 2	7.366 7	6.981 9	6.628 2	6.302 5	6.002 1	5.724 5
15	13.865 1	12.849 3	11.937 9	11.118 4	10.379 7	9.712 2	9.107 9	8.559 5	8.060 7	7.606 1	7.190 9	6.810 9	6.462 4	6.142 2	5.847 4
16	14.717 9	13.577 7	12.561 1	11.652 3	10.837 8	10.105 9	9.446 6	8.851 4	8.312 6	7.823 7	7.379 2	6.974 0	6.603 9	6.265 1	5.954 2
17	15.562 3	14.291 9	13.166 1	12.165 7	11.274 1	10.477 3	9.763 2	9.121 6	8.543 6	8.021 6	7.548 8	7.119 6	6.729 1	6.372 9	6.047 2
18	16.398 3	14.992 0	13.753 5	12.659 3	11.689 6	10.827 6	10.059 1	9.371 9	8.755 6	8.201 4	7.701 6	7.249 7	6.839 9	6.467 4	6.128 0
19	17.226 0	15.678 5	14.323 8	13.133 9	12.085 3	11.158 1	10.335 6	9.603 6	8.950 1	8.364 9	7.839 3	7.365 8	6.938 0	6.550 4	6.198 2
20	18.045 6	16.351 4	14.877 5	13.590 3	12.462 2	11.469 9	10.594 0	9.818 1	9.128 5	8.513 6	7.963 3	7.469 4	7.024 8	6.623 1	6.259 3
21	18.857 0	17.011 2	15.415 0	14.029 2	12.821 2	11.764 1	10.835 5	10.016 8	9.292 2	8.648 7	8.075 1	7.562 0	7.101 6	6.687 0	6.312 5
22	19.660 4	17.658 0	15.936 9	14.451 1	13.163 0	12.041 6	11.061 2	10.200 7	9.442 4	8.771 5	8.175 7	7.644 6	7.169 5	6.742 9	6.358 7
23	20.455 8	18.292 2	16.443 6	14.856 8	13.488 6	12.303 4	11.272 2	10.371 1	9.580 2	8.883 2	8.266 4	7.718 4	7.229 7	6.792 1	6.398 8
24	21.243 4	18.913 9	16.935 5	15.247 0	13.798 6	12.550 4	11.469 3	10.528 8	9.706 6	8.984 7	8.348 1	7.784 3	7.282 9	6.835 1	6.433 8
25	22.023 2	19.523 5	17.413 1	15.622 1	14.093 9	12.783 4	11.653 6	10.674 8	9.822 6	9.077 0	8.421 7	7.843 1	7.330 0	6.872 9	6.464 1
26	22.795 2	20.121 0	17.876 8	15.982 8	14.375 2	13.003 2	11.825 8	10.810 0	9.929 0	9.160 9	8.488 1	7.895 7	7.371 7	6.906 1	6.490 6
27	23.559 6	20.706 9	18.327 0	16.329 6	14.643 0	13.210 5	11.986 7	10.935 2	10.026 6	9.237 2	8.547 8	7.942 6	7.408 6	6.935 2	6.513 5
28	24.316 4	21.281 3	18.764 1	16.663 1	14.898 1	13.406 2	12.137 1	11.051 1	10.116 1	9.306 6	8.601 6	7.984 4	7.441 2	6.960 7	6.533 5
29	25.065 8	21.844 4	19.188 5	16.983 7	15.141 1	13.590 7	12.277 7	11.158 4	10.198 3	9.369 6	8.650 1	8.021 8	7.470 1	6.983 0	6.550 9
30	25.807 7	22.396 5	19.600 4	17.292 0	15.372 5	13.764 8	12.409 0	11.257 8	10.273 7	9.426 9	8.693 8	8.055 2	7.495 7	7.002 7	6.566 0

续表

n	16%	17%	18%	19%	20%	21%	22%	23%	24%	25%	26%	27%	28%	29%	30%
1	0.862 1	0.854 7	0.847 5	0.840 3	0.833 3	0.826 4	0.819 7	0.813 0	0.806 5	0.800 0	0.793 7	0.787 4	0.781 3	0.775 2	0.769 2
2	1.605 2	1.585 2	1.565 6	1.546 5	1.527 8	1.509 5	1.491 5	1.474 0	1.456 8	1.440 0	1.423 5	1.407 4	1.391 6	1.376 1	1.360 9
3	2.245 9	2.209 6	2.174 3	2.139 9	2.106 5	2.073 9	2.042 2	2.011 4	1.981 3	1.952 0	1.923 4	1.895 6	1.868 4	1.842 0	1.816 1
4	2.798 2	2.743 2	2.690 1	2.638 6	2.588 7	2.540 4	2.493 6	2.448 3	2.404 3	2.361 6	2.320 2	2.280 0	2.241 0	2.203 1	2.166 2
5	3.274 3	3.199 3	3.127 2	3.057 6	2.990 6	2.926 0	2.863 6	2.803 5	2.745 4	2.689 3	2.635 1	2.582 7	2.532 0	2.483 0	2.435 6
6	3.684 7	3.589 2	3.497 6	3.409 8	3.325 5	3.244 6	3.166 9	3.092 3	3.020 5	2.951 4	2.885 0	2.821 0	2.759 4	2.700 0	2.642 7
7	4.038 6	3.922 4	3.811 5	3.705 7	3.604 6	3.507 9	3.415 5	3.327 0	3.242 3	3.161 1	3.083 3	3.008 7	2.937 0	2.868 2	2.802 1
8	4.343 6	4.207 2	4.077 6	3.954 4	3.837 2	3.725 6	3.619 3	3.517 9	3.421 2	3.328 9	3.240 7	3.156 4	3.075 8	2.998 6	2.924 7
9	4.606 5	4.450 6	4.303 0	4.163 3	4.031 0	3.905 4	3.786 3	3.673 1	3.565 5	3.463 1	3.365 7	3.272 8	3.184 2	3.099 7	3.019 0
10	4.833 2	4.658 6	4.494 1	4.338 9	4.192 5	4.054 1	3.923 2	3.799 3	3.681 9	3.570 5	3.464 8	3.364 4	3.268 9	3.178 1	3.091 5
11	5.028 6	4.836 4	4.656 0	4.486 5	4.327 1	4.176 9	4.035 4	3.901 8	3.775 7	3.656 4	3.543 5	3.436 5	3.335 1	3.238 8	3.147 3
12	5.197 1	4.988 4	4.793 2	4.610 5	4.439 2	4.278 4	4.127 4	3.985 2	3.851 4	3.725 1	3.605 9	3.493 3	3.386 8	3.285 9	3.190 3
13	5.342 3	5.118 3	4.909 5	4.714 7	4.532 7	4.362 4	4.202 8	4.053 0	3.912 4	3.780 1	3.655 5	3.538 1	3.427 2	3.322 4	3.223 3
14	5.467 5	5.229 3	5.008 1	4.802 3	4.610 6	4.431 7	4.264 6	4.108 2	3.961 6	3.824 1	3.694 9	3.573 3	3.458 7	3.350 7	3.248 7
15	5.575 5	5.324 2	5.091 6	4.875 9	4.675 5	4.489 0	4.315 2	4.153 0	4.001 3	3.859 3	3.726 1	3.601 0	3.483 4	3.372 6	3.268 2
16	5.668 5	5.405 3	5.162 4	4.937 7	4.729 6	4.536 4	4.356 7	4.189 4	4.033 3	3.887 4	3.750 9	3.622 8	3.502 6	3.389 6	3.283 2
17	5.748 7	5.474 6	5.222 3	4.989 7	4.774 6	4.575 5	4.390 8	4.219 0	4.059 1	3.909 9	3.770 5	3.640 0	3.517 7	3.402 8	3.294 8
18	5.817 8	5.533 9	5.273 2	5.033 3	4.812 2	4.607 9	4.418 7	4.243 1	4.079 9	3.927 9	3.786 1	3.653 6	3.529 4	3.413 0	3.303 7
19	5.877 5	5.584 5	5.316 2	5.070 0	4.843 5	4.634 6	4.441 5	4.262 7	4.096 7	3.942 4	3.798 5	3.664 2	3.538 6	3.421 0	3.310 5
20	5.928 8	5.627 8	5.352 7	5.100 9	4.869 6	4.656 7	4.460 3	4.278 6	4.110 3	3.953 9	3.808 3	3.672 6	3.545 8	3.427 1	3.315 8
21	5.973 1	5.664 8	5.383 7	5.126 8	4.891 3	4.675 0	4.475 6	4.291 6	4.121 2	3.963 1	3.816 1	3.679 2	3.551 4	3.431 9	3.319 8
22	6.011 3	5.696 4	5.409 9	5.148 6	4.909 4	4.690 0	4.488 2	4.302 1	4.130 0	3.970 5	3.822 3	3.684 4	3.555 8	3.435 6	3.323 0
23	6.044 2	5.723 4	5.432 1	5.166 8	4.924 5	4.702 5	4.498 5	4.310 6	4.137 1	3.976 4	3.827 3	3.688 5	3.559 2	3.438 4	3.325 4
24	6.072 6	5.746 5	5.450 9	5.182 2	4.937 1	4.712 8	4.507 0	4.317 6	4.142 8	3.981 1	3.831 2	3.691 8	3.561 9	3.440 6	3.327 2
25	6.097 1	5.766 2	5.466 9	5.195 1	4.947 6	4.721 3	4.513 9	4.323 2	4.147 4	3.984 9	3.834 2	3.694 3	3.564 0	3.442 3	3.328 6
26	6.118 2	5.783 1	5.480 4	5.206 0	4.956 3	4.728 4	4.519 6	4.327 8	4.151 1	3.987 9	3.836 7	3.696 3	3.565 6	3.443 7	3.329 7
27	6.136 4	5.797 5	5.491 9	5.215 1	4.963 6	4.734 2	4.524 3	4.331 6	4.154 2	3.990 3	3.838 7	3.697 9	3.566 9	3.444 7	3.330 5
28	6.152 0	5.809 9	5.501 6	5.222 8	4.969 7	4.739 0	4.528 1	4.334 6	4.156 6	3.992 3	3.840 2	3.699 1	3.567 9	3.445 5	3.331 2
29	6.165 6	5.820 4	5.509 8	5.229 2	4.974 7	4.743 0	4.531 2	4.337 1	4.158 5	3.993 8	3.841 4	3.700 1	3.568 7	3.446 1	3.331 7
30	6.177 2	5.829 4	5.516 8	5.234 7	4.978 9	4.746 3	4.533 8	4.339 1	4.160 1	3.995 0	3.842 4	3.700 9	3.569 3	3.446 6	3.332 1

参 考 文 献

[1] 靳新，王化成. 财务管理学. 第7版. 北京：人民大学出版社，2017.

[2] [美] 劳伦斯·J·吉特曼，[美] 查德·J·祖特. 财务管理基础. 第7版. 北京：人民大学出版社，2018.

[3] 马元兴. 企业财务管理. 第3版. 北京：高等教育出版社，2017.

[4] 张玉英. 财务管理. 第5版. 北京：高等教育出版社，2014.

[5] [美] 斯坦利·B·布洛克，[美] 杰弗里·A·赫特. 财务管理基础. 第11版. 北京：人民大学出版社，2005.

[6] 中国注册会计师协会. 财务成本管理. 北京：中国财政经济出版社，2017.